Cornelius Wittmann M.A. · Dachau um 1900

Ziegelstadel-Aecker
Mitterweg-Aecker
erweg-Feld
Ulldinger-Feld
Ullding
Leiten
öhrwiesen
Beim Wehr

hauser-Feld
CHAU
Stein No II.
Kirchhofäcker
Steinmühle
Mühlbach
Pfarr-Gasse
MARKT-PLATZ
Steinmühl-Aenge
Hackenänge
Amper
Gröbmühle
Gröbmühl-Aenger
Galgenäcker
Station

Cornelius Wittmann M.A.

Dachau um 1900

Bürger, Bauern und Künstler
im Alten Markt

Mit Beiträgen von
Andreas Bräunling
- Stadtarchivar -

und einer Einführung von
Prof. Dr. Wilhelm Liebhart M.A.

Wittmann Verlag Dachau
2004

1. Auflage 2004

Fotoarbeiten / Digitale Bearbeitung
Rupert Aigner

Übersetzung der Texte von Ernst Norlind:
Ingrid Hauptfleisch, Dachau

Verlagsredaktion C. Wittmann
Layout und Druck: Janker, 93185 Michelsneukirchen/Bayer. Wald

Printed in Germany
ISBN 3-9802143-2-X
Wittmann Verlag.

EINLEITUNG

Ein Speicher voller Geschichten und Geschichte

Der große, zweistöckige Speicher in unserem Haus gegenüber der Dachauer Stadtpfarrkirche war ein wahrer Abenteuerspielplatz. Als kleiner Bub verbrachte ich ganze Tage in dieser Welt aus verstaubten Möbeln, Truhen und Kisten mit geheimnisvollem Inhalt und unerklärlichen Gegenständen.
Wo ich hinsah entdeckte ich Neues: Hinter einem Verschlag, gerollte Leinwände, zerknüllte Skizzen, zerdrückte Tuben, Fläschchen mit Malmittel und zerfranste Pinsel. Hier hatten die Maler, die um 1900 hier oben wohnten, offenbar ihren Unrat gelagert. Vieles befand sich im Speicher in einem wilden Durcheinander. Anderes war fein säuberlich geordnet. Wenn ich die Schranktüren und Truhendeckel öffnete, wurde ich zum Schatzsucher.
Aus einer Schublade blickten mir von vergilbten Fotografien unbekannte Gesichter entgegen. Daneben lagen Bündel von Papier, Urkunden, Briefe und Postkarten. Darunter ein Federhalter, eine Uhr, eine zerbrochene Brille, ein halb gefülltes Tintenfass und Medaillen an bunten Bändern. Manche Gegenstände konnte ich nicht zuordnen, weil sie aus einer vergangenen Zeit stammten. Noch war mir ihre Bezeichnung und Funktion unbekannt.
Ich ziehe eine Schublade ganz heraus, stelle sie auf den Speicherboden, setze mich daneben und tauche in die Vergangenheit ein…
Oft schleppte ich meine Entdeckungen in mein Jugendzimmer (eines der beiden Malerateliers unter dem Dach) und unterzog sie bei hellem Licht einer eingehenden Betrachtung.
Diese Entdeckungsreisen habe ich oft wiederholt, manchmal auch nachts, mit einer Taschenlampe ausgerüstet.
Im Lauf der Jahre lernte ich den großen Speicher wie meine Westentasche kennen. Kein Winkel in den ich nicht hineinkroch. Keine noch so kleine Kiste, die ich nicht geöffnet hätte. Langsam fügten sich die Entdeckungen zu einem Mosaik.
Ich erkannte Strukturen:
Hier hatte ich es offensichtlich mit den Spuren gleich mehrerer verwandter Familien und etlicher Künstler zu tun. Alles war mit der Dachauer Geschichte eng verwoben.
Das meiste Material stammte aus der Zeit um 1900.
Um die genauen Zusammenhänge zu ergründen, befragte ich meine Eltern und speziell die Verwandten, die sich an die Zeit um 1900 noch erinnern konnten. Manche dieser alten Herrschaften, wie etwa „Tante Nelly", eine verheiratete Medicus, oder die Brüder Richard und Rudolf Wittmann, bewiesen ein phänomenales Gedächtnis. Mit ihnen durchforstete ich vor allem die Fotobestände und konnte den unbekannten Gesichtern nun Namen zuordnen. Jetzt war es auch möglich über die Zuordnung einzelner Briefe und Dokumente, Lebenslinien nachzuvollziehen. Um diese Lebenslinien rankten sich bald Geschichten und Anekdoten.
Immer wieder wurden die Relikte umsortiert und zu einer familiengeschichtlichen Sammlung geordnet.
Schließlich entstand die Idee zu diesem Buch. Ein Bildband sollte zum 1200 jährigen Jubiläum Dachaus im Jahr 2005 erscheinen.
Der Beitrag zur Dachauer Stadtgeschichte ist naturgemäß keine sozial- oder kunsthistorisch umfassende Darstellung, da dem Material Grenzen gesetzt sind.[1]
Es handelt sich, wie oben erwähnt, um einen familienbezogenen Bestand.
Die Kernzeit liegt zwischen den Jahren 1895 bis 1910. Ergänzt wurde das Material durch einzelne Archivalien aus dem Bestand des Dachauer Stadtarchivs und einige private Leihgaben. Diese Quellen sind im Text jeweils gesondert ausgewiesen.
Aus diesem Material ließ sich nun eine bestimmte „Szene" erschließen, nämlich vorwiegend eine gesellschaftlich-gesellige Bürgerschicht und deren kulturelles Umfeld, wozu auch der mitunter freundschaftliche Kontakt zu einzelnen Künstlern

[1] *Dieser Bestand wurde erstmals 1982 vom Verfasser beschrieben in einem Seminar des Instituts für Empirische Kulturwissenschaften, Tübingen.*

gehörte. Wer sich wem zuerst anschloss, bleibt im Einzelnen zunächst unklar.

Die Thomaforschung hat zumindest gezeigt, dass der junge Rechtsanwalt sich dringend um gesellschaftlichen Anschluss in Dachau bemühte. Andererseits dürfte die Ungebundenheit der Künstler und die gedankliche Welt, die sie verkörperten, auch einen gewissen Reiz auf so manchen Dachauer Bürger ausgeübt haben. Man könnte also behaupten, dass damit in Dachau eine „Provinzbohème" entstand. Sie war für den Zeitgeist offen und entwickelte ihr eigenes Milieu.

Der Kontakt zur nahen Residenzstadt mit ihrem Schwabinger Künstlerviertel tat ein Übriges.

Es gelingt also, das Leben in Dachau um die Jahrhundertwende in Ausschnitten darzustellen. Was einmal Gegenwart war, soll in diesem Bildband wieder plastisch vor Augen geführt werden. Manchmal wird diese „vergangene Gegenwart" geradezu unter die Lupe genommen.

eine obligate Statushandlung, Ansichtskarten von seinen Reisen zu verschicken, waren sie noch so kurz und die Ziele noch so nah. Bereits in den zwanziger Jahren kam das Sammeln allerdings wieder völlig aus der Mode.[2]

Heute sind die Inhalte dieser Postkartensammlung in einem anderen Zusammenhang wieder interessant. Die Geschlossenheit, der relativ enge zeitliche Rahmen, und der immer wieder miteinander korrespondierende Personenkreis ergeben zusammengenommen eine hohe Informationsdichte. Neben den „obligatorischen" Inhalten, wie Reiseziel und Wetter, erhalten wir aus den Postkarten Kurzberichte mit vielerlei Details aus dem Alltag, meist aus dem Ferienalltag. Die Adressaten sind vorwiegend Verwandte und Freunde, was wiederum über die sozialen Beziehungen Auskunft gibt.

Ganz anders verhält es sich bei den in Umschlägen versandten Briefen. Hier entfallen die für das Sammeln von Postkarten typischen Anreize. Allenfalls können die Briefmarken fremder

Details und Personen werden erst durch Vergrößerungen sichtbar, wie hier die Familie des späteren Dachauer Bürgermeisters Hans Zauner.

In der Sammlung Wittmann befinden sich hunderte von Post- und Ansichtskarten sowie Briefe.

Ansichtskarten in Alben zu sammeln, war um 1900 Mode. Anreiz für die Sammler war nicht etwa eine zu erwartende Wertsteigerung der Karten, oder der Besitz einer kompletten Serie, wie etwa bei Briefmarken. Vielmehr war es Neugierde auf fremde Orte und Länder, sicher auch Wissbegierde und vielleicht auch ein Körnchen Eitelkeit, weil man auf die weit gereisten Freunde und Verwandte hinweisen konnte. Ein weiterer Grund liegt in der graphischen und künstlerischen Gestaltung. Gefördert wurde diese kleine Leidenschaft durch den Beginn des Reiseverkehrs in Europa, allen voran die Bildungs- und Bäderreisen, einhergehend mit der See- und Hochalpenromantik. Andererseits war es für den Sender, vor allem wenn er aus dem mittelständischen Bürgertum stammte,

Länder oder aufgeklebte Werbemarken für die Aufbewahrung interessant gewesen sein. Viel wichtiger sind hier die Inhalte der Briefe selbst. In ihnen werden oft ausführlich familiäre Belange und persönliche Erlebnisse geschildert.

Eine wichtige Rolle in der Rekonstruktion der früheren Verhältnisse in Dachau spielen autobiografische Erinnerungen. Sie spiegeln den Zeitgeist wieder und schildern oft kleinste Details die uns den Alltag vergangener Tage vergegenwärtigen.

Zunächst sind hier natürlich Ludwig Thomas Schilderungen seiner Dachauer Zeit zu nennen.

In einigen Fällen ist es mir gelungen, seinen Texten Fotos zuzuordnen.

[2] *Vgl. hierzu Till (1983) S. 9 f.*

Postkarte von Josef Wittmann an seinen Bruder C. Wittmann in Dachau

„Oberstdorf, den 8.III.97, Habe eben diese schöne Karte für Deine Sammlung gekauft. Gruss J. W."
Die Postkarte trägt auf der Rückseite, im linken oberen Eck, die Zahl „115".
Auf vielen der erhaltenen Postkarten finden sich diese Nummerierungen. Der Sammler hat also seinen Postkartenbestand durchnummeriert.

Dann folgen die Erinnerungen der Dachauer Maler Carl Thiemann und Carl Olof Petersen sowie die des früheren Dachauer Bürgermeisters Hans Zauner.
Von Interesse ist auch ein Text Josef Halmbachers, der eine Jagdgesellschaft im Dachauer Revier Ludwig Thomas beschreibt.
Ein Glücksfall war es, dass weitere, bisher unbekannte autobiographische Aufzeichnungen aus der Zeit um 1900 erschlossen werden konnten.
Es handelt sich dabei um zeitgenössische Tagebuchaufzeichnungen des Dachauer Bürgers Wilhelm Schlaegel, sowie dessen unveröffentlichte Erinnerungen aus der Zeit um 1890, die er nach dem Zweiten Weltkrieg aufgezeichnet hat.[3]

Weitere wichtige Informationen beinhaltet das 1943 erschienene Buch des schwedischen Malers Ernst Norlind „Frühe Künstlerjahre. In Dachau und Paris".
Norlind hat sich zweimal, 1901 und 1903, als Schüler Adolf Hölzels in Dachau aufgehalten.
Die Publikation, die nach langem Suchen in einem New Yorker Antiquariat aufgetrieben werden konnte, ist in schwedischer Sprache verfasst. Darin dürfte auch der Grund liegen, weshalb sie bisher für die Geschichte des Malerortes Dachau und speziell Adolf Hölzels Malschule nicht beachtet wurde. Eine Übersetzung hat diese Quelle nun erschlossen.[4]
Die Erinnerungen Ernst Norlinds sind eine Fundgrube an Informationen über die Malschule Adolf Hölzels, seine

Postkarte des Dachauer Amtsrichters Traber an den Notariatsconzipienten Schub in Dachau

Ausser der Adresse auf der Rückseite, ist die Postkarte auf der Vorderseite lediglich mit dem Vermerk „Zur Sammlung" und dem Namenskürzel „Tr." versehen. Dem Sender, Traber, genügte der vorgedruckte Text „Gruss aus St. Bartholomä" als freundschaftliche Mitteilung von seiner Reise.

[3] Freundlicherweise zur Verfügung gestellt von Gottfried Junker, Würzburg, sowie Maximilian Schlaegel, München
[4] Erinnerungen von Ernst Norlind (1946), Übersetzung von Ingrid Hauptfleisch im Auftrag von Cornelius Wittmann

Unterrichtsmethode und seine Schüler. Außerdem schildert Norlind über lange Passagen die Natur des damals noch unberührten Dachauer Mooses.
Über Norlind führt eine direkte Verbindung zu dem schwedischen Maler C. T. Holmström, dessen Schwester Tora Vega Holmström und Carl Olof Petersen.
In Paris und auf seinem schwedischen Besitz Borgeby kreuzen sich die Wege mit Rainer Maria Rilke und vielen anderen, vor allem nordischen Künstlern.
Die gemeinsame Dachauer Zeit war die Basis für viele lebenslange Künstlerfreundschaften.
Obwohl aus der Retrospektive verfasst, vermitteln uns diese seltenen autobiografischen Zeugnisse einen atmosphärisch dichten und neuen Einblick in das Leben in Dachau um 1900.
Dies ist auch der Grund, warum längere Passagen als Zitate übernommen wurden.
Die Texte werden neben den bisher größtenteils unveröffentlichten Fotos zum Einstieg in eine vergangene Zeit.
In der Sammlung Wittmann befinden sich außer den schriftlichen Belegen etwa eintausendfünfhundert Fotografien und ca. 300 Glasnegative mit Bezug auf Dachau um 1900.
Einige Fotos waren bereits stark verblichen. Soweit möglich wurden von den Glasplatten neue Abzüge gemacht. Ansonsten wurde großer Wert auf die authentische Farbwiedergabe der einzelnen Abbildungen gelegt und die Ränder nicht beschnitten.
Durch die genaue Betrachtung der Bildinhalte, durch einen „neuen Blick auf alte Fotos“ wurden viele neue orts-, alltags- und personenspezifische Informationen erschlossen.
Der Blick des Betrachters bzw. Lesers wird auf oft nur miniaturhaft abgelichtete Situationen und Gegenstände gelenkt. Um das zu bewerkstelligen werden aus Fotografien, einzelne Ausschnitte herausvergrößert und beschrieben.
Scheinbar anonymen Personen können plötzlich Namen zugeordnet werden, die einzelnen Bildinhalte verdichten sich zu einer Gesamtaussage.

Schachtel für Trockenplatten

„Älteste Trocken-Platten-Fabrik Deutschlands Joh. Sachs & Co. Berlin… Zur Beachtung …. Die Platten sind vor dem Einlegen in die Cassette sorgfältig von Staub zu befreien“.
Der Hersteller wurde für die Qualität seiner Trockenplatten bereits im Jahr 1883 prämiert.

Durch die Zusammenschau von Bild- und Textinformationen wird es möglich, besonders im Hinblick auf die „Schwedischen Maler“, neue, bisher kaum erforschte Querverbindungen zwischen Dachau und Schweden herzustellen, wobei der Weg häufig über die Pariser Kunstschulen führt.
Insofern ist die hier vorliegende „heimatkundliche“ Basisforschung in einigen ihrer Ergebnissen ein Beitrag zum Verständnis der Dachauer Malschulen im gesamteuropäischen Kontext. Durch die Malschulen Müllers, Hayeks und vor allem Hölzels wurde Dachau erst zur Künstlerkolonie.
„In der Regel hatten die in Dachau wohnenden Künstler keinen Kontakt zueinander. Sie bildeten bestenfalls kleine Gruppen… jeder lebte für sich. Es wurde Winter, und einige der Hölzel-Schüler beschlossen, einen großen Saal zu mieten, um Akt zu studieren und zu malen… Verblüffend wie viele Maler und Malerinnen es in Dachau gab, die man bisher nicht gekannt hatte! Es war unmöglich sich an ihre jeweiligen Namen zu erinnern, denn es waren Menschen aus allen Ecken der Welt, und wer kann sich schon an griechische oder bulgarische Namen erinnern…?“[5]

Die schwedischen Künstler bewegen sich dabei auf der europäischen Nord- Süd Achse.
Einige von ihnen haben Dachau in späteren Jahren noch besucht. Andere gelangten in ihrer Heimat zu Ansehen. Die in Dachau erworbenen Grundlagen waren der Schlüssel zum Erfolg.
„Törneman pflegte später stets zu sagen, dass, wann immer er mit einem malerischen Problem nicht zurecht kam, er nur seine alte Weisheit von Dachau hervorzukramen brauchte, und sogleich gelang ihm alles ausgezeichnet…“[6]

[5] *Norlind (1946) - Übersetzung Hauptfleisch*
[6] *Norlind (1946) - Übersetzung Hauptfleisch*

Schachtel für „Bromsilber-Gelatine-Trockenplatten“

„Marke ‚Normal‘ Nur bei rotem Licht öffnen, 12 Stück 13x18 cm“. Das Etikett zeigt eine Ansicht der Fabrik Johannes Herzog & Co. Hemelingen.

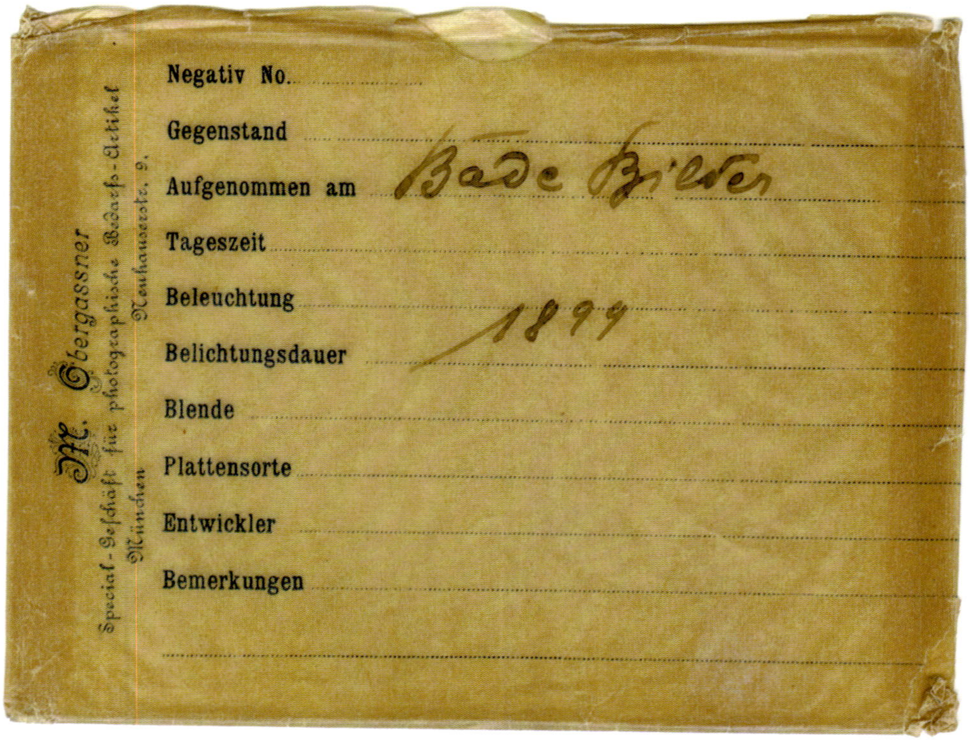

Papierhülle für gläserne Fotoplatten

Zur Aufbewahrung dieser „Bade Bilder“ aus dem Jahr 1899 wurde eine Hülle von „M. Obergrassner, Spezial-Geschäft für photographische Bedarfs-Artikel, München Neuhauserstr. 9“ verwendet.

In einem Folgeband, der die Zeit von 1914 bis 1945 zum Inhalt haben müßte, wären ganz andere Aussagen aus den familiengeschichtlichen Quellen zu ziehen, da sich nun die dramatischen Entwicklungen des Ersten Weltkriegs, der Weimarer Republik und des Nationalsozialismus widerspiegeln.

Das System der gemäßigten Monarchie in Bayern löst sich auf. Die Strukturen innerhalb Dachaus verändern sich. Zwei Weltkriege hinterlassen in Familien und Freundeskreisen breite Lücken. Kaum etwas ist noch zu spüren von den liberalen Freiheiten, von der „Ruhe und Beschaulichkeit“ der Prinzregentenzeit am „fin de siècle“.

Mein Dank gilt allen, die zur Entstehung dieses Bildbandes beigetragen haben.
Allen voran dem Dachauer Stadtarchivar, Herrn Andreas Bräunling, der in vielen Detailfragen sein Fachwissen zur Verfügung stellte. Er war an der Auswahl der Abbildungen beteiligt und hat die Beschreibung der Bilder in den Kapiteln „Spaziergang durch den alten Markt“ sowie „Die 1100 Jahr Feier des Marktes Dachau“ übernommen.
Ein freundschaftlicher Dank sei Herrn Professor Wilhelm Liebhard abgestattet, der mit seinem Beitrag „Erinnerung an glückselige Tage“ in die geschichtlichen Rahmenbedingungen der Prinzregentenzeit einführt.

Alle Abbildungen stammen, soweit nicht anders angegeben aus der Sammlung Wittmann.
Einige Abbildungen stellte das Stadtarchiv Dachau zur Verfügung.
Gedankt sei auch den Damen und Herren, die einzelne ergänzende Bild- und Textquellen zur Verfügung stellten:
Herrn August Auer, Dachau; Herr Helmut Hofner, Dachau; Herrn Robert Gasteiger, Dachau; Herrn Christian Huber, Dachau Herrn Gottfried Junker, Würzburg; Herrn Heinrich Rauffer, Dachau; Herrn Maximilian Schlaegel, München; Herrn Nikolaus Widmann, Dachau; Herrn

Anselm Wittmann, München; Herrn Dr. Eduard Wittmann, Eisingertshofen; Herrn Gerhard Wittmann, Schweden; Frau Verena Wittmann, Frankfurt
Einen unabdingbaren Beitrag leistete Herr Rupert Aigner, der die Texteingabe sowie die Korrekturen übernahm. Ihm sei besonders gedankt.

Der vorliegende Bildband soll als Beitrag zum 1200 jährigen Jubiläum Dachaus den Blick für die Vergangenheit schärfen.
Das genaue „Hinsehen" erschließt uns das Verständnis für größere Zusammenhänge.
Unscheinbare oder für unwichtig gehaltene historische Relikte beinhalten Informationen, die den Weg zu übergeordneten Sichtweisen öffnen.
„Der eigenen Vergangenheit aktiv auf die Spur kommen" könnte eine über Dachaus Jubiläumsjahr hinausreichende Devise sein.

Briefumschlag von Theresa Harlacher aus Australien an Maria Wittmann

Theresa Harlacher war eine Schwester Maria Wittmanns, die am 11. Januar 1860 in Prittlbach geboren wurde. Sie verließ den heimatlichen „Setzerhof" um die Jahrhundertwende und wanderte nach Australien aus. Der Umschlag ist am 16.März 1906 in Albury, New South Wales, Australien, abgestempelt.
Ausser mit Maria hielt Theresa auch Kontakt mit ihrer Schwester Rosina, einer verheirateten Baumgartner in Günding. Die Briefe sind in Deutsch verfaßt. Eine Generation später werden die Briefe bereits in Englischer Sprache geschrieben. Mitte der 30er Jahre bricht der Kontakt ab.

Briefumschlag an „M. Wittmann, Dachau b. München Marktplatz 7"[7]

Der Umschlag ist gestempelt: „VIII. Deutsches Bundesschießen Dresden 1900". Außerdem trägt er die Werbemarke „Deutsche Bauausstellung 1900 1. Juli - 1. Oktober, Unter dem Allerhöchsten Protektorat Sr. Maj. Des Königs Albert von Sachsen". Werbemarken gab es in großer Vielfalt. Sie waren die Miniaturausführung von großformatigen Plakaten.

[7] *Eigentlich Hausnummer 7, ab 1901 neue Zählung: Augsburgerstrasse 6, ab 1945 Augsburgerstrasse 11*

„ERINNERUNG AN GLÜCKSELIGE TAGE"

Dachau und die Prinzregentenzeit (1886-1912)

„Erinnerung an glückselige Tage". Das waren die Tage, „als es bei uns noch so weiß-blau und altbayrisch war". So Ludwig Thoma am 12. März 1921 im „Miesbacher Anzeiger". Er meinte mit diesen Worten nicht Dachau, wofür er ja durchaus ähnlich warme Worte fand, sondern die Ära der so genannten Prinzregentenzeit, „einer lieben, gemütlichen Zeit", in der „vielleicht nicht alles richtig und alles staatsweise, aber (...) rechtschaffen gemacht" wurde, ehe der Erste Weltkrieg „uns in den Abgrund führte".[8] In der Epoche des Prinzregenten Luitpold von Bayern „leuchtete" – ohne lokalpatriotische Übertreibung - auch Dachau, erlebte der Markt vor den Toren Münchens sein „Goldenes Zeitalter" der Kunst,[9] von dessen „Erinnerung" er bis heute zehrt und seinen historischen Platz im Kreis der europäischen Künstlerkolonien einfordert.

Die Jahre um 1900 gelten in Dachau als hinreichend bekannt, doch gibt es immer noch Neu- und Wiederentdeckungen. So etwa die Erinnerungen ausländischer Maler, die unbekannt blieben, weil sie nie ins Deutsche übersetzt wurden, oder die Jugenderinnerungen Weggezogener, wie von Wilhelm Schlaegel.[10] Auch das Medium der frühen Fotografie ist in seiner Bedeutung als zeitgeschichtliche „Quelle von hohem Erkenntniswert"[11] für das Dachau vor dem Ersten Weltkrieg noch nicht zufrieden stellend erkannt worden.[12] Dieses Medium bildete aber einseitig die kleinbürgerliche Welt und nicht die Arbeitswelt der Dienstboten und Arbeiter ab. Bürger fotografieren nur Bürger.

Ernst Norlind und Axel Törneman

„Zeigen Sie nun Ihrem Kollegen alle Schönheiten des Dachauer Mooses!",[13] sprach Adolf Hölzel zu seinem schwedischen Malschüler Ernst Norlind, der dem Meister eben den Landsmann und Maler Axel Törneman vorgestellt hatte. Die Begegnung dürfte im Sommer 1901 stattgefunden haben. Hölzel, geboren 1853, lebte seit Herbst 1887 in Dachau und erwarb 1902 das Bürgerrecht. Seine Dachauer Malschule besaß einen internationalen Ruf.[14] Axel Törnemann wurde aber nicht Hölzels neuer Schüler, nicht nur, weil er nicht dafür bezahlte, sondern weil er eigenwillig war, sich schwer in die heterogene Schülerschar einfügte und mit der Dachauer Freilichtmalerei wenig anzufangen wusste. Nach einer Mooswanderung erwiderte er auf Norlinds Frage, was ihm am besten gefallen habe, trocken: „die Zervelatwurst und das Bier".

Die beiden Schweden lebten im Haus Augsburger Str. 6, bei Maria Wittmann. Das Anwesen, erstmals 1626 erwähnt, war bis 1819 eine Bäckerei gewesen, seitdem bestand dort eine Melberei. Melber verkauften Mehl, Eier, Schmalz, Erbsen, Reis, Rollgerste, Gries, Nudeln und kleinere Haushaltswaren. Daneben vermietete Maria Wittmann, seit 1883 Witwe des Josef Wittmann, dessen Wiege in der Würmmühle gestanden hatte, Zimmer und zwei Ateliers. Norlind und Törnemann wohnten zunächst gemeinsam in einem Zimmer und dann getrennt in den beiden Ateliers unter dem Dach. Norlind schildert beider Aufenthalt in wärmsten Farben, insbesonders das mütterliche Regiment der Hausherrin mit ihren vier Kindern. Man wohnte nicht, man lebte bei „Wittmanns". Dieses Haus steht pars pro toto für Altdachauer Anwesen, die auch Wohnraum und Ateliers an Künstler und solche, die es werden wollten, vermieteten.

Norlind verfasste unter dem Titel „Frühe Künstlerjahre in Dachau und Paris" Erinnerungen, die 1943 in Lund in schwedischer Sprache erschienen und bis heute nicht rezipiert worden sind.[15] Seine Erinnerungen reihen sich ein in die Memoirenliteratur der Zeit vor 1914. Sie ergänzen die von Carl Olof und Elly Petersen wie auch von Carl Thiemann geprägte Tradition. Ernst Norlind, geboren 1877 in Vällinge oder Hvelinge (Schonen), wurde in

---

[8] *Ludwig Thoma: Sämtliche Beiträge aus dem „Miesbacher Anzeiger" 1920/21. Kritisch ediert und kommentiert von Wilhelm Volkert. München 1989, S.174-177. Zitate ebenda. – Dieser Beitrag ist einer der wenigen im „Miesbacher Anzeiger", der nicht antisemitisch und demokratiefeindlich war.*

[9] *Dazu zuletzt: FreiLichtMalerei. Der Künstlerort Dachau 1870-1914. Dachau 2001 mit Beiträgen von J. A. Schmoll genannt Eisenwerth, Wilhelm Liebhart, Elisabeth Boser, Ursula K. Nauderer und Bärbel Schäfer*

[10] *Er schildert die Jahre 1890 bis 1898. Abdruck in diesem Werk*

[11] *So Manfred Treml in Wolfgang Pledl: Das Bild als historische Quelle – eine Einführung. In: Forum Heimatforschung. Heft 4. München: Bayer. Landesverein für Heimatpflege, 1999, S. 5-20. Zitat S. 5*

[12] *Diesem Desiderat versucht der vorliegende historische Fotoband Abhilfe zu schaffen. Er beruht auf einer Brief- Post- und Ansichtskarten-Sammlung und etwa 1.500 Fotografien aus den Jahren 1895 bis 1920 aus dem Archiv der Familie Cornelius Wittmann. Außerdem enthält das Archiv eine Vielzahl Urkunden und Dokumente zur Familien- und Ortsgeschichte*

[13] *Ernst Norlind: Unga Konstnärsar. I Dachau och Paris. Lund 1943. - Folge hier der deutschen Übersetzung, die Ingrid Hauptfleisch im Auftrag von Cornelius Wittmann anfertigte und die in diesem Werk abgedruckt ist*

[14] *Zum allgemeinen Hintergrund: Carl Thiemann: Erinnerungen eines Dachauer Malers. Beiträge zur Geschichte Dachaus als Künstlerort. Dachau 1966; Ottilie Thieman-Stoedtner: Dachauer Maler. Der Künstlerort Dachau von 1801-1946. Hrsg. von Klaus Kiermeier. Dachau 1981, 219-229; Wolfgang Venzmer: Neu-Dachau 1895-1905. Ludwig Dill, Adolf Hölzel, Arthur Langhammer in der Künstlerkolonie Dachau. Dachau 1984; Horst Heres: Dachauer Gemäldegalerie. Dachau 1985; FreiLichtMalerei (wie Anm. 2).*

[15] *(Anm. 6).*

Deutschland weniger als Maler und Graphiker,[16] sondern als inniger Brieffreund Walther Rathenaus (1867-1922) bekannt.[17] Der Großindustrielle, Reichsminister und Schriftsteller wurde 1922 von Rechtsradikalen ermordet. Sein schwedischer Freund brachte im selben Jahr das Buch „Gespräche und Briefe Walther Rathenaus" heraus, wozu der Philosoph Max Scheler (1874-1928) ein Nachwort verfasste.[18] In Museen zu Stockholm (Nationalmuseum), Göteborg und Malmö befinden sich Norlinds Bilder (Landschaften, Stilleben und Akte). Der von ihm so bewunderte, ja verehrte Axel Törneman, geboren 1880 in Persberg (Värmland), verstarb früh, 1925 in Stockholm. Er gehört zu den bedeutenderen Malern Schwedens. Neben Monumentalbildern[19] zur schwedischen Geschichte malte er besonders Genrebilder aus dem Arbeiterleben.[20] Törneman entstammte selbst einer Arbeiterfamilie. Er empfand deshalb den Unterschied zum Bürgerstand als „Klassenunterschied". Dafür bringt Norlind einen Hinweis bereits aus der Dachauer Zeit: Törneman sah in Hölzels Schülerschar lediglich „verwöhnte Söhne und Töchter aus reichen Familien", die er als „malende Oberschicht" charakterisierte.[21]

„Bayerns Malerwinkel"[22]

So gesehen musste ihm wohl auch Dachau als bürgerliche, richtiger, kleinbürgerliche Stadt erschienen sein.[23] Dagegen fühlte sich der Protestant Norlind in ihrem katholisch geprägten Milieu ausgesprochen wohl. Das Leben im Hause Wittmann und im Markt lief nach einem bestimmten Rhythmus ab. Der Tag begann mit der Frühmesse. Katholische Erziehung und Tradition prägten die Menschen und ihr Handeln. Feste Geschäftszeiten gab es nicht, man öffnete um sieben Uhr und hatte durchgehend bis abends 9 Uhr auf. Als besonderes Ereignis hielt Norlind die dreitägige traditionelle Wallfahrt nach Andechs fest, von der Maria Wittmann „etwas blass und sehr müde" zurückkehrte. Seine Schilderung Dachaus beschränkt sich im wesentlichen auf Künstlerinteressen. Das „Himmelreich" und das große „Moos" waren für die Freilichtmaler die wichtigsten Ziele. Norlind erwähnt das Storchennest auf dem Kirchturm von Mitterndorf, das er als Motiv auf die Leinwand bannte. Er weist auf die Heimatschutzbewegung und die Bestrebungen um eine Heimatkunst hin, ohne den „Verein für Volkskunst und Volkskunde"[24] ausdrücklich zu nennen. Ausländische Künstler beobachteten durchaus das lokale Geschehen. Selbst nach seiner Rückkehr nach Schweden vergaß Norlind Dachau nicht, wie Carl Olof Petersen schreibt: „Ich hörte den Namen Dachau zum erstenmal in Malmö von dem schwedischen Maler und Schriftsteller Ernst Norlind. (...) Begeistert hörte ich zu, wenn Norlind mir den alten ehrwürdigen Markt schilderte, der auf sonnigem Hügel an der Amper seiner verschwundenen Glorie nachträumte, mir vom Moos erzählte oder von der großen weiten Ebene, die die hohe Alpenkette am Horizont abschließt. (...) Er schwärmte von dem Leben und Treiben der vielen Künstler, die hier unter der höchst originellen und malerisch gekleideten Bevölkerung lebten, abends mit den Männern Kegel schoben, Bier tranken und hübsche Frauen und Mädchen malten"[25]. Auch Petersen bezog 1903 zunächst das Haus Wittmann, das sich zurecht als „Schwedenkolonie" bezeichnen darf. Die dortigen klimatischen Zustände unter dem Dach beschreibt er mit den Worten „unerträgliche Hitze im Sommer und barbarische Kälte im Winter".[26] Ein Dachauer Idyll also.

Dachauer Idyll?

Gab es sie wirklich, die „gute alte Zeit", das „Idyll"? Aus moderner Sicht mag es auf den ersten Blick so erscheinen, vor allem, wenn man die frühen Fotografien Revue passieren lässt. Es war die Zeit vor der allgemeinen Motorisierung. Hektik und Stress waren unbekannte Erscheinungen. Pferdefuhrwerke und ihr Tempo bestimmten das Bild. Nur der Bräu Eduard Ziegler jr. fuhr als einer von drei ersten Autobesitzern[27] einen Personenkraftwagen, ein Cabriolet. Das Fahrradfahren war der Modesport der „gehobenen Kreise". Dazu benötigte man eine kommunale Lizenz, eine Radfahrkarte. Im Zieglerbräu trafen sich die Mitglieder des Radfahrervereins „Stellwagen" zu ihren Gesellschaftsabenden. Die Zusammensetzung bestätigt die bürgerliche Exklusivität. Neben Ludwig Thoma, der 1897 „zünftig" verabschiedet wurde, sind neben anderen Eduard Ziegler jr., der Oberamtsrichter Josef Schub, die beiden ansässigen Ärzte, aber auch Adolf Hölzel als Mitglieder und Hoch- und Niederradfahrer bekannt. Ein Hochrad soll „mehr als das Jahreseinkommen eines einfachen Industriearbeiters"[28] gekostet haben. Das Nieder-

[16] *Ulrich Thieme/Felix Becker/Hans Vollmer (Hrsg.): Allgemeines Lexikon der Bildenden Künstler von der Antike bis zur Gegenwart. 25. Band. Leipzig 1931, 518; Hans Vollmer: Allgemeines Lexikon der Bildenden Künstler des XX. Jahrhunderts. 3. Band. Leipzig 1956, 493*

[17] *Peter Berglar: Walther Rathenau. Ein Leben zwischen Philosophie und Politik. Graz u. a. 1987, 261*

[18] *Erschienen als Übersetzung: Dresden 1922.*

[19] *Anita Theorell: Studier kring Axel Törnemans Riksdagshusmalningar. Stockholm 1973.*

[20] *Thieme/Becker/Vollmer, 33. Band, Leipzig 1939, 244f.*

[21] *(Wie Anm. 6). - In Dachau entstand Törnemans Bild „Die Blinden".*

[22] *Titel einer im Verlag Josef Wittmann 1907 erschienenen Postkarte, entworfen von Arnold Haug.*

[23] *1905 gab es Bestrebungen, nach dem Vorbild von Fürstenfeldbruck zur Stadt erhoben zu werden.*

[24] *Ursula K. Nauderer: Hermann Stockmann. Das heimatpflegerische Wirken des Künstlers (Dachauer Museumsschriften 7). Dachau 1987.*

[25] *Carl Olof und Elly Petersen: Die Moosschwaige. München o.J., S. 10.*

[26] *A.a.O., S. 12.*

[27] *Neben Dr. med. Felix Engert und Dr. med. Fritz Vogel.*

[28] *Norbert Stellner: Radfahrervereine als Wegbereiter des Motorsports in der bayerischen Region. In: Bayerisches Jahrbuch für Volkskunde 2002. München 2002, S. 45-52, Zitat S. 45; vgl. auch Ders.: Radfahrervereine in der bayerischen Provinz. Raum Mühldorf/Altötting 1882-1994. Regensburg 2000*

fahrrad machte den Preis eines Pferdes, 300 bis 500 Mark aus, wie Wilhelm Schlaegel in seinen Erinnerungen berichtet. Bürgertum und Beamtenschaft[29] trafen sich gesellig auch zur Jagd, im Kegelclub oder in Schützenvereinen. Gerade die Jagd im Moos oder „Hinter Dachau" war ein herausragendes, gesellschaftliches Ereignis, an der auch die arrivierten Künstler teilnahmen.

Dachau zählte um 1900 in 506 Häusern 5.055 Einwohner. Der Markt wuchs kontinuierlich, aber mit Sprüngen:[30] Zwischen 1890 und 1900 nahm die Einwohnerschaft von 3.890 auf 5.055, also um 30%, zu, zwischen 1900 und 1910 von 5.055 auf 5.764 nur noch 14%. Den deutlichsten Sprung machte Dachau zwischen 1895 und 1900 und zwar um 808 Einwohner, zwischen 1900 und 1905 waren es nur noch 395. Weitere Sprünge folgten im Ersten Weltkrieg durch die Gründung der Pulverfabrik und zwischen 1933 und 1939. Für das Bevölkerungswachstum sind nicht nur die Großbetriebe verantwortlich. Eine wirtschafts- und sozialgeschichtliche Untersuchung der Zusammenhänge steht noch aus.[31] Es fällt auf, dass bei der Reichstagswahl 1890 die Sozialdemokratie in Dachau auf 24% kam. Erst 1906 gründete die Arbeiterschaft eine SPD-Ortsgruppe. Die in und um Dachau vorherrschende konservativ-katholische Patriotenpartei (ab 1887 Zentrum) wurde zwar nicht im Markt, aber im bäuerlichen Umland durch den 1895 gegründeten Bauernbund geschwächt. In Bauernbündler Kreisen verkehrte mit Vorliebe der antiklerikale Ludwig Thoma.

Das Wachstum der Bevölkerung zog auch die Expansion der Siedlung über die alten Burgfriedensgrenzen hinaus nach sich. Gerade hier sind die frühen Fotografien von Bedeutung: Die Mittermayerstraße, die untere Freisinger Straße und die Münchner Straße greifen bereits hinaus, noch überwiegen aber die unbebauten Flächen. Das Bahnhofsviertel entsteht seit 1867/1868. Der Pflasterzöllner am Karlsberg erhob einen Pflasterzoll, obwohl bis 1900 viele Straßen noch ungepflastert waren. Seit 1897 löste die Elektrifizierung Schritt für Schritt die traditionellen Beleuchtungsmittel wie das Petroleum und den Spiritus ab. Die Wasser- und Abwasserversorgung stellten die größten Probleme dar. Es gab immer noch Hausbrunnen unweit der Fäkaliengruben, was Cholera auslösen konnte.

Soziale Lage in Bayern

Die „gute alte Zeit" hat es für die gesellschaftliche Unterschicht in der Ära des Prinzregenten Luitpold weder in der Stadt noch auf dem Land gegeben.[32] Die seit 1889 geführte amtliche Streikstatistik belegt ab 1893 mit weniger als zehn Streiks eine ansteigende Streikhäufigkeit, die 1906 mit rund 360 Arbeitseinstellungen ihren absoluten Höhepunkt erreichte. Die Streiks gingen dann bis zum Ausbruch des Weltkrieges wieder zurück. Gekämpft wurde um die Verbesserung oder gegen die Verschlechterung von Arbeitsbedingungen, um mehr Arbeitslohn und um eine geringere Arbeitszeit. Vor 1900 dominierten die ganze Gewerbe betref-fende Handwerkerstreiks. Handwerk und Gewerbe sahen sich insge-samt gesehen nicht nur dem Wettbewerb mit der Industrie, sondern auch einem verschärften inneren Kampf schutzlos ausgesetzt. Nach der Jahrhundertwende streikte die Arbeiterschaft in der Textilindustrie und in der Chemischen Industrie. Der Staat trat als Beobachter und Schlichter, in Ausnahmefällen auch mit der bewaffneten Macht in Erscheinung.

In Dachau entstand eine kleine Arbeiterschaft seit 1862 durch die Gründung der „München-Dachauer Actiengesellschaft für Maschinenpapierfabrikation", welche die Paun'sche Papiermühle und die Dachauer Steinmühle erworben hatte. Hinzu kam 1865 eine kleine Malzfabrik. Der Anteil der Arbeiter an der Gesamtbevölkerung blieb bis zum Bau der Königlichen Pulver- und Munitionsfabrik 1915 gering. Das schloss relativ gute Wahlergebnisse für die SPD nicht aus, da zum Proletariat auch die große Anzahl der Dienstboten und Gesellen gezählt werden muss. Die bayerischen Verhältnisse waren selbst in den Augen der führenden Sozialdemokraten wie Georg von Vollmar weniger extrem, so dass auch der „Klassenhass" schwächer erschien.

Agrarkrise und Bauernbund

Die Landwirtschaft Bayerns kam in den 80er und frühen 90er Jahren in die Krise. Vor allem das Klein- und Mittelbauerntum stand vor dem sozialen Abstieg. Die bayerischen und deutschen Produkte mussten erstmals in größerem Umfang mit osteuropäischen und überseeischen Erzeugungsgebieten konkurrieren. Billiger russischer, australischer und kanadischer Weizen kam auf den Markt. Das Reich führte des-halb Schutzzölle ein. Bismarcks Nachfolger als Reichskanzler, Graf Leo von Caprivi, gab 1890 diese Politik zugunsten niedriger Agrarzölle und des Freihan-dels auf; er löste damit eine Agrarkrise aus, die als Stagnation bis nach unten durchschlug. In Bayern begannen sich die Bauern auch außerhalb der Zentrumspartei politisch im Bauernbund zu organisieren. 1898 zog der Bauernbund mit vier Mandaten in den Reichs-tag und 1899 mit fünf Abgeordneten in den Landtag ein. Literarisch hat dies Ludwig Thoma in seinem tragischen Bauernroman „Andreas Vöst" verarbeitet. Doch auch die alte Zentrumspartei wurde von der Unzufriedenheit vorübergehend ergriffen. Die sie tragenden christlichen Bauernvereine bewirkten einen „Linksruck" der größten Partei Bayerns. Ein neuer, bäuerlich-

---

[29] *Amtsgericht, Bezirksamt, Rentamt und Notariat.*

[30] *Historisches Gemeindeverzeichnis. Die Einwohnerzahlen der Gemeinden Bayerns in der Zeit von 1840 bis 1952 (Heft 192 der Beiträge zur Statistik Bayerns). München 1953, S. 20*

[31] *Knapp zur allgemeinen Entwicklung: Gerhard Hanke/Wilhelm Liebhart/Norbert Göttler/Hans-Günter Richardi: Geschichte des Marktes und der Stadt Dachau (Kulturgeschichte des Dachauer Landes 3). Dachau 2000, S. 99-137*

[32] *Zum folgenden vgl. Wilhelm Liebhart: Bayerns Könige. Königtum und Politik in Bayern. Frankfurt a. M. 21997, S. 200-207 mit Einzelnachweisen. – Grundlegend: Karl Möckl: Die Prinzregentenzeit. Gesellschaft und Politik während der Ära des Prinzregenten Luitpold in Bayern. München 1972*

demokratischer und auch partikularistischer Parteiflügel unter dem ehemaligen Lehrer Dr. Georg Heim fand Rückhalt im Kleinbauerntum, aber auch Anklang im Kleinbürgertum und in der Arbeiterschaft. Der linke Zentrumsflügel verlor aber nach 1907 gegenüber dem konservativ-kleri-kal-adeligen Zentrumsflügel wieder an Boden. Der bayerische Bauernstand fand also kein gemeinsames Sprachrohr. In den beiden Büchern „Briefwexel eines bayrischen Landtags-abgeordneten" (1909) und „Jozef Filsers Briefwexel" (1912) ging Thoma auf die bayerische Politik dieser Jahre ein, wobei er vor allem die klerikalen Führer des Zentrums der Lächerlichkeit preisgab.

Landtagswahlrecht

Die Prinzregentenzeit prägten nicht nur die kurz angerissenen sozialen Probleme, die Entstehung neuer Parteien und gesellschaftspolitischer Gruppen, sondern auch das Ringen um ein demokratisches Landtagswahlrecht. Sämtliche Regierungen Bayerns lehnten bis 1903 eine Änderung des bestehenden Wahlrechtes ab, da sie die Opposition, also die Patriotenpartei bzw. das Zentrum, die SPD und den Bayerischen Bauernbund, begünstigt hätte. Die Krone stützte sich einseitig auf die liberalen Parteien. Das Sagen hatten die Protestanten, Franken und Pfälzer. Die Liberalen waren nicht nur reichstreu, sondern orientierten sich an Preußen. Ihr Anteil an den Wählerstimmen ging von etwa 40% im Jahr 1881 auf rund 21% im Jahre 1912 zurück. Sicherlich waren die Regierungen verfassungsrechtlich gesehen einseitig abhängig vom Willen des Monarchen, aber der Haushalt musste von den beiden Kammern des Landtags verabschiedet werden. Es konnte den Beamtenregierungen nicht gleichgültig sein, wenn ihre „Basis" in der Zweiten Kammer der Abgeordneten, im Landtag also, zusammenschmolz. Eine Änderung des Wahlrechts setzte eine Zwei-Drittel-Mehrheit im Landtag voraus, die das Zentrum und die SPD zusammen 1905 erreichten. Das 1906 verabschiedete und auch von der Ersten Kammer der Reichsräte angenommene neue Wahlrecht sah ein aktives und passives Wahlrecht ab dem Alter von 26 Jahren und ein relatives Mehrheitswahlrecht vor. Erstmals durfte allgemein, gleich, direkt und geheim gewählt werden. Auf je 38.000 Einwohner traf ein Abgeordneter, deren Gesamtzahl auf 163 festgesetzt wurde. Obwohl das Wahlrecht ein Mindestjahreseinkommen von 300 Mark voraussetzte, konnten nun erstmals auch die Unterschichten wie etwa die männlichen Dienstboten auf dem Land verstärkt wählen. Um 1906 verdiente ein Knecht im nordwestlichen Oberbayern im Jahr 450 Mark, wovon aber nur 180 Mark bar ausgezahlt wurden. Der Rest wurde für Wohnung und Verpflegung zurückbehalten. Das neue Wahlrecht wirkte sich umgehend aus, was deutlich aus der Wahlbeteiligung hervorgeht. Sie stieg sprunghaft von 52% im Jahre 1905, auf 73% im Jahre 1907 und schließlich auf 82% im Jahre 1912 an. Wie von der Regierung befürchtet, profitierte die bisherige Opposition vom neuen Modus.

„München leuchtete und Dachau mit"

Die Prinzregentenzeit lebt bis heute als kulturelle Ära weiter. München baute seinen Weltruf als Kulturstadt aus. Kaum ein Besucher der Stadt, der nicht die Feste, den Fasching, die Mädchen, das Oktoberfest, die Biergärten oder die Theater rühmte. Der junge Ernst Bloch erinnerte sich schwärmerisch: „München war ungefähr der Inbegriff von allem, was anders ist, also Boheme, Freiheit, Kunst, Leben, Schönheit, Fülle des Daseins, Jugendstil, Wedekind". Wie ein Magnet zog München die Fremden an: „Kann es etwas Schöneres geben, als sein erstes Semester in München zu studieren? Nein! Damals wenigstens gab es nichts, das heißeren Begehrens wert gewesen wäre".[33] Zu diesen Studenten gehörte auch der spätere erste Bundespräsident Theodor Heuss, der sich im Mai 1905 in Dachau niederließ, um seine volkswirtschaftliche Dissertation bei Lujo von Brentano innerhalb von drei Wochen abzuschließen.[34]
Im Mittelpunkt stand für alle, die nach München kamen, natürlich Schwabing, ein großes, ehemals zum Landgericht Dachau gehöriges Dorf im Nordosten, das 1890 in die Hauptstadt eingemeindet wurde. Künstler, Schriftsteller, Studenten, Revolutionäre, Anarchisten und Lebemänner lebten hier, für die Eingesessenen alles „Schlawiner". Sie alle schufen aber den „Schwabingmythos". Protektor der Künste war Prinzregent Luitpold, geboren 1821 als dritter Sohn König Ludwigs I. und seit 1886 Reichsverweser für den regierungsunfähigen König Otto I. Wie in der Politik nahm er zwar Anteil etwa als Kunstsammler, aber er setzte keine individuellen Marksteine, wie es alle seine Vorgänger auf ihre Weise getan hatten; er spielte keine aktive kunstpolitische Rolle. Epigonenhaft folgte er der Tradition des Königlichen Hauses, sammelte Kunst und ließ von Staats wegen kaufen; er behinderte aber auch nicht das Neue wie die Bekanntschaft mit Max Slevogt zeigt. Das Königreich Bayern durfte sich unter seiner Ära im umfassenden Sinne als Kulturstaat bezeichnen. Kunst und Kultur erhielten die notwendige Autonomie, sie standen unter dem Schutz des Staates; seine finanzielle Förderung galt aber dem Alten, dem Traditionellen. Für viele dieser Traditionellen wurden auch Dachau, sein Moos und das Hinterland zum beliebten Exkursionsziel, für manche sogar zum zeitweiligem Aufenthaltsort, wie etwa für das „NeuDachauer" Dreigestirn Adolf Hölzel, Ludwig Dill und Arthur Langhammer.
Das „Idyll" ging 1914 zu Ende. Nach vier Jahren Krieg, der 217 Männern aus Dachau das Leben kostete, war alles anders geworden. Was vorher gewesen war, wurde verklärt als „Erinnerung an glückselige Tage".

[33] *Rüdiger vom Bruch/Rainer A. Müller: Erlebte und gelebte Universität. Die Universität München im 19. und 20. Jahrhundert. Pfaffenhofen a. d. Ilm 1986, S. 225*
[34] *Wilhelm Liebhart: „Abschied von der Jugend" - Theodor Heuss in Dachau. Amperland 38 (2002) 35-36*

Spaziergang durch den Alten Markt Dachau

Luftbild, ca. 1904

Das Zentrum der Luftaufnahme bildet die Dachauer Altstadt mit Schloß und Hofgarten. Oben rechts führt die äußere Augsburger Straße, gesäumt von einer Baumallee, nach Webling, das in der rechten Bildecke noch zu erkennen ist. Links darunter liegen das Krankenhaus und am rechten Bildrand die ab 1890 errichteten Häuser entlang der Mittermayer- und Freisinger Straße. Darunter ist die Papierfabrik, an die sich die damals sogenannten Steinmühlänger anschließen. Diese werden durch einen Feldweg getrennt, der später die Martin-Huber-Straße werden sollte; auch die spätere Dr. Engert-Straße ist im Ansatz als Feldweg vorhanden. Der Teil der Steinmühlänger, der unterhalb des Altstadtberges liegt, ist heute als Ludwig-Thoma-Wiese mit Kindergarten Nazareth (erbaut 1928) und Ludwig-Thoma-Schule (erbaut 1928-1931) bekannt. Unterhalb der Steinmühlänger verläuft die Schleißheimer Straße mit der davon südlich gelegenen Gröb- oder Scheierlmühle. Am unteren Bildrand befindet sich der Güterbahnhof mit der darüberliegenden Frühlingstraße. Links darüber sieht man die Münchner Straße mit der daran gelegenen Künstlervilla Hermann Stockmanns, dem Spatzenschlößl. Oberhalb der Münchner Straße liegt die damals so genannte Zieglerwiese, auf der vor dem 1. Weltkrieg die Volksfeste abgehalten wurden. Darüber erkennt man die Ludwig-Dill-Straße und die Obere Papierfabrik. Oberhalb des Englischen Gartens liegt Udlding, links davon Mitterndorf und im äußersten linken oberen Bildeck ist schwach Günding auszumachen.

Ansicht von Norden, um 1900

Hier erkennt man Kirche und Schloß in der Bildmitte. Der Feldweg, der in der unteren Bildmitte zu verläuft und nach rechts führt, ist die heutige Krankenhausstraße. In der Verlängerung zur Altstadt hin wird die Augsburger Straße sichtbar. Der Weg in der linken Bildhälfte ist die heutige Mittermayer Straße. Die Wiese im Vordergrund ist heute das Wohngebiet zwischen Mittermayer-, Krankenhaus- und Hochstraße. Quelle: Robert Gasteiger, Dachau

Amper mit Altstadt, um 1900

Diese winterliche Aufnahme zeigt die Amper, dahinter die Dachauer Altstadt. Zwischen den markanten Gebäuden Schloß und Kirche liegt der imposante Bau der Brauerei und Gaststätte Hörhammer mit den Terrassengärten am Hang. Die Bahnlinie München-Ingolstadt ist als dunkle Linie zu sehen, die sich von links nach Rechts durch die Bildmitte zieht. In der linken Bildhälfte erkennt man die Eisenbahnbrücke über die Amper. Eine einsame Spaziergängerin bewegt sich entlang der Amper auf den Fotografen zu, der sich an der heutigen Wegekreuzung Amperweg-Brunhildenstraße aufgestellt hat.

Diese beiden Jäger rasten an einer Hütte, die auf den damals sogenannten Oberen Ängern steht. Heute befindet sich dort in etwa die Kreuzung Schiller-, Herzog-Albrecht-Straße. Links im Hintergrund ist der Altstadtberg mit Kirche zu sehen, die kleinen Häuser unterhalb des Altstadtberges stehen an der Ludwig-Dill-Straße. Die Häuser und Gärten rechts, liegen an der heutigen Richard-Wagner-Straße.

Jagdhütte im Moos, um 1900

Altstadtansicht, um 1900

Ein Foto aus der gleichen Serie, wie das vorige Bild. Hier hat sich der Fotograf Dachau entlang der Amper genähert. Er steht nun auf Höhe der Alten Schießstatt, wobei die Amper selbst nicht zu sehen ist. Dahinter liegt die heutige Thoma-Wiese und am Altstadtberg steht diesmal der Zieglerbräu im Zentrum, rechts davon wieder der Hörhammerbräu mit den Terrassengärten.

Altstadtansicht, um 1900

Hier steht der Fotograf in den Oberen Ängern. Man sieht den markanten Altstadtberg mit den Häusern an der Ludwg-Dill-Straße. Die Kamine am rechten Hang gehören zur Malzfabrik. Am rechten Bildrand steht das Gasthaus Drei Rosen.

„Elsa & Hertha, Winter 1901 / 1902"

Zwei junge Damen namens Elsa und Hertha zusammen mit ihrem Dackel auf den Gröbmühlängern, im Bereich des heutigen Sparkassenplatzes. Die Gebäude links stehen an der Münchner Straße, die Gebäude unterhalb des Altstadtberges an der inneren Schleißheimer Straße. Am rechten Bildrand erkennt man am Ausläufer des Altstadtberges die Malzfabrik.

Amperwehr, um 1900

Das alte Amperwehr befand sich an der Stelle, wo heute das Elektrizitätswerk steht. Mit der Verlegung der Amper beim Bau des Elektrizitätswerkes 1950 verschwand auch das alte Wehr. Der Hang hinter dem Wehr zeigt den östlichen Ausläufer des Altstadtberges mit dem Fürstenweg.

Am Brunnhaus, um 1900

Der Fotograf steht für diese Aufnahme auf der Brücke über den Mühlbach unterhalb des Karlsberges. Man erkennt hinter dem Brunnhaus am Mühlbach die Stützmauer des Hofgartens.

Mühlbachbrücke am Karlsberg, um 1900

In der rechten Bildhälfte steht das Brunnhaus, von dem ein Steg über den Mühlbach zur Schleifmühle der Oberen Papierfabrik führt. Im Hintergrund sind die Mauern des Hofgartens zu erkennen. Der Weg am linken Bildrand ist die heutige Brunngartenstraße. Der Weg, der rechts vom Karlsberg herunterführt, ist noch ein Feldweg, während der Gehweg bereits gepflastert ist.

Karlsberg und Mühlbach, um 1900

Am Altstadtberg ist das Rathaus mit dem kleinen Glockentürmchen zu erkennen, rechts daneben der Zieglerbräu. Links oben am Bildrand der Kirchturm von St. Jakob und das Bezirksamt. Darunter liegen die Häuser am Hang des Karlsberges bis hinunter zum Mühlbach. Im Mühlbach stehen die Verschläge des „Hütten-Bades". Man achtete streng auf die für weibliche und männliche Personen getrennten Badezeiten. Gebadet wurde in den Hütten unter Ausschluß der Öffentlichkeit. Wer keine passende Badebekleidung hatte, konnte sich von der zuständigen Badefrau die korrekte „Weißleinene" ausleihen. Das Wehr im Vordergrund gehört zum Verbindungskanal zur Amper.

Hofgarten und Schloß, um 1900

Hier erkennt man in der Bildmitte die Mauern des Hofgartens und Teile des Schloßgebäudes am rechten Bildrand. Unterhalb des Schlosses liegen der alte Seilerstadel und die heutige Gaststätte Stadtkeller, mit barocker Giebelverzierung. Im Vordergrund fließt die Amper.

Münchner Straße, aufgenommen am 7. 9. 1898

Rechts das Stahl-Anwesen und dahinter das Haus des Zimmermeisters Wiesböck, links das Gasthaus Drei Rosen mit Biergarten. Im Hintergrund ist deutlich das Schloß zu erkennen. Quelle: Christian Huber

Amperbrücke, um 1900

Deutlich ist die Holz-/Steinkonstruktion der alten Amperbrücke zu sehen. Dahinter folgt von links nach rechts das Wiesböck-Anwesen, das Stahl-Haus und das Anwesen der Familie Müller in der Münchner Straße.

Alte Frau in Tracht bei der Gartenarbeit, um 1900

Der Garten, in dem die Frau arbeitet, befindet sich gegenüber des Sägewerkes Wiesböck, Ecke Münchner/Schleißheimer Straße. Dieses Bild ist ein Beleg dafür, daß zumindest bei der älteren Bevölkerung die Tracht um die Jahrhundertwende durchaus noch Alltagsgewand war. Vermutlich handelt es sich bei der Frau um eine Austräglerin.

Karlsberg, um 1900

Die Postkarte zeigt eine Ansicht des Karlsberges von unten. Das Gebäude mit dem Glockentürmchen auf dem Dach ist das Rathaus, davor befinden sich das Seemüller- und das Altherr-Anwesen. Die Häuser rechts sind zum großen Teil heute noch in dieser Form erhalten.

Quelle: Stadtarchiv Dachau, SLG Postkarten 4

Ausbesserungsarbeiten an der Karlsbergmauer, um 1900

Zwei Maurer auf einem Holzgerüst bessern den oberen Teil der Karlsbergmauer aus. Aufgrund des Drucks des Berges mußten immer wieder Reparaturen an dieser Mauer vorgenommen werden. Die angeklebten Werbeplakate zeigen, daß diese Fläche gerne für Anschläge verwendet wurde.

Planwagen am Karlsberg, um 1900

Zwei Fuhrleute beim Aufziehen des Hemmschuhs, was seit 1804 Pflicht war. Der Hemmschuh verhinderte, daß der Wagen die Pferde wegschieben konnte. Links sind noch Schneereste zu erkennen.

Zollhaus am Karlsberg, um 1900

Rechts ein an der Mütze erkennbarer Dienstmann im Gespräch mit dem Pflasterzöllner, der von den Fuhrwerken den Pflasterzoll kassierte, eine Abgabe zur Herstellung und Reparatur des märktischen Straßenpflasters. Die am Pflasterzollhäuschen angebrachten Schilder weisen auf die Pflasterzollordnung hin, die Höhe der Gebühren und die Anordnung, den Hemmschuh aufzuziehen, wenn man den Karlsberg hinunterfahren wollte. Das Gebäude direkt hinter dem Zollhäuschen ist das Anwesen der Lebzelter- und Wachszieherfamilie Altherr. Unten am Karlsberg steht das Anwesen des Schneidermeisters Trinkgeld.

Alte Frau am Zollhaus am Karlsberg, um 1900

Diese Frau ruht sich auf der Bank vor dem Pflasterzollhäuschen aus. Zu ihrer Arbeitskleidung mit Kopftuch und Schürze trägt sie Pantoffeln. Im Hintergrund steht das „Regensburger-Haus", Konrad-Adenauer-Straße 1.

Bauern und Fuhrwerk vor dem Pflasterzollhäuschen, um 1900

Die Person im Vordergrund waltet ihres Amtes als Pflasterzöllner.

Nach dem Gottesdienst, um 1900

Mehrere Personen auf dem Heimweg von der Kirche. Die eher alltägliche Kleidung läßt darauf schließen, daß es sich nicht um den Sonntagsgottesdienst handelt. An der Kirche sind einige eingemauerte Grabplatten zu sehen sowie die Sonnenuhr rechts oberhalb des Portals.

Passanten vor dem „Regensburger-Haus", um 1900

Zwei Frauen in so genannter „Neubäurischer" Tracht und ein weiterer Passant unterwegs in Richtung Apothekergasse. Vor dem „Regensburger-Haus" befindet sich gerade eine Baustelle, möglicherweise wird das Pflaster hergestellt oder erneuert. Ein Firmenschild „J. R. Seiler" ist am Gebäude angebracht.

Dachauerinnen in der Augsburger Straße, um 1900

Zwei dunkel gekleidete Frauen unterhalten sich vor der Kirche auf der Augsburger Straße. Im Hintergrund das Rathaus und der Zieglerbräu davor ein Pferdefuhrwerk.

„Gruss aus Dachau – Freisingerstrasse", Postkarte um 1900

Diese Postkarte zeigt die heutige Konrad-Adenauer-Straße. In der Häuserzeile links sticht markant das Ziegler-Anwesen heraus, in dem später Sparkasse und Gemäldegalerie etabliert wurden. Rechts liegen Rathaus, Zieglerbräu und Hörhammerbräu. Vor dem Zieglerbräu stehen zwei Fuhrwerke mit Bierfässern.

Frau beim Wasserholen am Roßmarktbrunnen, um 1900

Auf dem Platz vor dem Rathaus befand sich früher der Roßmarktbrunnen, der später die Freisinger (heute Konrad-Adenauer-)Straße weiter hinunter verlegt und 1915 durch einen von dem Künstler Ignaz Taschner gestalteten Brunnen ersetzt wurde.

Fronleichnamsprozession vor der Kirche St. Jakob, um 1910, „Fotografiert aus der Wohnung v. A.v. Neger"

Gustav Adolf von Neger war Tierarzt und Fleischbeschauer in Dachau. Er war 1880 in Dießen am Ammersee geboren worden und hatte die Tochter des Künstlers Ludwig Dill, Dora, geheiratet. Das Paar lebte zwischen 1910 und 1938 in der damaligen Freisinger Straße 2 im Altherr-Anwesen, der heutigen Konrad-Adenauer-Straße 2 und nunmehr Teil des Rathauses. Das Foto wurde wohl aus dieser Wohnung im 1. Stock heraus aufgenommen. Am 23. Februar 1938 erschoß sich Gustav Adolf von Neger nachmittags um 14.00 Uhr im Laubengang des Dachauer Hofgartens, in „Folge einer Nervenzerrüttung" wegen seines „leidenden Gesundheitszustandes", wie der Amper-Bote am 24. Februar 1938 vermutete.

Diese Fotografie wurde aus einem Fenster des Zieglerhauses aufgenommen. Rechts eine Gruppe Mädchen mit Jungfernkränzchen und eine große Madonna auf einem Tragegestell.

Jahrmarkt in Dachau, um 1900

Der Schnee deutet darauf hin, daß es sich entweder um den Ostermarkt (zwei Wochen vor Ostern) oder um den Adventmarkt am letzten Sonntag im November handelt. Das sonnige Wetter sorgt dafür, daß die Marktbuden rechts und links der Augsburger Straße gut besucht sind. Im Hintergrund sind links das Rentamtsgebäude und rechts der Kochwirt zu erkennen.

„Rößler'sche Rothgerberei", Pfarrstraße, 1914

Neben der Gerberei Hällmayr war die Rößlersche die zweite alteingesessene Ledererwerkstatt in Dachau. Eigentümer Franz Xaver Rößler sen., Jahrgang 1851, hatte sie im Frühherbst 1882 von seinem Vater Jakob übernommen und übergab sie seinerseits im Jahre 1911 an seinen Sohn, Franz Xaver Rößler jun.

Das Geschäft von Anton Mayerbacher, Freisinger Straße 4, um 1900

Der Kaufmann und Mehlhändler Anton Mayerbacher war von 1903 – 1905 Bürgermeister des Marktes Dachau. Das Haus führt nun die Adresse Konrad-Adenauer-Straße 7.

Malzfabrik Dachau,
Freisinger Straße 5, 1895

Die Malzfabrik war 1865 von den Gebrüdern Hörhammer errichtet worden. 1877 ließ man das dort befindliche Torflager erneuern. 1903 wurde sie der Gemeinde Dachau zum Kauf angeboten, was diese allerdings ablehnte. Stattdessen verpachtete man die Malzfabrik dann für 10 Jahre an die Firma August Forster in Memmingen. Bereits 1907 kam sie aber in den Besitz der Stuttgarter Malzfabrik AG. Das Foto zeigt Gerüste am Gebäude, die auf eine mögliche Renovierung hindeuten. Das Verwaltungsgebäude der Dachauer Malzfabrik lag auf der gegenüberliegenden Straßenseite, Ecke Freisinger/Wieninger Straße unterhalb der Gerberei Rößler und gegenüber der Fronfeste.

Quelle: Stadtarchiv Dachau,
SLG Fotos III - A 287

Aktie der Dachauer Malzfabrik
über 1.000 Reichsmark, 1890

Die zahlreichen Stempel auf der Aktie zeigen an, daß die Bezugsrechte bis 1940 vom jeweiligen Besitzer ausgeübt wurden. Danach wurde sie entwertet, wie man an den Lochungen in der Mitte erkennt.

Quelle: Stadtarchiv Dachau,
SLG Sonstiges 302

Anwesen der Malerfamilie Albin Huber, 1912

Altes Wohnhaus aus dem 17. Jahrhundert mit Werkstätte und Verkaufsladen des Malermeisters und Kunstgewerblers Albin Huber (1869 – 1953), Freisinger Straße 22 im Jahre 1912, von links: unbekannte Kinderfrau und 4 der 6 Kinder Albin Hubers: Maria (1901 – 1986), Josef (1906 – 1978), Richard (1902 – 1982) und Albin (1903 – 1982).
Albin Huber stand bereits in der dritten Generation einer bei den Dachauer Bürgern angesehen Handwerker- und Künstlerfamilie. 1829 erwarb dessen Großvater, Anton Huber, das Dachauer Bürgerrecht und ließ sich als selbständiger Kunst- und Kirchenmaler hier nieder. Anton Huber stammte aus dem Tiroler Lechtal und hatte an der Münchener Kunstakademie studiert. Nach seinem Tod übernahm 1868 dessen gleichnamiger Sohn das väterliche Malergeschäft in der Wieninger Straße beim „Hubergaßl". Anton Huber jun. war ein tüchtiger und fleißiger Handwerker, hinterließ jedoch keine künstlerischen Arbeiten; sein Sohn Albin aber zeigte wieder vielseitige künstlerische Begabungen. Von 1887 bis 1890 war er Schüler der Münchner Kunstgewerbeschule, später ließ er sich von Adolf Hölzel in dessen privater Malschule in Dachau unterrichten. 1894 war Albin Huber sogar mit einem Landschaftsgemälde in der jährlich stattfindenden Kunstausstellung im Münchner Glaspalast vertreten. Die angestrebte Künstlerlaufbahn mußte er aber nach dem frühen Tode seines Vaters aufgeben, um zusammen mit dem Bruder das Malergeschäft weiterzuführen. Nach dem Erwerb des Meistertitels heiratete Albin Huber im Jahre 1900 die Dachauer Sattlermeisterstochter Maria Heinzinger und erwarb das Anwesen in der Freisinger Straße 22. Das im 17. Jahrhundert erbaute Haus wurde 1933 abgerissen und durch einen Neubau ersetzt, der sich in Größe und Proportion weitgehend an die historische Fassade des Altbaus hielt.
Albin Huber war Mitbegründer der Gewerbebank Dachau (heute Volksbank-Raiffeisenbank) und deren 1. Vorstand von 1913 bis 1925. In der ersten Zeit nach Gründung der Bank am 1. September 1913 diente die Privatstube in Hubers Wohnhaus als erstes provisorisches Kassenlokal. In den Jahren 1909 bis 1917 gehörte Albin Huber dem Dachauer Magistrat an.

Quelle und Text: Christian Maria Huber

Bäuerin in der Augsburger Straße vor der St. Jakobskirche, um 1900

Möglicherweise hat sich die Bäuerin in einem Becher Brunnenwasser vor dem Rathaus geholt. Ganz im Hintergrund ist ein Dienstmädchen mit mehreren Gefäßen auf dem Weg zum Brunnen.

Frau und Passanten in der Augsburger Straße, um 1900

Links im Hintergrund ist die Kirche St. Jakob mit der Terrasse zum Schrannenplatz hin zu sehen. Der seit dem Mittelalter um die Kirche herum angelegte Friedhof wurde erst 1833 endgültig aufgelassen. Offensichtlich hatte man aber nicht alle Gräber verlegt, da bei der Kirchenerweiterung im Jahre 1926 an dieser Westseite Gebeine auftauchten als man die Fundamente grub. Rechts hinter der Frau sieht man den Giebel des Altherranwesens und rechts davon das Bezirksamt sowie den Garten des Rentamts.

„Bürstenstand aufgenommen an einem Marktmontag", 1904

Der Stand steht vor der Einfahrt zum Hinterhof des „Kochwirtes" und befindet sich offensichtlich schon im Abbau. Um 1900 wurden die Jahrmärkte an Montagen abgehalten.

„Hans Stangl. Privatier in Dachau 1906"

Hier posiert der Dachauer Hans Stangl aus der Augsburger Straße vor der Kirche St. Jakob.
Er trägt den Wintermantel zur Dachauer Männertracht. Diese Radmäntel waren aus tiefblauem Tuch mit einem Kragen aus Samt oder Lammfell, der mit einer mehrgliedrigen silbernen Kette geschlossen wurde. Stangl trägt grob genagelte Stiefel. Sie sind die ursprüngliche Stiefelform, bevor die sogenannten „Faltenstiefel" stärker verbreitet waren. Das Foto hat der Dachauer Amateurfotograph Moosmüller aufgenommen.

„Gasthaus z. Kochwirth", 1905

Dieses alte Dachauer Anwesen wird 1616 erstmals erwähnt. Im Jahre 1900 hatte der ehemalige Hutmachermeister Konrad Huber die Gastwirtschaft pachtweise übernommen. Sie entwickelte sich zu einem Treffpunkt der Arbeiter von Papier- und Malzfabrik. Die Dachauer Bürger verkehrten damals offensichtlich nicht in diesem Lokal, da der Kochwirt in den verschiedenen Berichten über Gaststättenbesuche und Vereinsfeiern nicht erwähnt wird. Unten links im Gebäude befindet sich ein Kramerladen. Unter der Terrasse ist ein weiterer kleiner Laden zu erkennen. Im ersten und zweiten Stock des Gebäudes waren Wohnräume. Am linken Bildrand erkennt man die Durchfahrt mit Holztor zum Hinterhof, wo die Werkstatt von „A. Wiendl" liegt, rechts vom Gebäude der Lagerschuppen des Zauner-Anwesens. Im Hintergrund schaut das Schloß rechts und links hervor. Das Foto wurde von der gegenüberliegenden Terrasse der St. Jakobskirche aufgenommen. Quelle: Stadtarchiv Dachau, SLG Fotos III – A 210

Hans Zauner: Meine Erinnerungen

„Ende der Wanderjahre

Eines Tages erreichte mich ein Brief meines lieben, treusorgenden Vaters:
‚Lieber Hans!
Ich stehe in meinem 70. Lebensjahr und möchte es gerne haben, daß alle meine Buben versorgt sind. Zur Zeit ist im Fachanzeiger eine kleine Buchbinderei und Druckerei ausgeschrieben, deren Besitzer verstorben ist. Sie steht zum Verkauf. Wenn Du Lust hast, Dich selbständig zu machen, so wäre ich bereit, Dir finanziell unter die Arme zu greifen. Voraussetzung ist natürlich, daß uns der Betrieb gefällt. Ich schlage vor, daß wir uns Montag, 8. März, früh 9 Uhr, am Hauptbahnhof München auf dem Bahnsteig zum Vorortzug nach Dachau treffen.'
Das war 1909. Die Entscheidung fiel mir sehr schwer. Ich gab gewiß nicht gern meine schöne Stellung in Meran auf. Dachau war wohl ein großer Marktflecken, aber ich glaubte, daß er für mein Handwerk und mein Fortkommen keinen günstigen Boden biete. Auch fürchtete ich, als Kind der Berge im Flachland nicht heimisch zu werden. Und doch – vielleicht bot sich hier die letzte Möglichkeit, zu einem Haus mit Geschäft zu kommen. Auch durfte ich dem gestrengen Vater nicht einfach mit Nein antworten, und so fuhr ich schließlich mit dem Nachtschnellzug nach München, das ich um 8 Uhr früh erreichte. Nach zweieinhalbjähriger Abwesenheit von zu Hause begrüßte ich frohen Herzens meinen Vater am Tölzer Zug. Er hatte mich ja einmal in Meran besucht und konnte den Schmerz über mein Fortgehen aus dieser wundervollen Stadt nur zu gut verstehen.
In Dachau stiegen wir auf der kurfürstlichen Straße den Karlsberg hinauf, wo sich der Vater bei der Verkäuferin, der Frau Trinkgeld, schriftlich angemeldet hatte. Wir sprachen mit ihr über unser Anliegen und handelten den verlangten Kaufpreis von 28 000 Mark um 1000 Mark herunter. Vater ließ mir freie Hand, er drängte mich nicht in die Entscheidung. Auf dem Anwesen lag einen erste Hypothek von 9000 Mark, 10 000 Mark mußten sofort auf den Tisch gelegt werden, der Rest war in einigen Jahren zu begleichen. Beim Mittagessen überlegten wir uns alles noch einmal reiflich, aber schließlich griff ich zu, und um 2 Uhr gingen wir zum Notar Rothballer. Eine halbe Stunde später war die Unterschrift unter den Kaufvertrag geleistet, und so war ich Besitzer des Anwesens Augsburger Straße 5 [heute 9] geworden.
Auf der Heimfahrt nach Tölz fragte ich Vater, wie er sich das mit den von ihm vorgestreckten 10 000 Mark denke. ‚Fünftausend', so sagte er, ‚sind dein Heiratsgut, die anderen fünftausend mußt du mir mit 4 v. H. verzinsen, und nach unserem Tode ist die Schuld hinfällig.'
So kamen wir abends im Vaterhaus an, von der glücklichen und recht neugierigen Mutter begrüßt, die froh war über den günstigen Ausgang der Angelegenheit.

Das Wurzelschlagen in der neuen Heimat

Seit 9. März war ich also Hausbesitzer. Den Dreiundzwanzigjährigen packten gar manches Mal das Heimweh und die Sehnsucht nach dem feinen, warmen Meran. Die ersten Tage waren trostlos, noch nie hatte ich mich so allein gefühlt. Auf Anraten der alten Frau Trinkgeld ging ich am dritten Tag zum ersten Mal ins Gasthaus Kraisy zum Abendessen. Ich setzte mich still an einen Tisch, wo gerade Schafkopf gedroschen wurde. Niemand kannte mich. Ich hörte es in meine Ohren, wie der Kauf beurteilt und beredet wurde. Man fand den Preis viel zu hoch. ‚Ja, sagte einer der Bürger, ‚unser Herrgott läßt jeden Tag einen aus!' (Er meinte einen Narren). Da mischte ich mich in das Gespräch: ‚Ja, meine Herren, das stimmt. In diesem Fall hat mich der Herrgott ausgelassen.' Zunächst herrschte allgemeine Verblüffung, dann folgten Entschuldigungen, und es wurde noch ein gemütlicher und lustiger Abend. Der erste Kontakt war hergestellt.
Es war ein mühseliges Beginnen, aber ich war zäh, arbeitete verbissen und dachte mir: Euch werde ich's zeigen! Ich war ein guter Handwerker und verfügte über das nötige Selbstvertrauen.
Zuerst krempelte ich den Laden um, stattete ihn menschenwürdig aus und richtete alles neu her. Das war bitter notwendig gewesen: der Fußboden war mit alten Papierbrettern zugedeckt, die Spielwaren hatten einfach auf dem Boden gelegen; der kaum 20 qm große Verkaufsraum hatte dazu noch ein Gewölbe. Außer billigen Spielwaren hatte man nur verkauft Schul- und Gebetbücher, Ansichtskarten, Briefpapier, Rosenkränze und mit Sternlein verzierte Kämme als Haarschmuck für Bauernmädchen. Aber die Dirndln aus der ganzen Umgebung sollten für mich einen gute Kundschaft werden. Es hatte sich nämlich bald herumgesprochen, daß es bei mir schönes Briefpapier für Liebesbotschaften mit Bildern zum Ziehen gab. Da ich auch gleich, wenn Not am Mann war, die Briefe selbst verfaßte, machte ich ein gutes Geschäft. ‚Wie heißt denn dein Schatz, Sepp, Michel oder Hans?' fragte ich, und alles andere dichtete ich für 50 Pfennige oder ein halbes Pfund Butter dazu. Ich muß gestehen, einen gewisse Praxis in diesen Dingen hatte ich mir bereits erworben, und die Gefühle, die die Verliebten bewegten, waren mir nicht ganz unbekannt.
Im ganzen aber ging das Geschäft sehr ruhig, nur Samstag und Sonntag waren gut. An gewöhnlichen Tagen hatte ich eine Ladenkasse von 15 bis 20 Mark. Sicher wäre ich unter

diesen Umständen abgerutscht, wenn ich nicht ohne Lehrling und Gesellen oft Tag und Nacht fleißig gearbeitet hätte. Ich verlor nicht den Mut, machte in München die Meisterprüfung und erhielt im Praktischen die Note 1, im Theoretischen die Note 2.

Bald wurden meine Fachkenntnisse überall bekannt und geschätzt. In einigen Jahren hatte ich Arbeit in Fülle, war ich doch der einzige Buchbinder im weiten Umkreis. Meine Tätigkeit im Kirchenchor und in der Liedertafel als Sänger und Geiger blieben nicht verborgen, und so lebte ich mich langsam ein, und es entstanden alle möglichen Verbindungen, die auch meiner handwerklichen Tätigkeit Nutzen brachten.

Das alte Dachau

Das gesellschaftliche Leben in dem schönen Markt war lebhaft und gemütlich. Es gab keine Klassenunterschiede, die Menschen rückten alle nahe zusammen: der Beamte, Bürger, Handwerker, Arbeiter. – Sie fanden sich nach des Tages Arbeit zu einem gemütlichen Schafkopf oder zum Ratsch ein, und jeder konnte so saudumm daherreden, wie es ihm passte. Im Fasching veranstaltete man maskierte Schafkopfrennen mit oft vierzig Partien. Künstler- und Schützenfeste sorgten für Gaudi und waren Höhepunkte der Gemütlichkeit und Lebensfreude. Jede Gastwirtschaft hatte ihren Gesellschaftstag. Brauer und Wirte schauten aber auch genau auf ihre Kundschaft. Am Montag ging es zum Zieglerbräu, am Dienstag zum Unterwirt, am Mittwoch zum Kraisy, am Donnerstag zum Metzgermeister und Gastwirt Schwarz, am Freitag zum Hörhammer und am Samstag wieder zum Zieglerbräu. Auch am Sonntag war in den Wirtschaften lebhafter Betrieb. Vor allem hatte es der Zieglerkeller seinen Kunden angetan. Da ist mancher Bürger ‚verunglückt' wie im Schwarzen Walfisch zu Askalon [ein Studentenlied]. Auch die Riedl Lina, die Mayerhofer Resl und der Grahamer Schorsch dürfen nicht vergessen werden. Natürlich gehört in diesem Zusammenhang unbedingt auch die Bössenecker Hermine, die Allergescheiteste, ein Urviech, erwähnt, die allerdings erst wesentlich später auftauchte.

Zaunerhaus in der Augsburger Straße, um 1909

Hans Zauner war im Jahre 1909 von Bad Tölz nach Dachau gekommen und hatte hier die Buchbinderei und Druckerei von Heinrich Trinkgeld gekauft. Vor dem Haus ist noch ein Brunnen zu erkennen und die bayerische Rautenfahne im Giebelfenster läßt auf einen Festtag schließen.

Quelle: Zauner „Meine Erinnerungen"

Lebhaften Verkehr pflegte ich mit der Künstlerkolonie. Jeder Künstler verstand sein Handwerk von Grund auf, und so brachte man auch meinen handwerklichen Fähigkeiten Beachtung entgegen. Die meisten Künstler hatten in Dachau auch Hausbesitz, wie Professor Ludwig Dill, Professor W. Herterich, Professor Stockmann, Carl Thiemann, Fräulein von Friedrich, Julie Beda, H. Binder, Professor Felix Bürgers, C.O. Petersen, Richard Huber, Hugo Hatzler und noch viele andere, mit denen ich persönlich und geschäftlich in Berührung kam. Carl Thiemann, der große Holzschnittmeister, nahm oft meine Druckerei in Anspruch. Ich spezialisierte mich bald auf Glückwunschkarten und Kalender in Drei- und Vierfarbendruck. Die Holzschnitte erforderten tagelangen Druck, Nachschneiden, Farbenausprobieren."

DACHAU, den 4. August 1908

Buch- und Akzidenzdruckerei Heinrich Trinkgeld

Augsburger-Strasse 5
nächst der Schranne

Dachau

Eigene Buchbinderei
Klosterstrasse Nro. 6

Verlag amtlicher Formulare · Gegründet 1866 · Papier- und Schreibwaren

Lieferung von Druckarbeiten aller Art für Behörden, Vereine und Private

Anfertigung aller Buch-Einbände in geschmackvollster Ausführung

46.

Rechnung für die verehrl. Armenkasse Dachau.

Briefkopf der Buchdruckerei Trinkgeld, Augsburger- und Klosterstraße, 1908

Diese Rechnung „für die verehrl. Armenkasse Dachau" listet Schreibwaren auf, die zum Bestücken des Glückshafens 1908 dienten.

Quelle: Stadtarchiv Dachau, Fach 68/2

Alte Dachauerin mit Kind im Leiterwagen, um 1900

Eine gebückte alte Frau zieht ein kleines Mädchen im Leiterwagen hinter sich her. Auf diesem um 1900 aufgenommenen Bild ist der schwere Tragmiederrock der alten Dachauer Frauentracht zu erkennen. Die Trägerin hat statt der Flügelhaube ein geblümtes Kopftuch umgebunden. Das von vielen Autoren der „Heimatschutzbewegung", allen voran Hermann Stockmann, so hoch gelobte „Festhalten" der Dachauerinnen an ihrer überkommenen Tracht ist ein Trugschluss. Sie glaubten, dass das tägliche Tragen dieser Kleidung auf einen besonders konservativen, bodenständigen Charakter der Dachauer Bevölkerung zurückzuführen sei. Der tatsächliche Grund liegt aber in der sozialen Stellung der Alten, die sich im „Austrag" befanden und deren finanzielle Mittel häufig nicht ausreichten sich entsprechend neu einzukleiden. Ein weiterer Grund für das Tragen der alten Tracht liegt im Bedürfnis der Maler nach Motiven traditioneller Prägung. Hier ist die Tracht weder Alltags noch Festgewand im ursprünglichen Sinn, sondern wird zur Verkleidung des Malermodells.

C.W.

Zaunerhaus in der Augsburger Straße, um 1911 (Bildausschnitt)

1911 hatte Hans Zauner den Geschäftsbereich des Anwesens umgestaltet, so daß nunmehr zwei große Schaufenster zur Verfügung standen. Im Vordergrund sind Veteranen mit ihren Orden aus den Kriegen 1866 und 1870/71 zu sehen. Wie die Pfadfinderkapelle dahinter, nehmen sie an einem Umzug teil.

Quelle: Heinrich Rauffer

Blick in die Klosterstrasse um 1896

Links die „Melberei und Handlung von M. Wittmann". In der Klosterstraße steht ein flacher Karren vor der Hardwig-Schmiede und rechts daneben befindet sich der Kramerladen von Walburga Gollwitzer. Das große Gebäude rechts ist die „Kleiderhandlung von Max Rauffer". Im obersten Stockwerk sind zwei Fens-er in Thomas Wohnung geöffnet.

Krämerladen der Walburga Gollwitzer in der Klosterstraße, um 1900

Thoma erinnert sich:

„Nein, es war keine Täuschung, hell und durchdringend läutete die Glocke an meiner Wohnungstüre. Ich eilte hinaus und öffnete. Ein hochgewachsener, wohlbeleibter Mann mit einem mächtigen altbayrischen Knebelbart stand vor mir, und sein städtischer Anzug war für mich eine Enttäuschung, weil er so gar nicht wie ein prozessierender Ökonom aussah.
Aber vielleicht ein Gutsbesitzer, Pächter oder Verwalter?
Das schien mir zweifelhaft. Eher konnte er ein behäbiger Bürger des Marktes sein, und ja, das würde wohl stimmen.
‚Hab' ich die Ehr', den Herrn Rechtsanwalt…?"
„Bitte kommen Sie nur herein."
Ich mußte so etwas von der einladenden Höflichkeit eines Friseurs, eines Zahnarztes, des Besitzers einer schlecht besuchten Schaubude an mir haben.
Der Gast stand hoch und breit in meinem Zimmer und war sich, wie ich merken konnte, sogleich über die Situation klar.
„Aha!" sagte er, „- m – hm - da is aber a bissel - -."
„Wie meinen Sie?"
„A bissel laar is."
„Ich lasse mir meine Möbel erst nachkommen", sagte ich.
„In den ersten Tagen mochte ich natürlich nicht - -."
„Freili, natürli. Aba wo san denn de Büacha?"
„Die kommen auch nach."
„M - hm – ja - ja. – I will eahna was sag'n, Herr Dokta. Dös erste, was Sie hamm müass'n san Büacha. Es is ja scho weg'n de Klient'n. Da wenn oana rei kimmt zum Beispiel, nacha muaß's ausschaug'n da herin, als wia ‚r in a alt'n Kanzlei. An dera Wand da drüb'n, da müass'n lauta Büacha steh', und da herent, da müassn S' a so a Stellaschi mit Papier und Aktendeckel hamm. Derfen S' ma , s glaab'n, i hab scho mehra junge Herrn o'fanga sehg'n…"
„Das kommt alles, aber mit was kann ich Ihnen dienen?"
„Mir? Dös wer i Eahna glei sag'n. I bin nämli der Vertreter von der Buchhandlung Maier – I. A. Maier & Sohn – Sie kennan ja die Firma?..."
„N…nein …", sagte ich.
„Dös wundert mi, aba mir lerna uns scho no bessa kenna", antwortete er, und es strömte ein wirkliches und wohlwollendes Behagen von ihm aus.
„Mir leana uns no guat kenna. Nämli, unser Spezialität is ja, daß mir junge Herrn Rechtsanwält ausstaffieren, und i kann Eahna sag'n, i hab scho ziemli viel Herrn ausstaffiert. Lesen S' no…."
Er gab mir eine Karte.
I. A. Maier – Buchhandlung – Spezialität – Anlage von Bibliotheken für Herren Notare und Rechtsanwälte – An- und Verkauf von juristischen Bibliotheken – Kulante Gewährung von Teilzahlungen – usw.
„Seh'gn S', Herr Dokta, dös is dös, was Sie brauchan. De Wand da drüben, de muaß ganz zuadeckt sei mit lauta Büacha. Erschtens" – er streckte den Daumen aus – „brauchan Sie wirklich juristische Büacha - dös krieg'n ma nacha – zwoatens" er gab den Zeigefinger dazu „brauchan Sie Entscheidunga – mir hamm antiquarisch a paar Sammlunga - drittens" – und

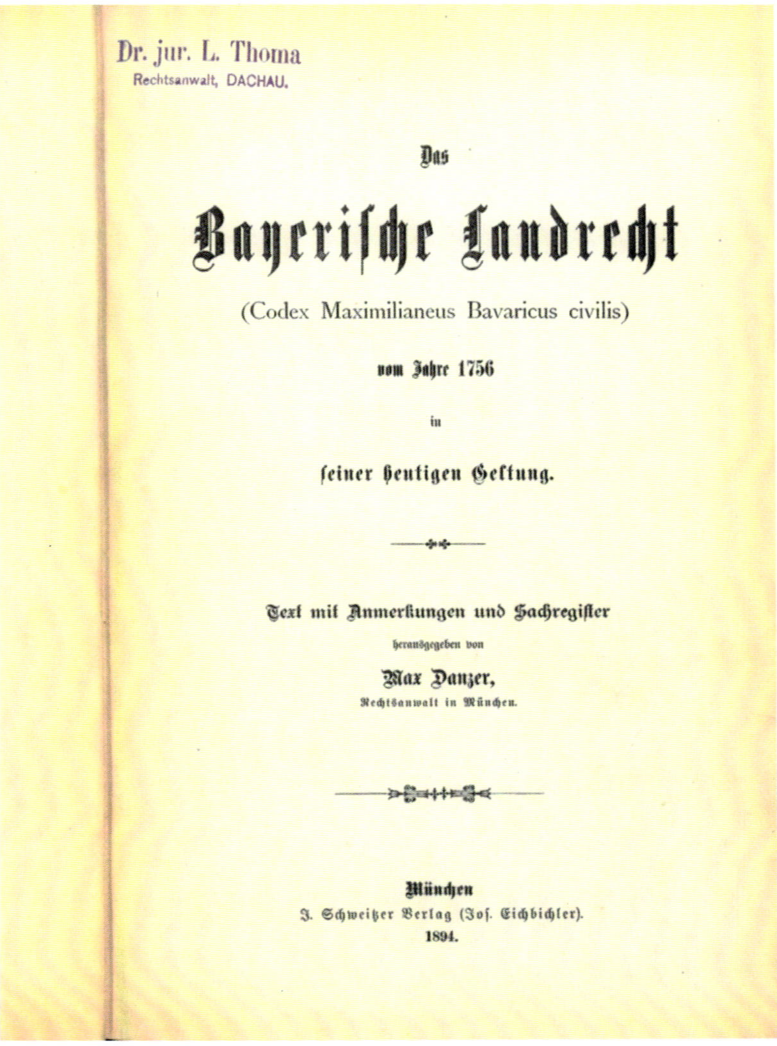
Dr. jur. L. Thoma
Rechtsanwalt, DACHAU.

Das
Bayerische Landrecht
(Codex Maximilianeus Bavaricus civilis)
vom Jahre 1756
in
seiner heutigen Geltung.

Text mit Anmerkungen und Sachregister
herausgegeben von
Max Danzer,
Rechtsanwalt in München.

München
J. Schweitzer Verlag (Jos. Eichbichler).
1894.

„Das Bayerische Landrecht vom Jahre 1756. München 1894."

Dieses Buch stammt aus dem Besitz des Rechtsanwaltes Ludwig Thoma. Thoma hat den Vorsatz mit seinem Stempel versehen. Ob er jedoch den Doktortitel zu Recht trug ist fraglich, da er seine Doktorarbeit nie veröffentlicht hat.

jetzt kam der Mittelfinger – „drittens, da gibt's so Amtsblätter und alte Verordnungsblätter, de ja koan Wert nimmer hamm, aba de san hübsch groß, in blaue Pappadeckel ei'bund'n und macha an recht'n Krawall, de nehman si großartig aus in da Kanzlei. De kriag'n S' von uns drein, an achtz'g Bänd für zwölf Markl…"
„Das ist alles recht schön, aber…"
„Nix aba!" Er sagte es energisch und jede Widerrede abschneidend. „Dös is dös was Sie brauchan, Herr Dokta.
Und jetzt schreib'n mir amal auf, was Sie für wirkliche Büacha haben müass'n. Mit' n Strafrecht fang ma'r o …"
Und er fing mit dem Strafrecht an und nannte im befehlendem Ton alle anderen im besten Ansehen stehenden Kommentare, schrieb sie mit der Füllfeder auf, fand immer noch ein Buch und gab es dazu und erklärte endlich, daß mir nunmehr einigermaßen und fürs erste geholfen sei.
Alle Zahlungsbedenken schnitt er kurz ab, und erst, als er sein dickes Notizbuch in die Brusttasche und seine Füllfeder in die Westentasche gesteckt hatte, gab er den befehlshaberischen Ton auf und wurde wieder umgänglich.
„Soo", sagte er gemütlich, „jetza hamm ma's, und Notabeni, i mach no mei Gratulation, daß Sie Eahna hier niederlassen hamm. De Gegend is guat, de Bauern streit'n gern, g'rafft wird aa no, Gott sei Dank, da hat a junger Rechtsanwalt a ganz a schön's Feld der Betätigung, und jetzt B'hüat Eahna Good!"
Er schied mit einem freundlichen Lächeln von mir, und seine Worte taten mir wohl. Nur allmählich wurde mir klar, daß diese Anschaffung auf Kredit meine Stellung nicht gerade gebessert und befestigt hatte."[35]

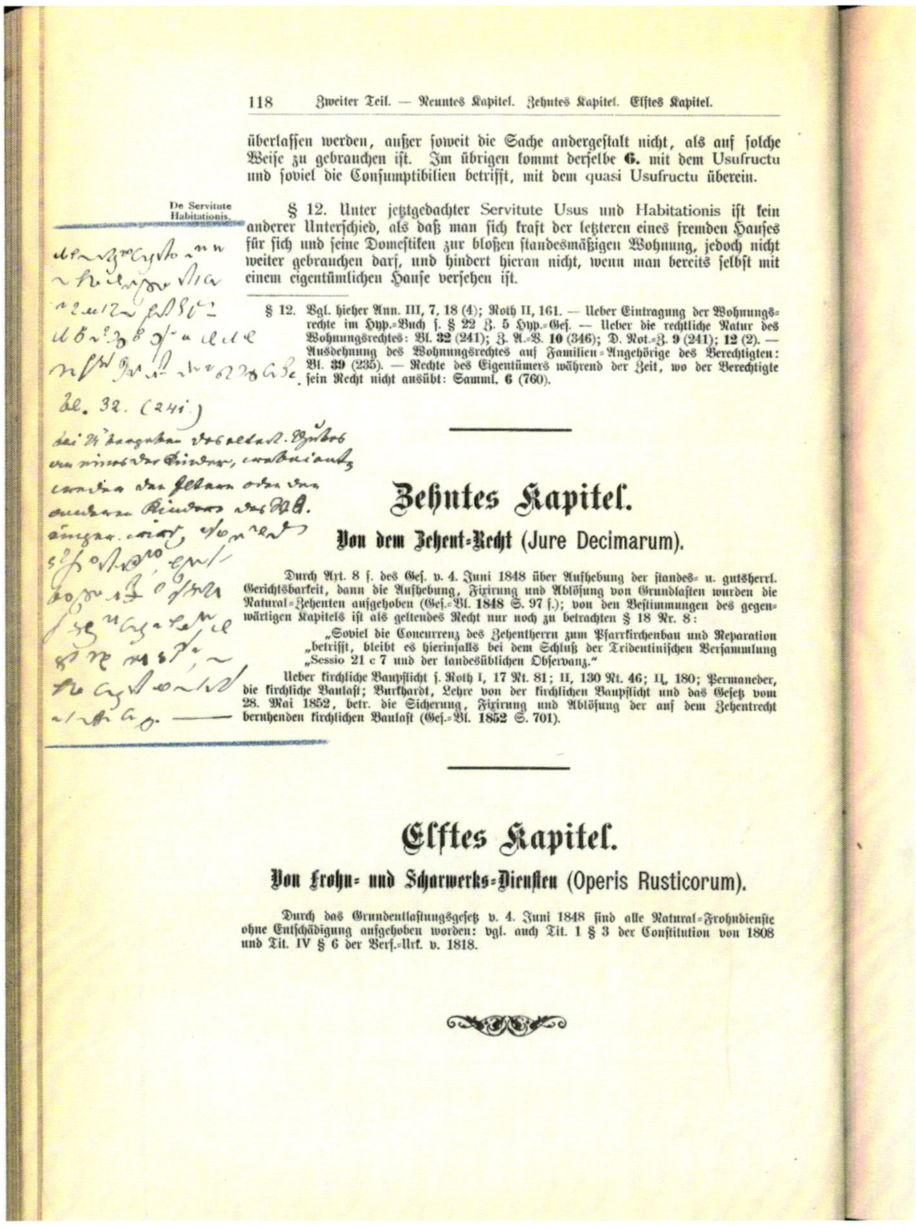

118 Zweiter Teil. — Neuntes Kapitel. Zehntes Kapitel. Elftes Kapitel.

überlassen werden, außer soweit die Sache andergestalt nicht, als auf solche Weise zu gebrauchen ist. Im übrigen kommt derselbe **6.** mit dem Usufructu und soviel die Consumptibilien betrifft, mit dem quasi Usufructu überein.

De Servitute Habitationis.

§ 12. Unter jetztgedachter Servitute Usus und Habitationis ist kein anderer Unterschied, als daß man sich kraft der letzteren eines fremden Hauses für sich und seine Domestiken zur bloßen standesmäßigen Wohnung, jedoch nicht weiter gebrauchen darf, und hindert hieran nicht, wenn man bereits selbst mit einem eigentümlichen Hause versehen ist.

§ 12. Vgl. hieher Ann. III, 7, 18 (4); Roth II, 161. — Ueber Eintragung der Wohnungsrechte im Hyp.-Buch s. § 22 Z. 5 Hyp.-Ges. — Ueber die rechtliche Natur des Wohnungsrechtes: Bl. **32** (241); Z. A.-B. **10** (346); D. Not.-Z. **9** (241); **12** (2). — Ausdehnung des Wohnungsrechtes auf Familien-Angehörige des Berechtigten: Bl. **39** (235). — Rechte des Eigentümers während der Zeit, wo der Berechtigte sein Recht nicht ausübt: Samml. **6** (760).

Zehntes Kapitel.

Von dem Zehent-Recht (Jure Decimarum).

Durch Art. 8 f. des Ges. v. 4. Juni 1848 über Aufhebung der standes- u. gutsherrl. Gerichtsbarkeit, dann die Aufhebung, Fixirung und Ablösung von Grundlasten wurden die Natural-Zehenten aufgehoben (Ges.-Bl. **1848** S. 97 f.); von den Bestimmungen des gegenwärtigen Kapitels ist als geltendes Recht nur noch zu betrachten § 18 Nr. 8:

„Soviel die Concurrenz des Zehentherrn zum Pfarrkirchenbau und Reparation „betrifft, bleibt es hierinfalls bei dem Schluß der Tridentinischen Versammlung „Sessio 21 c 7 und der landesüblichen Observanz."

Ueber kirchliche Baupflicht s. Roth I, 17 Nr. 81; II, 130 Nr. 46; II, 180; Permaneder, die kirchliche Baulast; Burkhardt, Lehre von der kirchlichen Baupflicht und das Gesetz vom 28. Mai 1852, betr. die Sicherung, Fixirung und Ablösung der auf dem Zehentrecht beruhenden kirchlichen Baulast (Ges.-Bl. **1852** S. 701).

Elftes Kapitel.

Von Frohn- und Scharwerks-Diensten (Operis Rusticorum).

Durch das Grundentlastungsgesetz v. 4. Juni 1848 sind alle Natural-Frohndienste ohne Entschädigung aufgehoben worden: vgl. auch Tit. 1 § 3 der Constitution von 1808 und Tit. IV § 6 der Verf.-Urk. v. 1818.

Im Gesetzestext hat Thoma zahlreiche Stenographische Notizen gemacht, die sich besonders in Kapiteln mit bäuerlichen rechtlichen Belangen finden. Ein eindeutiger Hinweis also, womit sich Thoma in Dachau zu beschäftigen hatte.

[35] *Lemp (1979) S. 62-65.*

Schneidermeister Max Rauffer in seiner Werkstatt, um 1900

Schneidermeister Rauffer vor dem Zuschneidetisch. An der Wand hinter ihm hängen verschiedene Kleidungsstücke und rechts steht der Schreibtisch mit Unterlagen und Geschäftsbüchern.

Quelle: SLG Rauffer

Ludwig Thoma:

„Mit nicht ganz hundert Mark im Vermögen zog ich zwei Monate später im Hause eines Dachauer Schneidermeisters ein und war für den Ort und die Umgebung das sonderbare Exemplar des ersten ansässigen Advokaten…
Der Schneidermeister, in dessen Hause ich eine Wohnung gemietet hatte, brachte mir ein stilles, aber inniges Misstrauen entgegen, das wiederum nicht frei war von einem wohlwollenden Mitleid…
Wenn ich die Treppe herunterstieg und in die Werkstatt meines Schneidermeisters einen Blick werfen konnte, beneidete ich die blassen jungen Leute, die darauflos nähten von Montag bis Samstag und jeden Feierabend und jeden Feiertag sich redlich verdienten.
Das sah anders aus als in meiner leeren Stube, an deren Wand zwecklos ein Tisch stand, auf dem ein Paket frischer Papierbogen lag neben dem nagelneuen Tintenfasse, den ungebrauchten Federhaltern und scharfgespitzten Bleistiften."[36]

[36] *Lemp (1979) S. 59-60.*

Werbeplakat der „Kleiderhandlung Max Rauffer", um 1900

Das Plakat ist auf dicken Karton aufgezogen und hat einige Nagellöcher. Max Rauffer hat es an seinem S-and angebracht, wenn er seine Waren auf Märkten verkaufte. Quelle: SLG Rauffer

Die Hexengasse mit Blick auf St. Jakob und das Rathaustürmchen, um 1900

Die Mauer und der Garten rechts gehören zum Amtsgericht an der Schloßstraße.

„Rundblick vom Hofgarten in Dachau", um 1905

Dieses Panoramabild stammt aus der Broschüre *„Ansichten-Album und Fremden-Führer von Dachau und Umgebung"*, die der Verlag Hans Teufelhart um 1905 vermutlich im Hinblick auf das 1100jährige Jubiläum Dachaus herausgegeben hat. Von links über den Schloßberg blickt man über den unteren Markt und Dachau-Süd bis zum Kamin der oberen Papierfabrik am rechten Bildrand.

„Dachau. Partie aus dem Hofgarten", Postkarte um 1900

Das Gebäude am rechten Bildrand ist ein Ecktürmchen des ehemals vierflügeligen Schlosses. Im Hintergrund rechts daneben das Altherr-Anwesen. Die Häuser in der Ebene gehören zu Augustenfeld. Der Rand der Postkarte ist perforiert, weil die Druckerei die Motive in größeren Bögen produzierte.

„Dachau. Verlag M. Wittmann – Dachau", Postkarte 1904

Hier wurde die Altstadt vom Schloßberg aus aufgenommen. Vor St. Jakob in der linken Bildhälfte erkennt man den rückwärtigen Giebel des Kochwirtes. Zwei Häuser weiter rechts das Rentamtsgebäude mit Garten, rechts daneben das Bezirksamtsgebäude und darüber das Rathaus. Im Hintergrund schweift der Blick übers Dachauer Moos Richtung Schleißheim.

Blick auf Udlding, um 1900

In der Bildmitte ist Udlding zu erkennen, links am Bildrand die Mitterndorfer Pfarrkirche. Die Baumallee zwischen Udlding und den beiden Wohnhäusern an der Burgfriedenstraße säumt die Brucker Straße. Die hohen Kamine, die hinter Udlding und am rechten Bildrand zu sehen sind, gehören zu den dortigen Ziegeleien.

„Partie aus dem Hofgarten. Pigment (1. Übertragung)", Aufnahme vom Englischen Garten aus Richtung Udlding, um 1900 (spiegelverkehrt)

Dieses Foto ist spiegelverkehrt und entstand vermutlich als Abzug einer Glasplatte. Im Zentrum sieht man noch einige Häusergiebel von Udlding und die Baumallee der Brucker Straße. Hier links im Foto, also rechts in der Natur, ist der Kamin der Ziegelei zu erkennen.

Gebäude im „Englischen Garten Dachau", ca. 1895

Das Häuschen ist bereits in einem Plan der Schloßanlagen von 1775 unter Nummer 37 eingetragen. Ein darunter liegendes Gewölbe diente als Eiskeller für das Schloß bzw. die Schloßküche.
Durch einen Schacht im Inneren wurde das Eis in den Keller hinabgelassen. Auf der Hangseite befand sich eine Tür durch die es bei Bedarf wieder entnommen werden konnte. Später war dort die Schloßimkerei untergebracht.
Auf der Aufnahme sind ein Türmchen und eine Verkleidung aus Rindenstücken und Ästen zu sehen, die heute nicht mehr existieren.

Freundliche Auskunft von Herrn Schloßverwalter Fellner an C. Wittmann

Schrannenplatz mit Knabenschule und drei Mädchen, um 1890

Der Schrannenplatz wurde 1878 gepflastert, der Gehweg entlang der Augsburger Straße ebenfalls, die Augsburger Straße selbst dagegen erst im Jahre 1900. Links ist der Birgmannbräu zu erkennen, dann Joh. Trinkgelds Nachfolger und zwei Wohnhäuser Das mit einer Plane bespannte Gestell in der Pfarrstraße ist vermutlich das Dach eines Marktstandes, der gerade abgebaut wird. Im Zentrum steht die Knabenschule mit der Aufschrift „Schul-Haus". Die Kirche rechts daneben hat noch nicht den Westanbau, der erst 1926 errichtet wurde.

Leichenzug auf der Augsburger Straße, um 1900

Eine ungewöhnliche Aufnahme, die aus einem Fenster des Wittman-Anwesens gemacht wurde. Links ist verschwommen der Leichenwagen zu erkennen. Da die Trauergemeinde recht groß ist, handelt es sich wohl um eine prominente Dachauer Persönlichkeit, die hier zu Grabe getragen wird. Rechts am Gebäude, dem Birgmann-Anwesen befindet sich im Untergeschoß ein Korbmacher, der seine Waren ausgehängt hat. In der Ecke zu „Ulrich Schreitmüller's" Handlung halten sich einige Kinder auf, die wegen des festlichen Gewandes wohl auch zur Trauergemeinde gehören. Auf dem Gehweg vor „Schreitmüller's" läuft der Pfarrer. Unterhalb der Einmündung zur Wieninger Straße erkennt man die Markisen der Seilerei Romig und dahinter den Unterbräu.

Drei Frauen auf der Augsburger Straße vor dem Birgmannbräu, um 1900

„Geschäft ‚Trinkgelds Nachfolger', um 1900"

Das Geschäft „Joh. Trinkgeld's Nachfolger" wurde ab 1898 von dem Kaufmann Johann Nepomuk Heilingbrunner aus Vilsbiburg geführt. Verheiratet war er mit Magdalena Stark, die am 19. Juni 1901 im Alter von 35 Jahren an Tuberkulose in Dachau starb. Vorher war das Geschäft im Besitz der Familie Wilhelm Schlaegel, wobei Frau Schlaegel eine geborene Trinkgeld war.
Quelle: Gottfried Junker

Aus den Lebenserinnerungen von Max Schlaegel, geboren 1881 in Dachau:

„Zur Erinnerung an die Jugendzeit und vergangene Tage (im Camp Garmisch verfaßt und etwas redigiert). Diese Lagerzeit war geeignet zu einem Rückblick auf die schönere, ruhigere Jugendzeit in Dachau, später in Diessen am Ammersee.
Da meine Eltern im Herzen Dachaus ein Geschäft betrieben, dadurch in vielfache Beziehung zur Umgebung und dem Landvolk aber auch zur nahen Hauptstadt kamen, kamen auch wir Kinder, mein ein Jahr älterer schon verstorbener Bruder und ich, mit diesem Milieu in den Jahren, die wir in Dachau meist in den Ferien und in München an Volksschule und Gymnasium - verlebten, auch in Berührung. Dachau war zu der Zeit unserer Kindheit und ersten Jugend - etwa 1890 - 1898 - noch ein bescheidener Marktflecken mit 5000 bis 6000 Bürgern.
Auch die Umgebung bot zumal in der Ruhe und Unberührtheit unserer Jugendtage viele Reize.
Da war nach Norden das weitgedehnte, fast unbesiedelte Moos, das uns Jungen und gleichaltrigen Kameraden ein beliebtes Ziel war. Damals erstreckte sich das Dachauer Moos bis vor Allach, im Westen fast bis gegen Fürstenfeldbruck und östlich bis Schleißheim.
Ein Hauptanziehungspunkt des Dachauer Mooses bildete der Reichtum an Wild und Geflügel aller Art und auch eine Flora, die manche Blume aufwies, die sonst nur in Gebirgslagen zu finden war.
Das Moos, das zum Teil damals Hofjagdgebiet war, beherbergte Rudel von Rehen, hunderte von Feldhasen, Füchse, in den Gewässern, die sehr fischreich waren, auch Fischottern und die Vogelwelt war vertreten durch Rebhuhn, Wachtel, Fasanen, Birkwild, Schnepfen und zahlreiche Kiebitze. In den vielen kleinen Gehölzen, zumal in dem gegen Schleißheim hinziehenden Moosteil gab es hunderte von Käuzen, die man am frühen Morgen, wenn man sich vorsichtig durch die Wäldchen schlich, aus nächster Nähe beobachten konnte.
Bei herbstlichen Jagden wurden oft mehrere hundert Hasen, etl. Rehböcke und viel Fasanen erlegt. Mein Vater, der die Förster gut kannte und manchmal eingeladen war, hat oft davon erzählt.
Im Frühjahr - zur Zeit der Osterferien - gelang es uns Jungen auf unseren Streifzügen durch das Moos auch, da und dort einige grüngesprenkelte Kiebitzeier zu finden, die meinem Vater als Feinschmecker stets willkommen waren. Sie galten als besondere Delikatesse, die in München damals nur bei Dallmayr zu bekommen war.
Die Flora des Dachauer Mooses war auch das Ziel manches Ausflugs im Frühling; auch während unserer Gymnasialzeit in München durfte unsere Klasse mit dem Naturkundelehrer so einen botanischen Ausflug in das Moos - Karlsfelder Gegend machen. Es gab da z.B. die Gamsprimel, den kleinen und großen Enzian, fleischfressende Pflanzen verschiedener Arten.
Auch in den am Rande gelegenen Weideflächen und Wäldern wuchs der von Kennern gern gesuchte Champignon damals noch in großer Zahl.
Zu der Zeit unserer Jugend in Dachau gewann das noch einen größeren anderen Besucher. Dachau war vor allem wegen der Unberührtheit des Mooses mit Moorbächen, alten Torfhütten und den ausgedehnten Amperauen mehr und mehr eine Attraktion für Maler und Malerinnen geworden. Da diese vielfach auch Kunden im elterlichen Geschäft waren, lernten wir viele von ihnen kennen und suchten sie auch oft an ihren Malplätzen auf. Da sie oft bei uns einkauf-

Kartenspieler vor dem Birgmannbräu, um 1893

Ganz links der Dachauer Pflasterzöllner. Die dritte Person von links ist der Kaufmann Wilhelm Schlaegel, dem das Geschäft neben dem Birgmannbräu gehörte. Der Mann rechts ohne Hut und mit Schürze ist der Wirt des Birgmann, Georg Schmid. Daneben die Kellnerin, die ihren ledernen Geldbeutel, wie damals üblich an einer Kette an der Schürze eingehängt hat. Die Glaskrüge sind mit dunklem Bier gefüllt. Der Tisch dürfte aus der Zeit um 1780 stammen.[37] Die Sitzmöbel sind biedermeierlich. Die kleine Gesellschaft befindet sich vor dem großen Tor des Birgmann-Anwesens.

Quelle: Gottfried Junker

ten, hielt es Vater auch bald für vorteilhaft sich alle Malerartikel zuzulegen, und so wurde der Verkehr mit den Künstlern bei uns immer reger. Unter ihnen sind mir heute noch einige bedeutende Namen gut in Erinnerung. So die beiden von Dietz, die in der nächsten Umgebung, etwa in Etzenhausen an der Amper, ihre Genrebildchen malten, dann die Landschaften u. Portraitmaler Geffken, Klimsch, Kalkreuth, von Zügel, Tooby und noch viele andere.

Um diese Zeit - etwa 1895 war es dann, daß ein neuer Dichter und Schriftsteller, der bald einen Ruf weit über Dachau hinaus genießen sollte, Ludwig Thoma, in Dachau erstmals von sich reden machte. Thoma hatte sich etwa 1894 als Anwalt in Dachau niedergelassen; er hatte seine Wohnung und Kanzlei nahe dem Marktplatz, ganz nahe unserem Geschäft; im Hause des Schneidermeisters Rauffer u. gegenüber dem Hause, in dem unsere ständigen Feriengenossen, die Wittmannbuben wohnten, deren Mutter eine gut gehende Melberei (Mehl und Spezereihandlung) da betrieb.

Thoma war mit meinem Vater bei Gesellschaftsabenden im „Stellwagen“, beim Zieglerbräu, sehr gut bekannt. Zu dem „Stellwagenkreis“ gehörten der junge Ziegler Edi, sein Braumeister Engert, verschiedene Bürgerleute, der Amtsrichter, Rentamtmann, Notar und andere Honoratioren des Marktes. Etwa 1895 ließ Thoma, der durch seine Praxis und seine Beteiligung an vielen Bauernschiessen in der Umgebung bald viel Einblick in den Dachauer Menschenschlag hatte, seine ersten Bauerngeschichten erscheinen, die in einem Band „Agricola“ zusammengefaßt waren.

Während manche seiner Freunde und Zechgenossen, die natürlich alle dieses Werkchen erwarben, etwas die Nase rümpften, war für uns Junge, die wir aus dem Verkehr mit den bäuerlichen Bewohnern der Umgebung das Leben und Treiben in den Dörfern des nördlich von Dachau gelegenen reichen Hinterlandes wohl kannten, das erste Werk Ludwig Thomas ein Erlebnis.

Wir kannten ja auch so manche Typen, die er in diesem Erstlingswerk und später auch noch in anderen Bauerngeschichten gezeichnet hat.

Da war eine davon der damalige Notar und spätere Justizrat Rothballer, ein guter Freund meines Vaters, der ihn auch später noch - nach 1898 - als wir nach Diessen a. Ammersee verzogen, noch oft besuchte. R., der das recht einträgliche Notariat Dachau viele Jahre versah, war ein richtiger Schwabe, gutmütig, witzig und ein bekannter Gourmand. Alle diese Eigenschaften hat Thoma auch dem Notar gegeben, der in seinen Erzählungen z.B. im Wittiber u.a. eine Rolle spielt, wo es seine Aufgabe war, Austragsverhandlungen zu Papier zu bringen.

[37] *Ein in allen Details identischer, etwas größerer Tisch befindet sich heute noch im Haushalt der Familie Wittmann. Möglicherweise handelt es sich bei den beiden Möbeln um Dachauer Schreinerarbeiten.*

Postkarte aus Berchtesgaden an „Wohlgebornen Herrn Joh. Trinkgeld's Nachfolger in Dachau bei München", 1893

„Geehrter Herr Schlaegel! Ersuche freundlich mir nochmals 600 Spezial & 300 Spitzen dazu zu senden. Auf die vorige Rechnung bitte. Gruß bitte an Herren Amtsrichter Traber & Hr. Engert H. Sendet Gruß an Sie & werte Familie hochachtungsvollst Fanny"

Vermerk von Herrn Schlaegel:

„gesandt 5. Juli 400 St. Spitze, die lig. ab Fabrik"

Andere Typen waren der damalige Vorstand des Amtsgerichts, Oberamtsrichter Schub, ein gebürtiger Oberpfälzer, der es verstand, mit seinen Schöffen, Angeklagten und Zeugen auch richtig oberbayrisch zu reden u. allgemeiner Beliebtheit sich erfreute. Auch Thoma gedenkt in seinen Erinnerungen des alten Herrn, der seinen langen grauen Schnurrbart streichend bei seinem Antrittsbesuch nur brummig sagte: „So? Sie san der!"

Der Oberamtsrichter, auch sein Amtsrichter Kollege, der erwähnte Notar und der Vorstand des Rentamts (später Finanzamts), letzterer ein passionierter Fischer, waren die beliebteren der Beamtenschaft Dachaus.

Weniger beliebt und daher auch in den Erinnerungen und einigen Stellen seiner Bauerngeschichten nicht sehr vorteilhaft gezeichnet, war dagegen der Vorstand des Bezirksamt, Bezirksamtmann Flasser, ein ziemlich engstirniger, von seiner Würde eingenommener Herr und ebenso dessen Stellvertreter der Assessor, den Thoma in den Erinnerungen treffend schildert.

Das bäuerliche Leben war uns, wie schon bemerkt, recht gut bekannt. Wir hatten ja recht viel Gelegenheit die Bauerntypen beim Einkauf im elterlichen Geschäft kennenzulernen, wir kamen auch, besonders in den großen Ferien, viel auf die Dörfer der nördlichen Umgebung nach Webling und Pellheim, Sigmertshausen, Schwabhausen, Niederroth, Rumeltshausen, Markt Indersdorf u.a. Mein Vater mußte öfters die in den Orten ansässigen Krämer, die meist gleichzeitig Gastwirte waren, besuchen, und, um die Beziehungen zu pflegen, ausgiebige Zeche machen.

Diese öfteren Zechbesuche bei den bäuerlichen Kunden benutzten wir Jungen, mein Bruder und ich, natürlich, uns eingehend vorzumachen und lernten eine Reihe angesehener Großbauern so nicht nur im Geschäft, sondern auch in ihrem Heimatdorfe kennen. Als wir dann gar etwa 1895 in den Besitz zweier von Herrschaften abgelegter Fahrräder kamen, besuchten wir mit Kameraden, die auch ähnliche ältere Vehikel besaßen, in den Ferien gar manche der uns bekannten Bauersleute in ihrem Heimatdorf. Eine solche Fahrt nach dem reichen Dorfe Sigmertshausen ist mir noch besonders in Erinnerung geblieben. Es war eine ziemlich weite, über hügeliges Gelände führende Fahrt. Bei der Ankunft wurden wir von der Bäuerin herzlich begrüßt und zu einer Brotzeit eingeladen. Sie bestand aus Schwarzbrot, frischgerührter Bauernbutter und einigen Waidlingen, „gestöckelter Milch", von der wir üblicherweise aber nur den dickensauren Rahm abschöpften, den Rest bekamen in der Regel die Hühner.

Ein besonderes Erlebnis aus unseren Erkundungsfahrten in die Dörfer muß ich noch erzählen. Mit den Wittmannbuben kamen wir wieder einmal über Pellheim hinaus in das ziem-

Wilhelm Schlaegel mit seiner zweiten Frau Anna, 1891

Der Kaufmann Wilhelm Schlaegel, Jahrgang 1854, stammte aus München und hatte 1880 Rosina Trinkgeld geheiratet. Rosina verstarb 1889 mit 37 Jahren und so heiratete Wilhelm 1891 die zwanzigjährige Wundarzttochter Anna Prey aus München. Das Foto wurde vor gemalten Kulissen im Atelier von Joseph Gerg in Dachau aufgenommen. Das Paar trägt die Dachauer Hochzeitstracht. Geheiratet hat das Paar allerdings in seiner Heimatstadt München, wobei offen bleibt warum sie als Städter die Dachauer Tracht trugen. Anzunehmen ist, daß sie als Geschäftsinhaber die Verbundenheit mit ihrer neuen Heimat zeigen wollten. Nicht zuletzt verkauften sie auch Bekleidungsstoffe und Aussteuer an die Bevölkerung des Dachauer Bezirks.

Quelle: Gottfried Junker

lich große Dorf Sigmertshausen, wo wir auch einen großen Bauern vom Geschäft her gut kannten. Nach der üblichen Begrüßung und Fütterung ging's natürlich in die Ställe und zum großen Heuboden. Und da entdeckten wir etwas ganz besonderes. Ganz im Heu vergraben fanden wir ein Nest mit 4 noch ganz jungen Iltissen. Die Alten waren nicht zu sehen, die Jungen ließen sich leicht fangen, und die Bäuerin, die froh war, die junge Brut wegzubringen, die ihr später wohl manches kleine Huhn gekostet hätte, gab uns gern ein ausgedientes Körberl mit Deckel, in dem wir die niedlichen Tierchen mitnahmen.

Ich erzähle dieses Ereignis besonders deshalb, weil sich daran noch allerhand anknüpfte.

Diese hübschen lebhaften kleinen Mardertiere sollten natürlich auch ein besonders schönes Heim bekommen. Dazu wurde der Hof im Anwesen der Wittmannbuben ausersehen. Wir bauten auf Schragen einen Bretterboden und aus großen Kisten einen geräumigen Stall, vorne vergittert mit Seitentürchen zum Reinigen des Käfigs, und kleinen Trögen für Futter und Wasser. Zur Fütterung der Tiere, die rasch heranwuchsen und allerhand fraßen, brauchten wir auch, außer Milch und Brot, das wir hatten, Fleisch. Um die Futterkosten zu decken und uns gleichzeitig eine kleine Einnahme zu schaffen, brachten wir vor dem Käfig eine kleine Kassette mit Einwurföffnung an, darüber eine Tafel mit Aufschrift: für die Iltisse.

An dem Eingangstor zum Hofe, in dessen Hintergrund der große Käfig stand, brachten wir ein großes Plakat an: Zu den Iltissen im Hof.

Bald hatte sich die Sehenswürdigkeit im Ort herumgesprochen und so fanden sich bald Neugierige, nicht nur Kinder ein, um die sehr possierlichen Iltisse zu sehen. Nicht nur Nahrung für die Tiere brachten die Besucher, auch viele Zehnerl, ja manchmal ein Silberstück wanderte in die Kasse,

Dachauer Brautkrone um 1850

Die Rückseite der Brautkrone ist mit Spiegeln und allerlei Flitter besetzt, um sich vor den von hinten nähernden Dämonen zu schützen. Brautkronen befanden sich oft über mehrere Generationen in Familienbesitz oder wurden von den Pfarrgemeinden ausgeliehen.

Die Palsenbäuerin von Walkertshofen mit ihren beiden Töchtern um 1900

So kann man sich die Kundschaft bei Kaufmann Schlaegel vorstellen, wie sie Max Schlaegel in seinen Erinnerungen beschreibt. Die Mutter in Dachauer Tracht, die beiden Töchter in bürgerlichen Kleidern. Das Foto wurde von einem Wanderfotografen im Freien aufgenommen. Vorne erkennt man die Wiese, auf die man eine Türe als festen Untergrund und einen kleinen Teppich zur Zierde gelegt hat. Der gemalte Hintergrund wird beim Transport als Rolle mitgeführt. Das Mädchen rechts war später Wirtin in Oberroth.

so daß wir nach einiger Zeit eine ganz schöne Einnahme hatten.
Durch die Wittmannbuben und den Hofgartenpeter[38] wurden uns zwei Paradiese erst richtig erschlossen:
Das eine war der Hofgarten mit dem englischen Garten. Es handelte sich hier nicht um Spaziergänge in dem Garten oder die schöne Aussicht. Die waren uns nicht wichtig, zumal wir sie zwangsläufig oft an Sonntagnachmittagen mit den Eltern genießen mußten.
Zu unserer Dachauer Zeit waren die Geschäfte von etwa 8 Uhr Morgens bis 9 Uhr abends geöffnet und auch Sonntags vormittags, so daß den Eltern nur der Nachmittag zu einem Spaziergang freiblieb, der meist in den nahen Hofgarten führte und dann oft zu einem Besuch des angrenzenden großen Höhrhammerbierkellers führte.
Für uns war der Hofgarten und vor allem aber der angrenzende englische Garten mit seinem Bestand an alten hohen Bäumen eine Art Jagdrevier.
Wir waren im Alter von 14/15 Jahren ans Schießen gewöhnt, da ja der Vater ein alter Jäger u. Angehöriger der Feueschützengesellschaft Dachaus war, der auch Thoma damals angehörte, der auf fast jedem Bauernschießen anzutreffen war.
So kam es, daß wir nach Verabredung mit dem Hofgartenpeter uns schon gegen 4/5 Uhr des Morgens vor einem Seitentürchen der Hofgartenmauern einfanden, wohl mit Schießgewehr versehen. Der Peter war schon bereit, öffnete das geheime Türl und dann ging's in den dämmrigen englischen Garten. Manches unvorsichtige Eichkatzl, ab und zu auch ein Rabe, wurden unsere Beute. Einmal aber glückte uns ein besonderer Fang. Wir hatten beobachtet wie in einem hohen alten Baum mit Anbruch des Tages eine

[38] *d. i. Peter Keckhut, Sohn des Hofgartenverwalters*

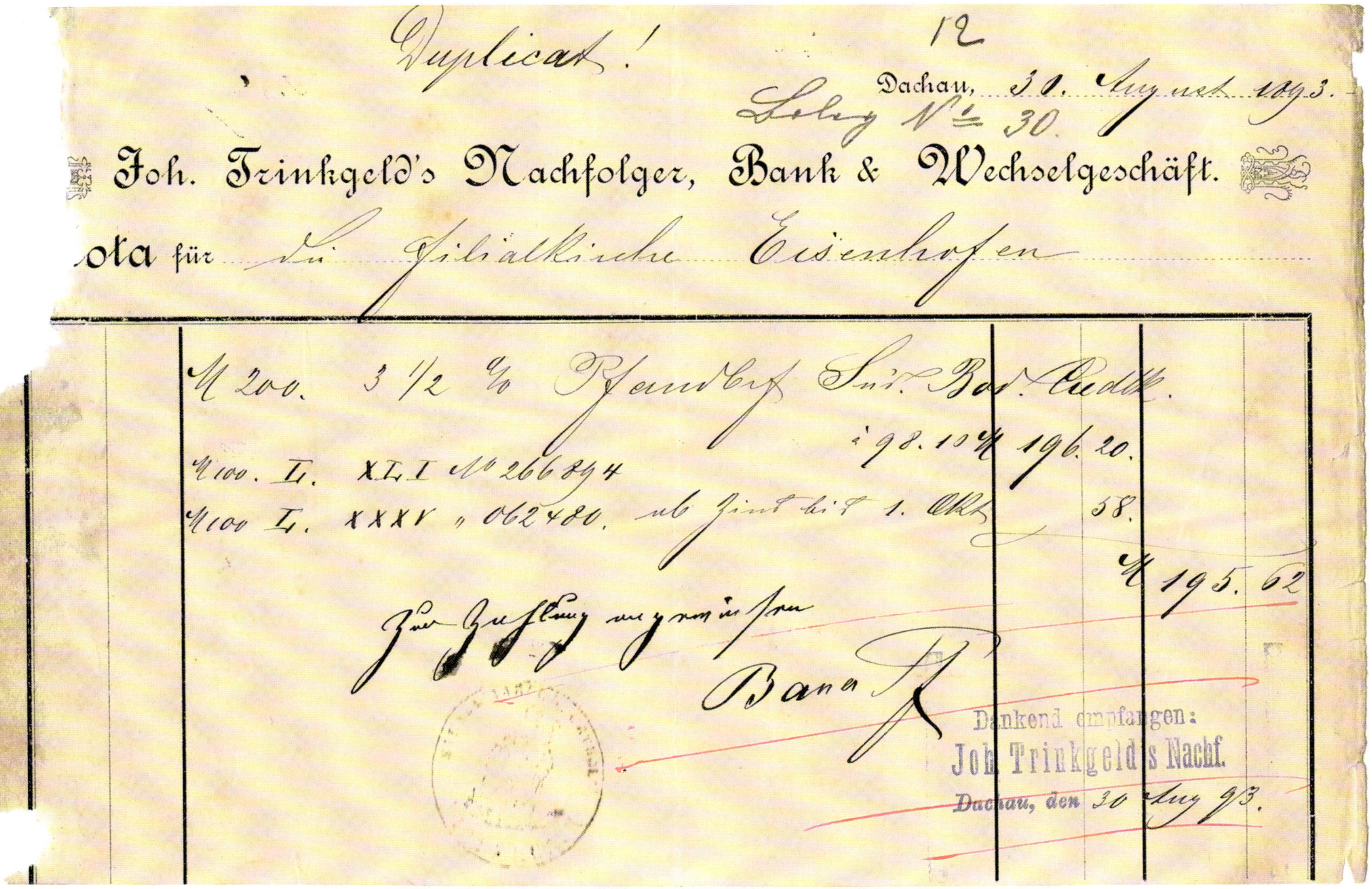
Duplicat! 12
Dachau, 30. August 1893.
Beleg No 30.
Joh. Trinkgeld's Nachfolger, Bank & Wechselgeschäft.
ota für die Filialkirche Eisenhofen
M 200. 3 1/2 % Pfandbrief Süd. Bod. Credit.
à 98.10% 196.20.
M 100. I. XLI No 266894
M 100 I. XXXV " 062480. ab Zins bis 1. Okt. 58.
M 195.62
Dankend empfangen:
Joh Trinkgeld's Nachf.
Dachau, den 30 Aug 93.

Rechnung von „Joh. Trinkgeld's Nachfolger, Bank & Wechselgeschäft" für die Filialkirche Eisenhofen, 1893
Quelle: Robert Gasteiger

ganze Anzahl Fledermäuse hoch oben in einem Loch des dikken Stammes verschwanden. Nun war rasch ein Kriegsplan geschmiedet. Der Peter mußte eine Leiter und einen Sack holen, einer bestieg die Leiter und beobachtete das Einflugloch, wir holten dürres Moos u. Kleinholz herbei und zündeten am Fuße des Baumes, der innen ziemlich hohl war, ein Feuerchen an, das bald starken Rauch entwickelte, der in dem hohlen Baum rasch nach oben abzog und alsbald versuchten natürlich die Fledermäuse in der Flucht ihr Heil u. gelangten zum großen Teil in den vor das Flugloch gelegten Sack. So hatten wir damals etwa 20 Fledermäuse eingefangen. Auch für diese wurde aus großen Kisten mit Drahtgeflecht, diesmal im Hofraum unseres Hauses, ein großer Käfig erbaut, in dem wir ziemlich lange Gelegenheit hatten, dem Leben und Treiben der flinken Tierchen zuzusehen. Nach einiger Zeit haben wir sie dann alle gegen Abend wieder der Freiheit übergeben.

Ehe wir Abschied vom Hofgarten und Peter nehmen, sei noch erwähnt: In den Sommermonaten kamen für einige Wochen auch hohe Gäste zur Erholung in das Haus der Schloßgärtnerei. Mehrere, aber ganz bescheiden eingerichtete Zimmer in dem lang gestreckten Bau, waren im Sommer für den Besuch dieser Gäste bestimmt. So viel ich mich erinnere, war vor allem Prinzessin Clara, eine Schwester des Prinzregenten Luitpold, eine ganz bescheidene alte Dame öfter zu Besuch auf der Schloßgärtnerei, begleitet von einer Hofdame und einem Lakai.

Der Hoflakai kam auch manchmal in das elterliche Geschäft, vor allem um Butter und ein Stück guten Emmentalers zu kaufen, von dem er behauptete, daß er der kgl. Hoheit besonders gut schmecke; es wurden damals nur wenige Käsearten geführt, der vollsaftige Emmentaler und der weniger fette Schweizerkäse, beide in den großen Rundlaiben. Daneben war allgemein beliebt der einfache Limburger und der schärfere, im Sommer zum Durst sehr anregende Weißlacker. Butter wurde meist vom Lande bezogen, in Weckenform ausgerührter, ungesalzener Bauernbutter; gesalzene Butter war in Bayern nie üblich. Als Besonderheit führte unser Vater daneben eine richtige, 1/2 pfundweise in Pergamentpapier verpackte Allgäuer Molkereibutter, die er aus einer Sennerei in Wertach bezog, die er bei einem Jagdausflug dort entdeckt hatte.

Werbeanzeige von „Johann Trinkgeld's Nachfolger Dachau" über zahlreiche Textilartikel, um 1900

Gedruckt bei Franz Mondrion, Dachau, dem Bayerland-Verlag, der ab 1876 auch den Amper-Boten herausgab.

Die Freunde auf der Allee im Englischen Garten hinter dem Dachauer Schloss, 1897

Von links: Peter Keckhut, Wilhelm Schlaegel, Cornelius Wittmann, Josef Wittmann und Weinberger.

Nun einiges über das zweite Paradies - oder auch neben Moos und engl. Garten - dritte Paradies unserer Jugend. Unsere engsten Freunde, die Wittmannbuben, hatten einen Onkel, der Besitzer des großen Würmmühlanwesens war, das etwa 1 Stündchen von Dachau nordöstlich an der Amper gelegen war. Dieses Gelände, das später z. Teil das berüchtigte Lager Dachau einnahm, war damals eine Idylle. Der Weg führte an der Amper entlang gegen das Dorf Webling, an dem großen Holzlagerplatz der Zimmerei Mayer vorbei und dann durch Hochwald und Auengelände an einem großen, stillen Amperaltwasser vorbei und zuletzt auf einem Waldsträßchen entlang der klaren Würm zur Würmmühle. Der ganze Gutskomplex bestand aus einer Sägemühle, einer Mehlmühle mit anschließender Gastwirtschaft mit schattigen Biergärten an der Würm und den großen Stallungen und Scheunen. Hier waren wir oft mit den Freunden, schwammen in der Würm oder der nahen Amper, in die die Würm kurz nachdem sie die Mühlwehre passiert hatte, einmündete. Auch diese Gegend der Amperaltwässer und kleinen Wälder wurde viel von Landschaftsmalern besucht.

Auf dem Markplatz in Dachau, vor dem elterlichen Geschäft, gab es allerhand Betrieb. Dort war die Schranne, der Getreidemarkt, zu dem die Bauern der Umgebung und die Händler kamen. Im Herbst fand dann der große Jahrmarkt, auch verbunden mit Getreide- und Viehmarkt statt. Die Marktbuden füllten auch den oberen Marktteil vor dem Rathaus und den beiden Brauereien. Der Herbstmarkt, der noch vor Ende der Sommerferien, die damals bis 18. 9. dauerten, stattfand, war auch für uns ein Erlebnis. Groß war da auch der Andrang im Geschäft und es waren auch die lukrativsten Tage des Jahres.

Eine besonders beliebte Kundschaft, vor allem in der Textilabteilung, waren die Brautmütter, die meist mit der künftigen Braut und der örtlichen Nahterin (Näherin) als Beraterin bei uns zum Einkauf erschienen. Sie kamen in halb städtischer halb bäuerlicher Aufmachung, stets mit schwarzem, seidenem Kopftuch, in dem in der Regel der Taufname Veronika oder Genovefa eingestickt war u. blieben meist den ganzen Tag. Es war eine noch patriarchalische Zeit, bei der es üblich war, solche Gäste auch zu bewirten u. hin und wieder mit einem Glaserl süßem Wein oder Likör zu erfrischen.

Da wurde das ganze Bettzeug einschließlich der Bettfedern, Kleiderstoffe, Kopftücher u.a. zur Aussteuer gekauft und gar oft ließ eine Brautmutter von einem großen Hof einen Tausender auf dem Zahltisch.

Auch eines besonders aufregenden Ereignisses, das sich vor unseren Augen auf dem Markplatz einige Mal begab, muß ich hier gedenken. Einige Mal im Sommer erschien die bekannte Zirkusfamilie Knie in Dachau. In der Regel quartierte sie sich in dem neben unserm Hause liegenden Gasthof dem „Birgmannbräu" ein. Die Mitglieder kamen dann auch öfters zum Einkauf ins elterliche Geschäft, so daß wir sie persönlich kennenlernten.

Zur Vorbereitung ihres Auftretens, vor allem als treffliche Seiltänzer, wurde ein langes, dickes Hanfseil - nicht Drahtseil - von einer Dachluke des Brauereigebäudes aus über den Kopfsteinbepflasterten, ziemlich steil ansteigenden Marktplatz bis etwa zur Höhe der Pfarrkirche gezogen. Dort war ein hoher Mast errichtet, zu dem eine Strickleiter emporführte bis zu einem kleinen Podest. Dort endete das wohl gut 10 Meter über dem Boden gespannte Seil. Ein Sicherungsnetz gab es nicht. Wenn nun die Vorstellung meist nachmittags begann, gab es erst einige lustige Auftritte des Clowns und dann kam als Clou des Ganzen der Seilakt.

Ich habe inzwischen in Zirkussen und im Fernsehen manches Sensationelle auf dem hohen Seil erlebt, aber die Szene auf dem hohen ungesicherten Seil hoch über dem Marktplatz ist mir bis heute in Erinnerung geblieben. Aus der Dachluke des Birgmannbräu tauchte der Seiltänzer auf, vor sich einen Schubkarren schiebend in dem ein anderes Mitglied der Truppe als altes Weiblein verkleidet saß. Die Schubkarre schob er auf dem hohen Seil bis zum südlich gelegenen kleinen Rastplatz und dann wieder zurück zur Dachluke.

Mit dem großen Jahrmarkt im Herbste neigten sich auch die großen Ferien zu Ende, die uns Brüder wieder in die nahe Stadt München zur Schule zurückführte.

Das Telefon kam in den neunziger Jahren mit dem elektrischen Licht nach und nach in den größeren Städten zur Einführung. Auch bei uns in Dachau wurde in dieser Zeit von Oskar von Miller - einem Jugendfreund meines Vaters - eines der ersten größeren Elektrizitätswerke im sog. Himmelreich geschaffen und so auch in Dachau die elektrische Beleuchtung, so auch in unserem Geschäft und Wohnung erstmals installiert.

Auch das Telefon kam etwa zur gleichen Zeit zu uns ins Geschäft, natürlich nur in der damaligen Form eines Wandkastens, der im Kontor (vom Bankgeschäft des Vaters) sich befand. Es wurde, so glaube ich, damals am meisten von uns Buben benützt, um mit unseren Freunden, den Wittmannbuben Gespräche zu führen, die auch in ihrer Melberei, die kaum 100 Schritt gegenüber am Marktplatz bestand, auch zur gleichen Zeit ein Telefon bekamen.

Bis zur Einrichtung des elektrischen Lichts war die alte Petroleumlampe neben der fortschrittlicheren Spiritusgaslampe die einzige Beleuchtung für Laden und Zimmer und blieb sie vielfach noch lange neben dem elektrischen Licht.

Als ich ein gutes Jahr nach der Geburt des älteren Bruders Willi (geb. 16.11.80) am 19.12.81 zur Welt kam, besaßen unsere Eltern Wilhelm und Rosina Schlaegel (geb. Trinkgeld) schon mehrere Jahre Haus und Geschäft (Erbe der mütterl. Eltern) am Marktplatz gegenüber der Volksschule und Pfarrkirche. Angrenzend an unser Haus gegen Westen bestand damals das ziemlich große Anwesen der Birgmann-Brauerei mit Gasthof. Auf der Ostseite unseres Hauses führ-

te ein ganz schmales Gäßchen abwärts zum unteren Marktteil. Anschließend war das Haus der Conditorei Altherr, die für uns als Lieferant von allerhand Gutln - besonders der beliebten Mandelbögen - eine große Rolle spielte. An der äußersten Hausfront neben dem Gäßchen war die Haupteinfahrt und Durchfahrt zum Garten. Die Toreinfahrt hatte zur Linken einen Eingang zu den ebenerdigen Wohnräumen, zur Rechten befand sich die Kutscherkammer. Im Garten (an der Rückseite) befand sich der Stall für ein, später zwei Pferde; daran schloß sich die Waschküche an. Auf der anderen Seite schlossen den Garten (Hof) Lagerräume ab, die sich an die im Vorderhaus gelegenen Geschäftsräume anschlossen.

Hochzeitskokarde, um 1900

Solche Kokarden gehörten als Hutanstecker zu den Artikeln, die man bei Kaufmann Schlaegel erwerben konnte.

Im Raum neben der Waschküche war auch eine große Kaffeeröste eingebaut, in der täglich ein Quantum Kaffee mehrerer Sorten frisch geröstet wurde. Der Kaffeeumsatz war recht erheblich. Das Dach über diesem rechten Seitenflügel war flach, diente als Wäscheaufhänge und war vom 1. Stock aus zugänglich.

Der Garten, der später in einen Hof umgewandelt wurde, war nicht sehr groß, enthielt ein paar Apfelbäume, einige Sträucher und Blumenrabatten. An der Südseite, vor der Küche im Haupthause, war ein Pumpbrunnen, der aber, wie fast alle Hausbrunnen, kein Trink- sondern nur Gebrauchswasser lieferte. Trinkwasser - recht gutes frisches - mußte gegenüber beim Hufschmied Hartwig Anwesen (neben der Melberei Wittmann) in großen Krügen bei Bedarf geholt werden. Dieses Wasser stammte aus Quellen des Schloßberges; auf dem Schloßberg befand sich noch ein Brunnen, der das beste Wasser lieferte. Für größeren Wasserbedarf, vor allem zur Wäsche, sorgte ein großer Brunnen am Marktplatz, uns schräg gegenüber vor dem Hause eines sog. Vetters Trinkgeld (Buchbinderei und Bücherladen). Beim Wasserholen beim Hufschmied Hartwig verhielten wir Buben uns gern länger, weil es ja damals, als die Landwirtschaft noch vieler Zugpferde bedurfte, für einen Hufschmied reichlich Arbeit gab. Das Beschlagen der Pferde war für uns immer ein Schauspiel.

Gegenüber dem Hufschmied stand das Rauffer Haus, in dem später Ludwig Thoma seine Anwalt-Praxis eröffnete. In diesem Hause wohnte auch der mit meinem Vater besonders befreundete Dr. Vogel.

Für Zwecke des Geschäfts, um die Waren vom ziemlich entfernten Bahnhof zum Geschäft zu bringen und dann noch die ländliche Kundschaft (Krämereien verschiedener Dörfer) zu versorgen, besaßen wir zunächst ein, später 2 Pferde. Der Vater legte Gewicht auf gute Pferde. Die beiden letzten Pferde waren ungarischer Herkunft. Mein Vater hatte sie vom Baron Schätzler in Sulzemoos gekauft. Das schönere und feurigere Pferd, die Ilka, wurde vom Vater auch als Reitpferd benützt, das andere gutmütige, die bei uns sehr beliebte Poldi, nur als Wagenpferd.

Die braune Ilka hat einmal als Reitpferd etwa 1894/95 in Dachau eine besondere Rolle gespielt. Damals waren die *ersten besseren Fahrräder mit Pneumatik in Gebrauch gekommen, die aber nur von wenigen Leuten der oberen Schichten von Dachau damals benutzt wurden. So ein Fahrrad - wir hatten uns immer sehr dafür interessiert - der Marken Dürrkopp und Brennabor (deutsch) und eine englische Marke Swift - kostete etwa 300 Mark, ein Betrag, für den man damals ein Pferd erwerben konnte. Solche Räder fuhren damals etwa der junge Zieglerbräu, der Ziegler Edi und auch schon im feschen Radlerdress, seine sehr junge hübsche Frau. Ein solcher passionierter Radler war auch damals der Amtsrichter Traber. Eines Abends, in der beim Zieglerbräu tagenden Beamten- und Bürgergesellschaft „Stellwagen", der der Vater und der Rechtsanwalt und angehende Schriftsteller Ludwig Thoma angehörten, kam das Gespräch auf die Geschwindigkeit, die man auf diesen modernen Pneumatikrädern erreichen könne.*

Da nun mein Vater zu behaupten wagte, ein gutes Reitpferd könne ein Radfahrer nicht überholen und der Herr Amtsrichter das Gegenteil behauptete, kam es zu einer Wette zwischen meinem Vater und dem Amtsrichter Traber. Um welchen Siegespreis ist mir nicht mehr erinnerlich.

Kurz, das Rennen wurde alsbald auf einer bestimmten Straßenstrecke, ich glaube auf der Schleißheimerstraße, die ja damals nur schwachen Fuhrwerksverkehr hatte, ausgetragen und endete nach der Vorhersage meines Vaters mit einem glatten Sieg unserer Ilka. Wir waren damals gerade in den Sommerferien zuhause und warteten natürlich gespannt auf das Ergebnis und waren sehr stolz, als der Vater mit der festlich mit Blumen geschmückten Ilka vom Wettritt heimkam.

Nach dieser Episode zurück zu den Kinderjahren.

Mein Vater hat seinem Wesen entsprechend, wie auch unser Großvater - nicht sehr viel gesprochen. In Dachau nahm ihn das Geschäft, mit dem er später ein recht gut gehendes Bankgeschäft verband, sehr in Anspruch und auch abends hatten wir wenig von ihm, da er als Geschäftsmann die üblichen Gesellschaftsabende absolvieren mußte. Darum verbrachte er auch viele Abende in den Gasthöfen (Zieglerbräu, Hörhammer, Birgmannbräu, Unterbräu, Kraisy u.a.). Wir waren daher Abends meist mit der Mutter - 2. Mutter - denn unsere eigentliche Mutter starb ja leider schon mit etwa 37 Jahren, da ich kaum 7 Jahre war.

Ab und zu, als wir etwas größer waren, durften wir zum Abendessen den Vater begleiten, was wir gerne taten und was Vater gelegen kam, da er dann eine etwas größere Zeche machen konnte. Zu den Dingen, die ich besonders gerne im Wirtshaus mochte, gehörte ein gebackenes Hirn mit Ei, das damals etwa 35 Pf. kostete. Auch eine Milzwurst mit Salat kostete ungefähr das gleiche. Ein bei Vater sehr beliebtes Schweinshaxl mit Kraut oder gebraten mit Salat kostete 50 bis 60 Pf und eine richtige ganze gebratene Kalbshaxe etwa 70 Pf. Das Kalbfleisch, heute ziemlich das teuerste Fleisch kostete damals (auch in München) pro Pfund etwa 40/42 Pf. Das Ei beim Bauern kostete 3 Pf. das Stück, eine Gans mit Jung 3 Mark, eine Ente 1.50 - 2 Mark, ein Hase etwa 2.50 - 3 Mark. Das waren wirklich gute alte Zeiten, man hätte sie richtig so lassen sollen.

Bemerkt muß werden, daß damals im Geschäftsleben bestimmte Geschäftszeiten im allgemeinen nicht bestanden. Das Geschäft wurde etwa früh 7 Uhr geöffnet und blieb ohne Mittagspause, besonders im Sommer bis 9 Uhr Abends offen. Die Leute, vor allem die aus der Umgebung zum Einkauf kommenden Bauern (meist die Frauen) waren gewohnt, zu jeder Stunde einkaufen zu können. Ruhezeiten ergaben sich aber bei der Länge der Geschäftszeit nur sehr selten.

Auch am Sonntag war zuerst nach m. E. geöffnet wie an Werktagen etwas später wurde dann ab 16 Uhr - Sonntags und an Feiertagen geschlossen. Nur während der Hauptgottesdienstzeit an Sonntagnachmittagen, war es oft der Fall, daß die Eltern mit uns in dem schönen Hofgarten und englischen Garten spazieren gingen. Diese arg sittsamen gemeinsamen Spaziergänge gerade in der Ferienzeit waren bei uns Jungen nicht sehr beliebt. Besser gefiel dann oft anschließend im Sommer ein Abend auf einem Keller oder den schönen Terrassenlokalen im Ziegler- und Hörhammerbräu .

Unsere Mutter Rosina, geb. Trinkgeld, die, wie schon erwähnt, früh starb, habe ich freilich nur wenig in Erinnerung.

Nach dieser schwachen Erinnerung und einigen Photos aus damaliger Zeit, war sie ziemlich groß, schlank, mit schmalem Gesicht dunklen Haaren und schönen dunkelbraunen Augen. Sie war sicherlich eine sehr schöne Frau, eine sehr feine Natur, sehr gut erzogen und über dem damaligen musikalisch und auch sprachlich begabt, aber frühzeitig kränklich; die leider kurze erste Ehe meines Vaters war sicherlich eine kurze und harmonische; daß sie ihn auch ihrerseits herzlich geliebt, geht aus ihren Briefen aus der Verlobungszeit hervor, von denen mir einer besonders in Erinnerung ist und auch besonders gefiel.

So sehr der Vater unter dem Verlust litt, bleibt es verständlich, daß er bei seinem Alter - er war jünger als seine verstorbene Frau - und der Geschäftslast und mit zwei noch kleinen Kindern sich nach einiger Zeit wieder vermählte. Auch wir konnten uns über die Wahl der neuen Mutter nicht beklagen, hatten uns bei unserem Kindesalter auch bald mit der neuen Mutter befreundet.

Der Vater stammte aus einer alten angesehenen Beamtenfamilie. Sein Vater - Josef Schlägel, gest. 1891 - war als kgl. Generaldirektionsrat der kgl.- bayr. Post und Telegrafen mit damals 70 Jahren in den Ruhestand getreten. Die Großmutter stammte aus Eichstätt, war dort im Kloster St. Walburg sehr gut erzogen und war immer eine feine alte Dame, die uns Enkel sehr liebte. Die Großeltern zogen im

Ruhestand nach Starnberg und wohnten in einem netten, einem Schuhmacher gehörigen Hause, ganz nahe der durch Starnberg fließenden Maisach.

Der Großvater war, wie ich mich gut erinnere, eine stattliche Erscheinung, mit schönem weißem Haar, ein Bismarck-ähnliches Äußeres und für uns eine richtige Respektsperson. Er war lange Zeit besonders im Dienste für König Max II. beschäftigt und später auch für König Ludwig II. Während des Krieges 1870/71 war er als bayer. Feldpostmeister tätig und hat uns noch manches aus dieser Zeit erzählt.

Für Max II. hatte er die Reisen nach Hohenschwangau und anderen Schlössern zu arrangieren und die Post jeweils einzurichten. Wenn der König im Sommer längere Zeit in Hohenschwangau verbrachte, war auch Großvater als Begleiter oft dort.

Die Großmutter, wie schon bemerkt, war klein, fast zierlich, muß nach Bildern in ihrer Jugend sehr hübsch gewesen sein. Sie hat den Großvater nach 1891 noch genau 10 Jahre überlebt, wohnte dann mit den Tanten in verschiedenen Wohnungen in Dachau und starb 1901, als wir schon mehrere Jahre in Diessen/St. Georgen wohnten und schon an der Uni studierten.

Der Bruder unserer echten Mutter Rosina, geb. Trinkgeld, war zu unserer Zeit Arzt in Dachau, hatte ein schönes Haus mit Garten neben dem alten Dachauer Friedhof. Wir hatten ihn sehr gern, da er viel Spaß verstand und wir oft in dem großen Garten waren und mit den zwei Töchtern Rosa, die ältere, und Laura, die jüngste.

Die Frau des Onkels und echte Mutter der beiden Cousinen, Luitgard, geb. Bruckner (hübsche Frau, evangelisch) starb auch sehr jung (Lungenschwindsucht?) und auch Onkel Anton starb jung, so viel ich weiß, aufgrund Erkältung auf Praxis an Lungenentzündung. Onkel Anton hatte nach dem Tode seiner ersten Frau der Kinder wegen auch bald wieder geheiratet. Seine Frau Anna, geb. Hergl, entstammte einem alten bekannten Dachauer Baugeschäft.

Zwei Brüder Hergel führten den Betrieb. Sie hatten ein schönes Haus in Dachau in der Nähe der Brüller'schen Conditorei.... Der recht lustigen Hochzeit mit vielen Genüssen erinnere ich mich noch recht gut. Aus dieser Ehe stammte der einzige Bruder von Laura, Richard, der als Studienprofessor schon vor einigen Jahren verstarb (verh. mit einer Dachauerin, einer wohlhabenden Baderstochter).

Als die Großmutter mit den drei ledigen Töchtern nach Großvaters Tode nach Dachau zog, half die Tante „Elis" im Geschäft des Vaters mit, wo eine solche Hilfe seitens der recht gewandten resoluten Tante sehr erwünscht war. Sie war dann hauptsächlich auf dem Gebiet des Einkaufs von Damenkleidern, Blusen usw. tätig. Als solche kam sie zum größeren Einkauf viel nach München zu Tietz, das damals das größte und einzige Warenhaus war und zu Wertheimer, der ein sehr gutes Damenkonfektionsgeschäft an der Westseite des Viktualienmarktes (bei den Schrannen-Hallen) besaß. Diese Familie, sehr nette und solide Geschäftsleute, haben uns auch in Dachau mehrmals besucht.

Später, als 1898 mein Vater das Geschäft an Heilingbrunner verkaufte, zogen die Tante mit Großmutter nach Aibling, wo Großmutter 1901 starb, beerdigt im südl. Friedhof in München.

Nun zu unserem Dachauer Geschäft, wie ich schon bemerkt habe, eine Art Warenhaus. Das Geschäft geht bis auf 1759 zurück, die Großeltern mütterlicherseits, denen es gehörte, habe ich nicht mehr gekannt. Mutter war ja auch mehrere Jahre älter als Vater. Mit der Verheiratung hat dann unser Vater das Geschäft übernommen unter der alten Firma „Joh. Trinkgelds Nachfolger".

Vorher war Vater kaufmännisch bei der Spirituosenhandlung Stierhof (München, Rindermarkt) ausgebildet worden, kam dann nach Dachau in die Papierfabrik als Buchhalter.

Das Geschäft, das viel gute Landkundschaft hatte - das Hinterland von Dachau hatte damals viele große bäuerliche Höfe und örtliche, meist mit Gastwirtschaft verbundene Krämereien, die fast alles von Vaters Geschäft bezogen.

Im Geschäft war sehr reger Verkehr, es gab ja außer Schnittwaren auch Zigarren, Tabak, Schnupftabak, alle Küchensachen, Reis, Nudeln usw. Spirituosen und später, als Dachau eine Attraktion für Maler (und Malweiber) wurde, auch alle Mal- und Zeichenartikel. Besonders groß war der Umsatz an den Markttagen, besonders am Herbstmarkt und an Schrannentagen. Die Bauern hatten da die Beutel voll Silbertalern und Gold und so kauften sie, meistens die Bäuerinnen, groß ein.

Der Jahrmarkt dehnte sich über den ganzen Marktplatz und darüber hinaus auch über den oberen Marktteil vor dem Rathaus, Ziegler- und Hörhammerbräu, aus. Da standen Buden an Buden mit allen möglichen Waren, Tüchern, Kleidern, Hosen usw., dann natürlich Leckereien und auch Wurststände. Besonders begehrt bei den jungen Burschen waren da die mehrfach vorhandenen Stände der damals blühenden Pferdemetzgerei. Da gab es riesige heiße Pferdewürste und Geräuchertes zu ganz billigen Preisen. Dann waren da auch Obststände, wo es neben einheimischem Obst auch Trauben, Orangen, Zitronen gab. Meist war, von uns besonders geschätzt, auch ein Moritatensänger auf dem Markt, der zur Leierkastenbegleitung schauerliche Mordgeschichten besang. Dazu war eine große, mit der Geschichte der Moritaten bemalte Leinwand aufgespannt, auf die der Sänger mit einem Stab jeweils hinwies.

Die Osterferien und Weihnachten waren wir auch immer zu Hause, aber da ließ sich der Jahreszeit wegen nicht so viel unternehmen wie im Sommer. Im Winter gab's wohl ab und zu Schnee, so daß wir mit dem Vater mit dem Pferdeschlitten, den er besaß, manche Fahrt machen konnten. Auch mit einem kleinen Schlitten, ähnlich den Rodelschlitten, die es damals noch nicht gab, konnten wir bei genügend Schnee am Schloßberg uns vergnügen.

Der Sommer bot uns viel mehr Gelegenheit, in die Umgebung, die damals viele Reize besaß, zu wandern. Dann war da der Hofgartenpeter, der Sohn des Hofgärtners Keckhut, der Lehrer wurde und ein weiterer Freund war der Negerbubi, ein Sohn des dortigen Amtsrichters, des Herrn von Neger. Es war eine ziemlich vornehme Familie, mit der aber die Eltern sehr gut bekannt waren. Die Frau von Neger war neben der damals jungen, auch hübschen Frau des wohl reichsten Mannes in Dachau - des Ziegler Edi, Inhaber der Wirtschaft und Brauerei dieses Namens - eine der bestangezogenen Damen und genoß großes Ansehen. Auch die damals etwa uns gleichaltrige Tochter, das Negermädi genannt, zu der wir, Willi und ich, Duzfreunde waren, war ein recht hübsches Mädel.

Vom Englischen Garten führte ein Weg den Höhenrücken entlang zu einer Sandgrube und dann hinüber zur Amper und zum kleinen Dorf Udlding.

Die große Sandgrube, Herglgrube, denn sie gehörte der schon genannten Baufirma, war auch eine viel besuchte Attraktion, auf der steilen Sandwand konnte man prächtig hinunterrutschen. Von dem oben erwähnten Ausgang aus dem Englischen Garten führte ein verborgenes Steiglein durch Wäldchen und Gebüsch zur Amper die breit und ruhig dalag, weil sie mit mehreren Wehren gestaut war. Eines diente der Abzweigung des tiefen Fabrikkanals, der weiterhin die große Maschinenfabrik bzw. deren Turbinenanlage speiste, das andere Wehr diente dem Abfluß des verbliebenen Wassers in das eigentliche Amperbett.

Neben diesem Wehr war damals noch das eigentliche Floßwehr - Floßgasse.

Zu der Zeit als wir noch in Dachau waren, vollzog sich zumal im Sommer, ein noch beachtlicher Floßverkehr auf der Amper. Das Holz wurde auf dem Ammersee gesammelt aus den großen Wäldern, kam dann, zu Flößen zusammengefügt, von zwei Flößern gesteuert, in den Seeauslauf in Stegen und so auf der Amper bis zu der Floßgasse. Es war immer ein Ereignis, wenn wir, meist während wenn wir in der seichten Amper badeten, so ein Floß kommen sahen. Wenn dann das Wehr geöffnet wurde, schoß das Floß im Wasserstrudel die steile Holzwand der Floßgasse hinunter und kam, geschickt gelenkt, in das ruhigere Unterwasser; Die Reise ging dann durch die Amperbrücken und die Eisenbahnbrücke hindurch, ein Stück bis zur großen Meyer'schen Zimmerei, wohin die Stämme bestimmt waren.

Das an der eigentlichen Amper unter dem Wehr befindliche Schwimmbad war an warmen Tagen oft unser Nachmittagsziel. Man konnte meist, ohne schwimmen zu müssen, an eine kleine Insel gelangen, die von einem schmäleren Arm des Flusses gebildet war. Von da konnte man leicht zu dem großen Wehr mit seinen kleinen Überfällen kommen und es von einer zur anderen Seite überschreiten. Es machte besonderen Spaß durch die kleinen Wasserfälle hindurchzulaufen.

Oberhalb des Kinderbades befand sich an dem tiefen Werkkanal ein zweites Männerschwimmbad, das sich nur für richtige Schwimmer eignete und das wir, als wir größer waren und richtig schwimmen konnten, gern besuchten.

Ein Einfall kam uns, um uns für Zwecke eines größeren Ausflugs Geld zu verschaffen.

Wir bauten im Wittman-Hofe einen Schießstand für Zimmerstutzen, so wie wir sie da und dort gesehen hatten. Dann ließen wir durch unseren Vater, der ja abends viel in Gesellschaft ging verschiedene der Honoratioren, die wir als Schützen kannten, zu einem Preisschießen einladen, das für einen bestimmten Nachmittag festgesetzt war. Einige der Eingeladenen stifteten Preise, auch der Vater - Wein, Liköre, Schinken, Wurst, Zigarren und ähnliche Dinge.

An dem Festtage kamen, wie ich mich erinnere, an bekannten Persönlichkeiten: Der Ziegler Edi, der Braumeister Engert, der Amtsrichter Traber, der mit Vater das Rennen gemacht hatte, und gar noch der neugebackene Dichter, Schriftsteller und Rechtsanwalt Dr. Thoma.

Alles schoßen bei uns mit Zimmerstutzen, sogar mit Kleinkalibergewehr. Wir machten die Bedienung der Scheiben und es war ein wirkliches Fest.

Da auch eine Kasse aufgestellt war, um die Kosten zu decken, und doch meist wohlhabende Schützen kamen, war auch der Kasseninhalt recht erfreulich. Nach dem Schießen wurden die Preise verteilt, wir hatten sogar ein Fäßchen Bier, vom Zieglerbräu da, und ein guter Trunk wurde gereicht. Das war ein Erlebnis, das wir nicht so schnell vergaßen."[39]

Quelle: Maximilian Schlaegel, Gottfried Junker

[39] *Zwei leicht differierende Versionen dieses Textes befinden sich in der Sammlung Wittmann.*

Bauer auf dem Schrannenplatz, um 1900

Dieser Mann in Arbeitskleidung trägt einen Sack mit leichtem Inhalt über der Schulter. In der Pfarrstraße sieht man Absperrungen für Pflasterarbeiten.
Zwei Gruppen von Kindern beobachten den Fotografen bei seiner Tätigkeit.

Schrannenplatz mit Kutschen, um 1900

Die Gasse zwischen Kirche und Knabenschule, um 1900

Auf einer Bank sitzen zwei Frauen in der Sonne und stricken. Rechts an der Kirchenmauer befindet sich ein Weihwasserbecken, darunter steht ein umgestülpter Eimer.

Ludwig Thoma:

„In den ersten Tagen wartete ich mit Beklemmung auf Klienten. Auf den Schrannentag hatte ich meine Hoffnungen gesetzt, und es kam auch ein stattlicher, wohlgenährter Bauer in die Kanzlei, setzte sich auf mein Ersuchen und erzählte irgendwas von einem alten Kirchenweg.
Als ich zur Feder griff, legte er seine Hand auf meinen Arm und sagte: »Net schreib'n! Na ... na ... net schreib'n!«
Ich verstand, daß er bloß gekommen war, um den neuen Advokaten kostenlos anzuschauen; nach seiner Meinung war die Sache erst brenzlig, wenn was geschrieben wurde.
Er ging und versprach wiederzukommen."
Und weiter:
„Es war Mittwoch und Schrannentag in Dachau. Vor dem Rathause standen Leiterwagen, hochbepackt mit Krautköpfen, die von Kauflustigen gemustert wurden. Da und dort sammelten sich Leute um einen Bauern, der seine Ferkel hereingebracht hatte und jetzt die quiekenden Viecher eines nach dem andern bei den Hinterbeinen faßte und zum betrachten in die Höhe hob. Auf dem freien Platz vor der Marktwaage waren die Getreidesäcke in Reih und Glied aufgestellt. Hier herrschte das regste Leben. Händler und Bauern stritten sich um die Preise, zwanzig Pfennige hin und her für den Zentner. Die Käufer langten in die Säcke und holten eine Handvoll Gerste oder Weizen heraus, bliesen darauf, ließen sie langsam durch die Hände laufen und fingen dann wieder das Handeln an."[40]

[40] *Zit. Lemp (1979) S. 164*

Die Wieninger Straße, nach 1912

Im Jahre 1912 wurde die Wieninger Straße gepflastert und mit einer Kanalisation versehen; beides kann man auf diesem Foto deutlich erkennen. Links ist vor dem Anwesen des Färbermeisters Xaver Rächl einer der zahlreichen Brunnen des alten Marktes zu sehen. Der Sohn von Xaver Rächl, Anton, sollte später aus der ehemaligen Färberei eine Konditorei machen. In der Häuserzeile weiter oben steht ein unbespannter Pferdewagen in einer Toreinfahrt und gegenüber befindet sich die ehemalige Freibank am Pfarrplatz, die 1927 abgerissen wurde. In den Freibanken konnte man Fleisch billig einkaufen. Das große Gebäude oben gehörte zum Unterbräu. Links davon erkennt man den Eingang zum Biergarten des Unterbräu, der sich bis zur Gottesackerstraße erstreckte.

Dachauerin am Eingang zum Gottesacker, um 1900

Die Frau trägt die Dachauer Tracht. Das Mädchen ist barfuß und hat ein für die Zeit typisches Schürzenkleid mit Strohhut an. Es beobachtet den Fotografen. Wir befinden uns hier in der Gottesackerstraße am südlichen Eingang zum Friedhof. An der rechten Einganssäule ist die Friedhofsordnung angeschlagen. Die Gottesackerstraße selbst ist noch nicht gepflastert, Pflasterung und Einbau der Kanalisation erfolgten erst ab 1902. Im Hintergrund ist das ehemalige Distriktkrankenhaus zu erkennen, das 1889 durch den Neubau an der Krankenhausstraße ersetzt wurde und von da ab als Bürgerspital diente. Der Bretterzaun rechts gehört zum Biergarten des Unterbräu, der sich an dieser Stelle befand und dessen Eingang an der Wieninger Straße lag.

Das Augsburger Tor von Süden, um 1890

Das Augsburger Tor wird 1390 erstmals erwähnt. Es entstand wie die beiden anderen Tore, das Freisinger und das Münchener, nach der Markterhebung Dachaus im 13. Jahrhundert jeweils an der Ausfallstraße, um den Markt zu sichern. Mit den seitlichen Anbauten diente es als Registratur der Marktverwaltung und dem Marktschreiber als Wohnung. 1892 wurde es abgerissen. Hier sehen wir das Tor mit verschiedenen Werbeplakaten beklebt. Links ist eine Gaslaterne angebracht. Die Wohnung über dem Tor ist bewohnt, wie man an den geöffneten und mit Vorhängen versehen Fenstern erkennen kann. Handwerker und Bürger stehen vor dem Tor, um für den Fotografen zu posieren. Links steht der Kraisy-Wirt Peter Hartmann in der Tür seiner Gastwirtschaft. Das Gebäude links vor dem Augsburger Tor ist das Anwesen des Schlossers Heidenberger, das Gebäude rechts vom Tor ist der Unterbräu. Der Blick durch das Tor zeigt die untere Augsburger Straße und im Hintergrund, das von 1885 bis 1889 erbaute Krankenhaus.

Wenige Jahre nachdem das Augsburger Tor abgerissen worden war, hat der von Existenznöten geplagte junge Anwalt Ludwig Thoma Dachauer Bürger in der Augsburgerstrasse beobachtet und in dem Bändchen „Nachbarsleute" von 1913 so beschrieben:

„Vor seinem Bäckerladen stand der dicke Herr Holdenried und stocherte in den Zähnen herum und gähnte und spukte aus und tat das alles mit Ruhe, wie sie eine gefestigte Sicherheit gibt.
Zwei Häuser weiter stand der Seiler Weiß auf dem Bürgersteig und zeigte ebenso aller Welt, die es wissen wollte, daß er sich sattgegessen hatte.
Sie riefen sich etwas zu und lachten, und Herr Holdenried ging ein paar Schritte hinauf, und Herr Weiß ging ein paar Schritte herunter, bis Sie beisammenstanden und offenbar von den gleichgültigsten Dingen miteinander redeten. Jeder stand würdig und breitbeinig und zahlungsfähig auf dem Pflaster und jeder wußte, daß aus irgendeinem Fenster, oder aus mehreren Fenstern, neidische Blicke auf sie geworfen wurden. Und jeder wußte, daß er wie Vater und Vatersvater den Neid verdiente. Ob je einer von diesen niederträchtigen Spießbürgern Sorgen getragen hatte oder auch nur wußte, wie der Gedanke an morgen bleischwer auf dem Magen liegen konnte. Sie bliesen die Luft von sich und waren zufrieden mit sich und einer mit dem anderen, und dann ging Herr Holdenried ein paar Schritte hinunter und Herr Weiß ein paar Schritte hinauf, und sie schloffen durch ihre Haustüren ins Behagen zurück."[41]

[41] *Lemp (1979) S. 65-66.*

Eisenwarenhandlung Heidenberger, nach 1911

In der Lücke des 1892 abgerissenen Augsburger Tores errichtete 1911 der Schlossermeister Anton Heidenberger einen Neubau für seine Eisenwarenhandlung. Rechts davon ist das spätere Krebs-Anwesen zu sehen. Gegenüber von Heidenberger befindet sich der Unterbräu. Quelle: Widmann

Zwei Bauern am Eingang des Unterbräu, um 1900

Links von der Tür ist das Werbeschild „Unter-Bräu, Dachau. Lager-Bier Hell u. Dunkel" angebracht.

Hinterhof der Eisenwarenhandlung Heidenberger, um 1900

Das Foto trägt folgenden Bleistift-Vermerk: „Unser letztes Pferd (Bony)". Es zeigt also das letzte Pferd der Familie Heidenberger, anschließend arbeitete man in der „Eisenwarenhandlung, Schlosserei & Schienenlager" Heidenberger nur noch mit Kraftfahrzeugen. Rechts im Vordergrund sind die Schienen des Schienenlagers zu sehen, in der Spitalgasse befindet sich der Eingang zur Schlosserei und davor steht ein Pferdewagen. Der Kamin im Hintergrund gehört zur Brauerei ces Unterbräu.

Quelle: Widmann

„Frau Brettmeister", Dachauerin in Tracht beim Stricken, um 1905

In Dachau gab es eine Kreszenz Brettmeister, geborene Reischl. Sie war am 26. November 1826 als Tochter der Bauersleute Peter und Ursula Reischl geboren worden. Am 31. August 1858 hatte sie den am 20. Februar 1820 geborenen Bauern Anton Brettmeister aus Karpfhofen geheiratet. In Dachau wohnte das kinderlose Ehepaar als Privatiers in der damaligen Burgfriedenstraße 8, alte Häusernummer Dachau 300 und heute Burgfriedenstraße 24.

Anton Brettmeister starb am 2. Juni 1884 an Magenkrebs, seine Frau folgte ihm am 28. Juni 1910 mit 83 Jahren. Sie starb an Altersschwäche.

In den Einwohnerverzeichnissen von 1901 und 1908 wird Kreszenz Brettmeister als Privatiere geführt. Auf dem Foto trägt sie Dachauer Tracht und strickt, offenbar an einem Strumpf. Die Platzierung auf der hohen Sitzbank und das Unterstellen des Fußschemels deuten darauf hin, daß diese Aufnahme für den Fotografen gestellt wurde. Kreszenz Brettmeister sitzt vor der Tür, wobei beide Haustüren offen stehen. Möglicherweise wollte der Fotograf so den Blick auf den Hausflur, in dem man einige Küchenutensilien an der Wand hängend erkennt, freigeben. Wahrscheinlich sollte dieses Foto als Vorlage für Maler dienen.

Untere Augsburger Straße, um 1910

Dieses Foto wurde vom Dach des Auer-Anwesens aus gemacht und zeigt die Häuser in der unteren Augsburger Straße zur Mittermayerstraße hin. Die zahlreichen schwarz gekleideten Personen deuten auf eine Beerdigung oder einen religiösen Festtag hin. Die Häuser an der linken Seite haben alle noch Vorgärten, das Haus an der Einmündung zur Mittermayerstraße ist der Laden des Kaufmanns Johann Fischer. Im Hintergrund ist das Krankenhaus zu erkennen.

Das Anwesen des Glasers August Auer im Winter, nach 1901

Der Ladenbesitzer steht selbst vor dem Geschäft, aus dem Fenster im 1. Stock schaut vermutlich seine Frau heraus. Die Fenster und Schaukästen zeigen, daß das Angebot weit über reine Glaserartikel hinausgeht. Man erkennt Bierkrüge mit Zinndeckeln, Zinkwannen und Eimer, Lampen, Keramik, Porzellan und Emailwaren. Ein Werbeschild weist den Laden als „Verkaufs-Stelle für Amberger Email-Kochgeschirre" aus, außerdem werden „Bilder & Spiegel zu den billigsten Preisen verarbeitet!" Das kleine Schild an der Hausecke unter der elektrischen Straßenlaterne trägt den Straßennamen „Gottesacker Str." Die Straßennamen fanden in Dachau offiziell erst ab 1901 Verwendung, vorher hatten die Häuser im gesamten Markt eine fortlaufende Nummerierung, zuletzt Nummer 496, das Anwesen des Ökonomen Xaver Steinlechner in der Augsburger Straße. Quelle: August Auer

Zinngießerei Krebs und Bader Fischer, Augsburger Straße, um 1900

Links befindet sich der Laden des Zinngießermeisters und Glasers Kaspar Krebs mit zahlreichen Zinnwaren in der Auslage der Schaufenster. 1913 erwarb der Sohn Franz Xaver Krebs das Haus auf der gegenüberliegenden Straßenseite und richtete dort das Geschäft ein. Rechts neben Krebs hat der „approbierte Bader" Karl Fischer sein Geschäft. Der Begriff „approbiert" bedeutet, daß er eine Zulassung als Bader besaß. Der Bader hatte ursprünglich neben den üblichen Tätigkeiten, wie Haare und Bart schneiden, auch die Aufgabe Zähne zu ziehen, zur Ader zu lassen und allerlei weitere medizinische Behandlungen durchzuführen. Um 1900 hatten sich allerdings bereits die studierten praktischen Ärzte etabliert. Karl Fischer selbst war 1870 in Dachau geboren worden und hatte Elisabeth Mayerbacher geheiratet, Schwester des Mehlhändlers Anton Mayerbacher, der von 1903 bis 1905 auch Bürgermeister war.

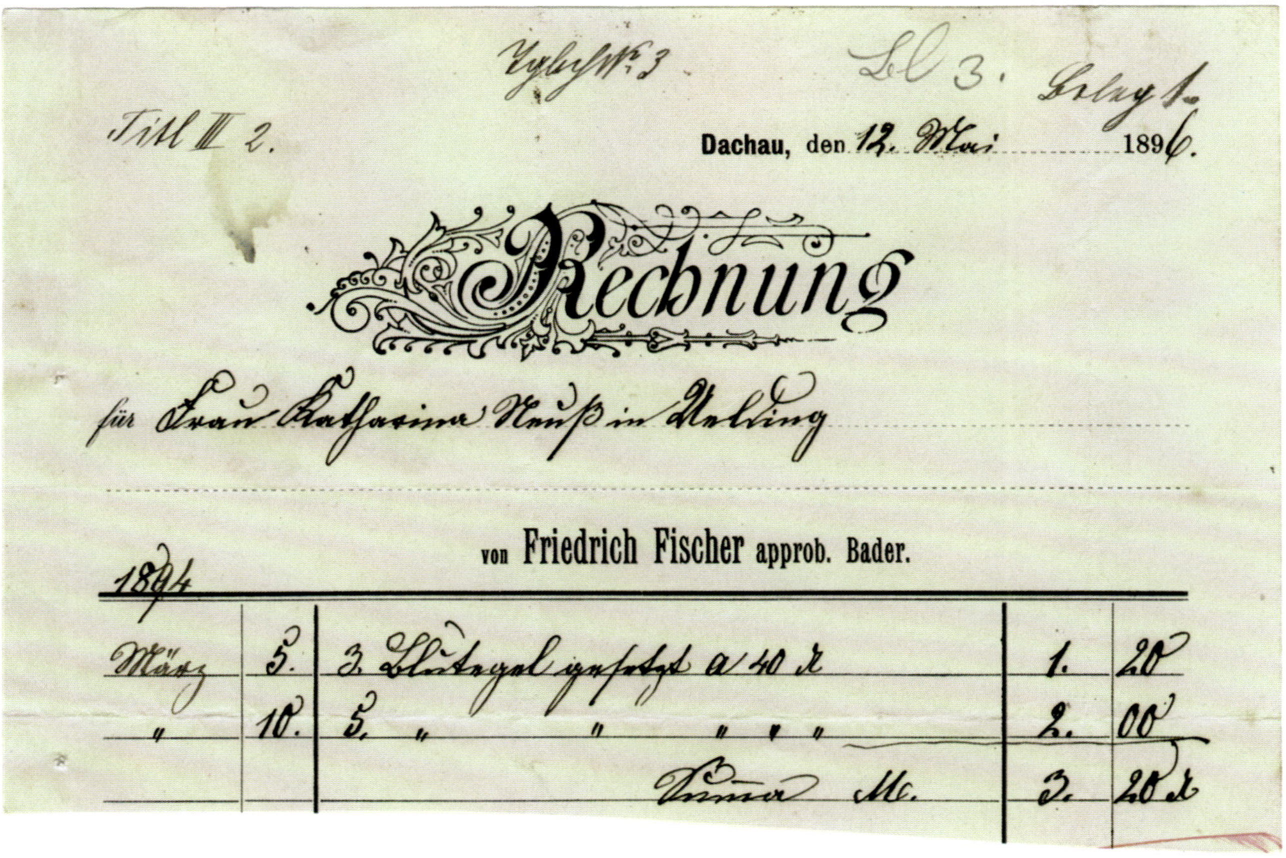

Titl III 2.

Dachau, den 12. Mai 1896.

Rechnung

für Frau Katharina Neuß in Uelding

von Friedrich Fischer approb. Bader.

1894				
März	5.	3 Blutegel gesetzt à 40 ₰	1.	20
"	10.	5 " " " "	2.	00
		Summa M.	3.	20 ₰

„Rechnung für Frau Katharina Neuß in Uelding von Friedrich Fischer approb. Bader" über das Setzen von Blutegeln, 1896

Möglicherweise stammten die Blutegel aus dem in der Nähe der Würmmühle gelegenen „Gut Egelteich", wo sie gezüchtet wurden.

Quelle: Stadtarchiv Dachau, SLG Sonstiges 391

Fol. ....

Dachau, den 7. August 1908

Trinkgeschirre
aller Art
Glas- und Porzellanwaren
Beleuchtungs-Artikel
Einrahmen von Bildern und Spiegeln.
Auswahl von
Hochzeitsgeschenken:
Kaffee-, Wein- und Bier-Service
Waschgarnituren etc.

Franz Xav. Krebs, Zinngiesserei
Bau- und Bleiglaserei.

RECHNUNG 47.

für Hochlöblichen Magistrat Dachau

			M	
1	Spiegel facette		12.	–
1	Spiegel "		10.	50
1	Spiegel "		9.	–
12	Stück Bilder (Landschaften)	à 2.30	27.	60
6	Stück 1 Literkrüge beschlagen	à 1.50	9.	–
6	" 1/2 L Gläser " (…)	à 1.60	9.	60
3	" …gläser bemalt m/ Dachauer Ansicht	à 1.50	4.	50
3	" " " m/ Gruß aus Dachau	à 80	2.	40
6	" …gläser "	à 80	4.	80

Briefkopf zu einer Rechnung der Zinngießerei Krebs für den Magistrat Dachau zur Bestückung des Glückshafens auf dem Volksfest 1908

Quelle: Stadtarchiv Dachau, Fach 68/2

Ansichtskarte des Fotografen A. v. Hoffmann, Dachau

Rechts unten das Anwesen des Zinngießers und Glasers Krebs. Postkarten, die einzelne Anwesen zeigen, wurden häufig von den stolzen Hausbesitzern in Auftrag gegeben. In diesem Falle hat F. X. Krebs sein Haus zusammen mit dem „Zieglerschen Bräu- und Gasthaus" und einer Dachausilhouette drucken lassen.

Untere Augsburger Straße, um 1910

Anwesen des Bäckers Michael Teufelhart, um 1900

Das Haus steht an der Ecke Augsburger/Burgfriedenstraße und macht einen renovierungsbedürftigen Eindruck. Das halbe Dach ist abgedeckt und der Verputz weist zahlreiche Schäden auf. Vor dem Haus stehen zwei Männer, einer hemdsärmelig, möglicherweise ein Arbeiter, der andere mit Strohhut und Anzug. Es handelt sich also wohl um den Hauseigentümer, den Bäcker Michael Teufelhart selbst, der die Renovierungsarbeiten begutachtet. Rechts befindet sich die dazugehörige Scheune des Anwesens. Das Haus oberhalb gehört dem Goldschmied Nikolaus Schwieghart. Der Wegweiser vor dem Teufelhart-Anwesen zeigt rechts nach Fürstenfeldbruck und geradeaus, die Augsburger Straße hinauf, nach München.

Das Augsburger Tor von Norden, 1880

Diese Ansicht zeigt das Augsburger Tor von außerhalb des Marktes. Direkt über der Tordurchfahrt befindet sich das dreiteilige Dachauer Wappen. Das Gebäude, rechts direkt am Tor, ist das Anwesen des Drechslermeisters Johann Mergenhagen. Einige Einwohner haben sich für den Fotografen in Positur gestellt.

Frau mit Kindern vor dem Unterbräu, um 1900

Die Familie kommt mit Ihren vollen Körben wahrscheinlich vom Einkaufen. Eine Frau, vermutlich die Bedienung des Unterbräu, verlässt gerade die Wirtschaft. Auf der gegenüberliegenden Straßenseite erkennt man den Brunnen vor dem Gasthaus Kraisy sowie einige unbespannte Pferdewagen. Die Straße weiter hinauf befindet sich das Anwesen des Schneidermeisters Rauffer. Ganz im Hintergrund erkennt man das Wittmann-Anwesen. Auffallend sind die beiden großen Atelierfenster im Dach, unter dem sich Künstlerwohnungen befanden.

Die Familie Wittmann

Die Würmmüller

Der aus der Würmmühle stammende Dachauer Melber Joseph Wittmann heiratete 1877 Maria Widmann aus dem Setzerhof. Diese Linie der Widmannn hatte den „Setzer" seit etwa 1587 in Besitz und brachte tüchtige Wirtschafter hervor.[42] Zum Setzer gehörten 1812 noch 83,72 Tagwerk Grund.
Nach der Bauernbefreiung von 1848 wurde mehrmals Land verkauft bis 1916 nurmehr ca. 13 ha zum Anwesen gehörten.[43] Der Setzerhof war damals einer der wenigen Höfe, die vollständig mit Ziegel gedeckt waren. Er zeigt die typische architektonische Einteilung der Bauernhöfe des Dachauer Landes.[44]
Der Familienname Widmann, Wittmann, ist in Altbayern sehr weit verbreitet. Er entstand in zahlreichen Pfarrdörfern, in denen der Pfarrer die Pfarrökonomie, das „Widum" bzw. den „Widen", zur Bewirtschaftung an einen Bauern ausgab und nicht mit einem „Baumeister" selbst bewirtschaftete. Aus der Funktionsbezeichnung eines Widumbauern entstand der Familienname Widenmann, Widmann/Wittmann und Wimmer. Es gibt deshalb im Amperland auch mehrere Widmann/Wittmann- Familienstämme, die nicht mit einander verwandt sind. Bereits das Herdstättenregister aus der Zeit um 1450 nennt im alten Landgericht Dachau 21 Hausväter mit dem Familiennamen Widenman / Widman. Und das Leibregister des alten Landgerichts Dachau von 1587 nennt 36 Widmann „mit eigenem Rauch".[45]

Der Setzerhof in Prittlbach bei Dachau 1896.

[42] *Vgl. Hierzu die sehr ausführlichen Genealogischen Forschungen und Hauschroniken von Kiening unter www.makie.de/KIENING/B/B3433.HTM , im speziellen hier: Haus-Chronik Prittlbach 20: Setzer ab ca. 1517*

[43] *Schriftliche Mitteilung von Dr. Gerhard Hanke, März 1998. Dr. Hanke arbeitete bis kurz vor seinem Tod an der Erstellung eines ausführlichen Stammbaums der Familie Wittmann*

[44] *Ausführlich dazu: Scheidl (1954)*

[45] *Schriftliche Mitteilung von Dr. Gerhard Hanke, Herbst 1998*

Beim „Berghiasl" in Plixenried bei Altomünster um 1919

Aus diesem Hof stammte der spätere Würmmüller Ullrich Wiedmann.[46] Das Anwesen war ursprünglich eine Hufe ((um 1594 eine Hufe (Halbhof)). Also ein freier Grundbesitz. Mit den Ankauf durch das Birgittinenkloster Altomünster, das den Hof 1565 für 335 Gulden kaufte,[47] verlor er diesen Status. 1814 umfasste der Hof 54 Tagwerk.[48] Der Hausname „Hiasl" geht auf Matthias Widmann zurück, der den Hof 1800 übernahm.[49]
Auf diesem Hof lassen sich die „Widtmann" bis 1675 zurückverfolgen. Damals kaufte Matthias Widtemann aus Ödtlingen, Gericht Landtsperg" (vermutlich Egling) den Hof in Plixenried.

[46] *schriftliche Mitteilung von Dr. Gerhard Hanke März 1998. In den Quellen variieren die Schreibweisen sowohl der Vor- wie auch der Nachnamen, da der jeweilige Amtsschreiber nach der Aussprache schrieb.*

[47] *vgl. Fried, 1954*

[48] *Zu den Lebens- und Arbeitsverhältnissen Vgl. Stutzer, (1988) S. 121 ff*

[49] *vgl. Liebhardt (1999) S. 895 f.*

Ulrich und Anna Wittmann

Ulrich Wittmann wurde am 3.7.1810 in Plixenried bei Altomünster geboren. Er starb am 19.10.1889 in der Würmmühle. In erster Ehe war Ulrich Wittmann mit der Witwe des Franz Xaver Glas, Kreszens, (1795 -1849) verheiratet. Sie war die Tochter des Korbinian Augustin.

Das Paar heiratete am 9.11.1840 in Mitterndorf bei Dachau, zu dessen Pfarrsprengel die Würmmühle damals gehörte.
Ulrich heiratete in zweiter Ehe am 15.4.1850 Tochter des Leonhard Schwaiger (geb. am 2.5.1822) und der Kreszenz Märkl.
Sie starb am 20.9.1897 in der Würmmühle[50].
Das Ehepaar hatte 6 Kinder. Am 28 Januar 1851 wurde ihr Sohn Joseph geboren, der eigentlich den väterlichen Betrieb übernehmen sollte. Vermutlich wegen seines nicht standesgemäßen Verhältnisses zu einer Bauerntochter, die später seine Frau wurde, bezahlte ihn sein Vater aus.
Würmmüller wurde Josefs 1864 geborener Bruder Eduard.
Josef Wittmann erhielt im Jahr 1880 das Bürgerrecht in Dachau und übernahm eine Mehlhandlung im Oberen Markt.

Die Würmmühle um 1900

Rechts im Vordergrund der Würmmüller Eduard Wittmann.
Die Würmmühle blickt auf eine alte Tradition zurück. Eine Urkunde des Bischofs von Freising belegt, dass dort bereits im 10. Jhdt. Getreide vermahlen wurde. Der damalige Müller versah indes nicht nur den Mühlendienst. Er hatte dafür zu sorgen, dass die Reisenden sicher über die Würm und die Amper gelangten. Ab dem 14. Jhdt. befindet sich die Mühle im Besitz der Herzöge von Bayern. Seit dieser Zeit wird sie Würmmühle, der jeweilige Müller Würmmüller genannt.
Erstmals namentlich wird um1650 ein Johann Reismüller genannt. Die Reismüller hatten die Mühle bis in die Mitte des 18. Jahrhunderts im Besitz. Dann ging sie an eine Familie Glas über.
1840 kam sie durch Einheirat an Ulrich Wittmann.
Im Jahr 1904 kaufte sein Sohn das unmittelbar an die Würmmühle angrenzende „Gut Egelteich", im jetzigen Dachauer Ortsteil Eisingertshofen.
Der Egelteich war ursprünglich im Besitz der Ludwigsapotheke in München. Sein Name leitet sich von einer 1829 gegründeten Blutegelzucht her, die um 1870 noch ca. 20.000 qm Teichfläche umfasste. Von hier aus wurden im gesamten bayerischen Raum Apotheken, Ärzte und Baader beliefert. Die Tiere wurden ab einer Menge von 25 Stück verkauft. Wie das Geschäftsbuch[51] ausweist wurden pro Monat durchschnittlich 10.000 Blutegel in gepolsterten Glasbehältern verschickt. Die Betreiber der Zucht verdienten ein Vermögen, da der Preis bei ca. 10 Kreuzer pro Egel lag.
Nach dem ersten Weltkrieg musste die Würmmühle verkauft werden, da das Deutsche Reich der Familie Wittmann ein Darlehen, eine so genannte Kriegsanleihe, nicht zurückzahlen konnte. Das Gut Egelteich befindet sich weiterhin im Familienbesitz.

Quelle: Dr. Eduard Wittmann

---

[50] Sehr ausführlich mit sämtlichen Querverbindungen hierzu Kiening: Genealogie

[51] Im Besitz der Familie Dr. Eduard Wittmann, Eisingertshofen

Das Gesinde der Würmmühle

Im Vordergrund die Söhne Eduard Wittmanns. Eduard (geb. 1889), Ulrich (geb. 1892) und Martin (geb. 1890).
Im Hintergrund haben sich Müller, Mägde und Knechte der Mühle und des landwirtschaftlichen Betriebes für das Foto versammelt. Links prosten sich die Müller zu. Ein Dienstbote hat seine Ziehharmonika hervorgeholt. Hinter ihm steht ein Knecht der einen längst aus der Mode geratenen, biedermeierlichen Zylinder auf dem Kopf hat. Auf dem Odelfass hat sich ein weiterer Knecht positioniert.

Müller der Wittmannschen Künstmühle vor einem Planwagen

In der Mitte der 1889 geborene Würmmüller Eduard Wittmann.
Am Tisch sitzen ein Zither- und ein Gitarrenspieler. Links steht eine Schnupftabakflasche. Neben dem Bierfass sitzt Eduards Bruder, Ulrich Wittmann (geboren 1892). Er hält einen Krug mit dem Zunftwappen der Müller in der Hand.
In den späten zwanziger Jahren wanderte er nach Südwestafrika aus, wo seine Nachkommen heute noch leben.

Die Würmmühle um 1900

Ansichtskarte abgestempelt am 3. Oktober 1901, adressiert an „Herrn Cornelli Wittmann, Dachau. Aus der Würmmühle senden viele herzl. Grüße Grete G. u. Dora D."
Dora Dill war eine der beiden Töchter des Künstlers Ludwig Dill. Sie war später mit dem Dachauer Tierarzt Adolf von Neger verheiratet. Wie damals üblich, wurden Postkarten auch aus nahegelegenen Orten verschickt, wie hier aus der nur wenige Kilometer von Dachau entfernten Mühle.

Ansichten der Würmmühle

Auf dieser Ansichtskarte ist links unten die Würmmühlkapelle abgebildet. In ihr befindet sich eine Gedenktafel für den 1890 in der Würmmühle geborenen und 1915 in Frankreich gefallenen Träger der bayerischen „Silbernen Tapferkeitsmedaille" Martin Wittmann.

Sterbebild und Orden des Offiziersstellvertreters Martin Wittmann

Von links: Preußisches Eisernes Kreuz, II. Klasse; Bayerische Silberne Tapferkeitsmedaille; Bayerisches Militärverdienstkreuz III. Klasse mit Krone und Schwertern.

Der Amperbote berichtet am 10. Februar 1916:

„Eine Heldentat. Nachträglich sei erzählt, wie Herr M. Wittmann, dessen Verlust wir so aufrichtig Bedauern, sich sein eigenes Leben zur Rettung von Kameraden rücksichtslos einsetzten, die silberne Tapferkeitsmedaille erwarb: In der Nacht zum 2. August 1915 begaben sich bei C. vier Mann des 1. Infanterieregiments nach einer Sprengung als bald in den neu entstandenen Trichter und nahmen dort einen Franzosen gefangen. Auf dem Rückwege von starkem Artilleriefeuer überrascht, suchten Sie schleunigst in einem Minenvorhause Schutz; ein einziger Mann lief, da er nicht mehr Platz fand, zu einem Unterstande weiter, worin er den Offiziersstellvertreter Martin Wittmann der 1. Feld-Pionier- Kompagnie, I . Armeekorps, ein Landwirt aus Dachau antraf. Kaum hatte dieser von einer Zufluchtnahme in der Minenanlage gehört, als er in sicherer Vorahnung der durch Gase drohenden Gefahren hinzueilte und unter Mitwirkung einiger Offiziere und Mannschaften drei Leute bewusstlos hervorzog. Zwei davon konnte man zum Leben zurückrufen, aber auch von den Rettern selbst waren zwei Mann durch die Minengase der Besinnung beraubt. Da aber noch ein Mann der Patrouille fehlte, stieg Wittmann mit einem rasch herbeigeholten Sauerstoffapparat in den neun Meter tiefen Schacht und beförderte das letzte Opfer der Grubengase, wenn auch nur als Leiche ans Tageslicht, wobei er, um sich nach oben zu verständigen, das Saugstück wiederholt aus dem Mund nehmen musste. Der Held erhielt die silberne Medaille."

Die silberne „Militär-Verdienstmedaille" wurde bereits von Kurfürst Maximilian, dem späteren ersten König von Bayern (ab 1806) gestiftet. Die im Volksmund „Tapferkeitsmedaille" genannte Auszeichnung wurde im ersten Weltkrieg 2923-mal verliehen.

Schulpreis für Josef Wittmann
(geb. 1851)

Josef Wittmann erhielt diesen „öffentlichen Schulpreis" im Jahr 1861. Er trägt das Schulsiegel sowie die Unterschriften des Bürgermeisters Hergel und des Hilfslehrers Fischer. Außerdem hat sich später „Max Bauer, Müller in der Wittmannschen Kunstmühle – Würmmühle Dachau, Oberbayern" und eine Victoria Hamberger in dem Buch verewigt.

Schulpreise waren Bücher mit roten oder blauen Einbänden und dem Aufdruck „Öffentlicher Schulpreis". Zumeist waren sie religiösen oder erbaulichen Inhalts, wie in diesem Falle „Der Segen der Arbeit oder Geschichte des Bauers Frühauf, der seinen Namen verdient. Ein ladwirthschaftliches Lesebuch für Sonn- und Feiertagsschulen und landwirthschaftlichen Fortbildungsschulen überhaupt. München 1861"

Josef Wittmann wurde am 28. Januar 1851 in Dachau geboren und lebte bis zum 11. Juni 1883. Seine Jugend verbrachte er in der Würmmühle. Von 1856-1863 besuchte er die „Werktagsschule zu Dachau".

Als ältester Sohn sollte er die väterliche Mühle übernehmen. Daher besuchte er von 1863 - 1867 die „Königlich Bayerische Landwirthschafts-, Gewerbs- und Handelsschule I. Classe zu Freising". Im ersten, zweiten und dritten Kurs der landwirtschaftlichen Abteilung erreichte er durchgehend „Vorzügliche Ergebnisse". Zu den damaligen Unterrichtsfächern gehörten neben Religion, Geschichte und Deutsch, auch Fächer wie Physik, „Agriculturchemie", Linearzeichnen und „Landwirtschaftliche Übung".

Josef Wittmann war ein aufgeschlossener und geselliger Dachauer Bürger, der unter anderem Mitglied der Freiwilligen Feuerwehr und des Turnvereins war.

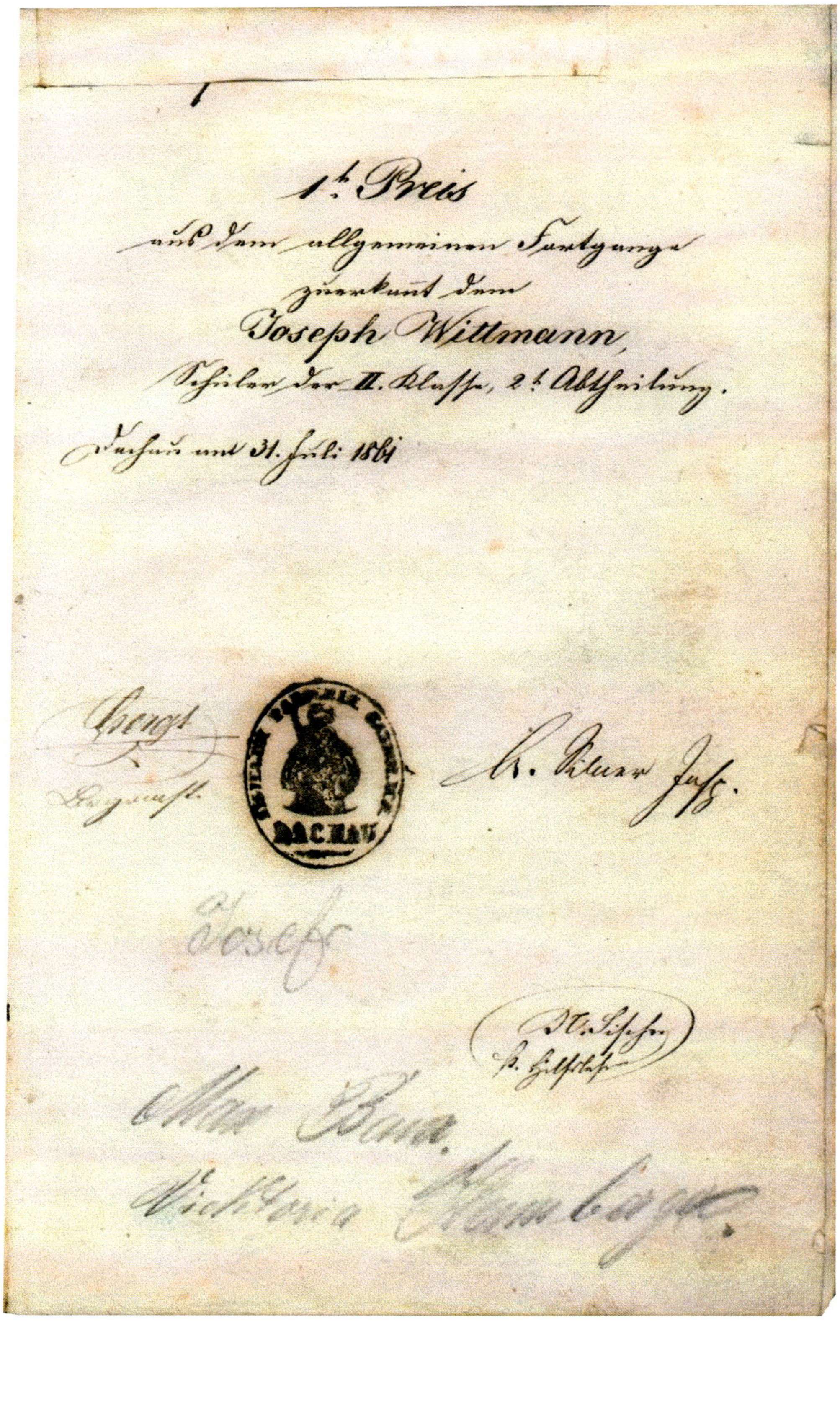
1t. Preis
aus dem allgemeinen Fortgange
zuerkannt dem
Joseph Wittmann,
Schüler der II. Klasse, 2t. Abtheilung.
Dachau am 31. Juli 1861
Hergel
Bürgermst.
DACHAU
Josef
Fischer
Hilfslehrer
Max Bauer
Victoria Hamberger

Hochzeitsfoto des Ehepaares Wittmann 1877

Im Jahr der Hochzeit war das Paar noch „zu Prittlbach wohnhaft". Die Heirat wurde bereits in Landsberg am Lech am 04. Dezember 1877 gefeiert, denn das Paar hatte dort eine Sägmühle für 42.800 Mark gekauft. Am 3. November 1877 errichtete der königliche Notar Heinrich Zintgraf in Landsberg die entsprechende Urkunde für „Herrn Josef und Maria Wittmann, Sägmühlbesitzerseheleute Haus Nr. 37 und 38 in der St. Katharinenvorstadt zu Landsberg." Noch im gleichen Jahr wurde die Tochter Maria geboren. Im Jahr 1878 wurde weiterer Grund angekauft aber schon am 14 September 1878 erstellte Notar Zintgraf die Verkaufsurkunde für „sämtliche Gebaulichkeiten und Grundstücke... sowie die gesamte bei diesem Anwesen befindliche Müh gewerbeeinrichtung und Wasserkraft...".
Der Grund für den schnellen Verkauf lag möglicherweise in der günstigen Gelegenheit, mitten im Markt Dachau, das Anwesen des Melbers Rattenhuber zu erwerben.

Die Melberei von Maria Wittmann

Die Aufnahme dürfte kurz nach 1900 entstanden sein, da auf dem Dach bereits ein Mast für die Stromversorgung angebracht ist. Am Hauseck ist die Zuleitung für eine elektrische Strassenlampe erkennbar. Auf früheren Aufnahmen erkennt man an dieser Stelle noch eine Gaslaterne, die mit einer langen Stange von Hand entzündet werden musste. An der Hausfassade ist eine lange hölzerne Tafel mit der Aufschrift „Melberei und Handlung von M. Wittmann" angebracht. Darunter befindet sich der Ladeneingang, den man über eine Treppe mit schmiedeeisernem Geländer erreichte. Er konnte ebenso wie das danebenliegende Schaufenster mit hölzernen Läden verschlossen werden. Links die große zweiflüglige Toreinfahrt, die in den dahinter gelegenen Hof mit Wirtschaftsgebäuden führte. Durch sie fuhren die großen, mit Mehl beladenen Planwagen der Wittmannschen Würmmühle. Außerdem konnten die Mehlsäcke auf der Rückseite mittels eines Handaufzugs in den großen Speicher gezogen werden. Auf der nach Norden gewandten Dachfläche sind die beiden großen Atelierfenster zu sehen. Zwei kleine Luken sind gerade aufgeklappt um zu lüften.

Das Anwesen Dachau Haus Nr. 7

Das Haus zeigt sich mit einem neuen- damals hellgrünen- Anstrich. Die Firstplatten sind frisch vermörtelt. Abgeschlossene Verschönerungsarbeiten dürften der Anlass für die Aufnahme gewesen sein. Am rechten Bildrand ist der Giebel der Hartwigschen Schmiede zu sehen. Auf dem Dach befindet sich ein überdimensionaler Kamin, an dem die Rauchkutte der Esse angeschlossen war. Im Giebel zwei kleine Einfluglöcher in den Taubenschlag. Damals hatten viele Häuser in den Speichergeschossen eingebaute Verschläge, in denen Tauben für die Küche gehalten wurden. Das Foto wurde aus einem Fenster des Birgmannbräu gemacht. Die Strassen sind vollständig gepflastert. Wenige Jahre vorher war nur die mittlere Fahrbahn mit einem Belag aus Stein versehen.

Am unteren Bildrand erkennt man die zwei Klammern, die das Glasnegativ in der Kamera hielten und mitbelichtet wurden. Rechts unten die eingeritzte Negativnummer „38".

Aus der Besitzgeschichte geht hervor, daß das Haus 1626 erstmals urkundlich erwähnt wird. Damals gehörte es dem in Neuburg an der Donau geborenen Leonhard Suttor. Um 1631 wohnte dort Pfarrer Georg Grimm aus Weißenstein in Kärnten. Ab etwa 1670, bis in die Mitte des 19. Jahrhunderts, sind durchgehend Bäcker und Melber als Besitzer nachweisbar. Von dem Bäcker Michael Schneid, der um 1659 in Dachau nachweisbar ist, stammt der Hausname „Schneiderbäck". Im Jahr 1812 gehörten zum Haus noch 4 Tagwerk Grund, die zum Teil unmittelbar hinter dem Haus am nördlichen Schloßhang gelegen waren. Der Rest des Grundbesitzes war verteilt auf die außerhalb Dachaus liegenden Änger. Es handelte sich dabei zum Teil um kleinste Parzellen, die im Lauf der Jahre verkauft oder vertauscht wurden. Diese häufigen Besitzerwechsel waren im damaligen Markt Dachau gängige Praxis. Im Jahr 1855 übernimmt der Melber Rattenhuber aus Kollbach im Amtsgericht Dachau das Anwesen. Er stirbt im Jahr 1879. Seine Witwe verkauft ein Jahr später Haus und Melberei an Josef und Maria Wittmann.[52]

[52] *Kübler (1934) S. 60 sowie Kiening*

„Kaufvertrag für die Melbersehegatten Josef und Maria Wittmann in Dachau. Errichtet von dem königlichen Notare Karl Pfaffenzeller in Dachau am 15 ten April 1880. Geschäfts-Register-Nummer 558.
Frau Maria Rattenhuber verkauft hiermit das mit ihrem verlebten Ehegatten Ignaz Rattenhuber nach Ehevertragsbrief vom 27. Juli 1855 gemeinschaftlich besessene...Anwesen Hausnummer 7 in Dachau mit aller Zugehör an liegender Habe, allen Rechten und Lasten. Nämlich: Wohnhaus mit Holzremise, Stadel mit Stallung und Hofraum sowie zwei Krautgärten und diverse Wiesen mit etwa 2 Tagwerk Gesamtfläche ,...nach rentamtlicher Katastervormerkung mit einem jährlichen Bodenzinse zur Ablösungskasse von 10 Mark 70 Pfennigen belastet.'

Der Kaufpreis beträgt 15.000 Mark, der bereits ganz und vollständig bezahlt und quittiert ist.
Im Kaufe und in der Kaufsumme mitinbegriffen ist die gesamte Wohnzimmer-und Melbereigeschäftseinrichtung.
Weiters erhält die Kaufspartei als im Kaufe und in der Kaufsumme mitinbegriffen, den Kirchenstuhl Nummer 75 in der hiesigen Pfarrkirche, während sich die Frau Verkäuferin den ihr noch weiters gehörigen daselbst befindlichen Kirchenstuhl auch fernerhin eigenthümlich vorbehält...
Die Frau Verkäuferin bedingt sich aus, daß ihr die von ihr bereits bezogene, vier Zimmer umfassende, Wohnung im ersten Stockwerk des verkauften Wohnhauses, von heute an miethweise gegen einen jährlichen Miethzins von 200 Mark... überlassen wird."

Die Kosten für die Verbriefung, den Notar und den Schreiber beliefen sich auf 335 Mark und 50 Pfennige.
Am 4. Juni 1880 wurde eine Feuerversicherung über 2800 Mark für das „... an der Augsburgerstraße sub Nr. 7 nach 3 Seiten freigelegenen, von Stein erbauten und mit Platten gedeckten Wohnhause..." abgeschlossen.

Die Versicherungssumme setzte sich wie folgt zusammen:

1. *die gewöhnlichen Möbel, Haus- und Küchengeräte M. 600.-*
2. *Pendeluhren M.50.-*
3. *Betten, Weißzeug und Kleider M. 1000.-*
4. *Gedruckte Bücher M. 100.-*
5. *Gewerbeeinrichtung als: Maße, Gewichte, Waagen, Siebe, Mehlkisten, Getreide- und Mehlsäcke M.250.-*
6. *Melberartikel als: Mehl, Erbsen, Schmalz, Eier, Reis, Rollgerste, Gries, Macaronienudel, Brei, Zinnkraut und Besen usf. M. 800.-*

Später, als das Geschäft florierte und ein gewisser Wohlstand eingezogen war, wurde die Versicherungssumme der Vorräte an Mehl und Getreide auf M. 3000.- erhöht und eine Position „Feines Glas und Porzellan sowie Zimmerschmuck und Bilder" für M. 300.- versichert.
Im Jahr 1881 wurde an der Südseite des im 17. Jahrhundert erbauten Wohnhauses ein Waschhaus mit Holzhütte errichtet, daran anschließend im Jahre 1882 ein „Magazin zur Lagerung von Spezereiwaren."
Über die etappenweise Einführung der Stromversorgung im Oberen Markt gibt folgende Urkunde Auskunft.

„Das Elektrizitätswerk Dachau G.m.b. H. sichert Frau Witwe Marie Wittmann, welche die Anbringung eines Dachständers an ihrem Eigenthum Hs. Nr. 7 gestattet zu, dass dieselbe die Abänderung, resp. Entfernung der genannten Gegenstände auf Kosten des Elektrizitätswerkes Dachau verlangen kann, falls ihr ein nachweisbarer Schaden durch dieselben zugefügt wird... Dachau, am 8. April 1897, Elektrizitätswerk Dachau G.m.b.H.

v. Miller Th. Schwarz"

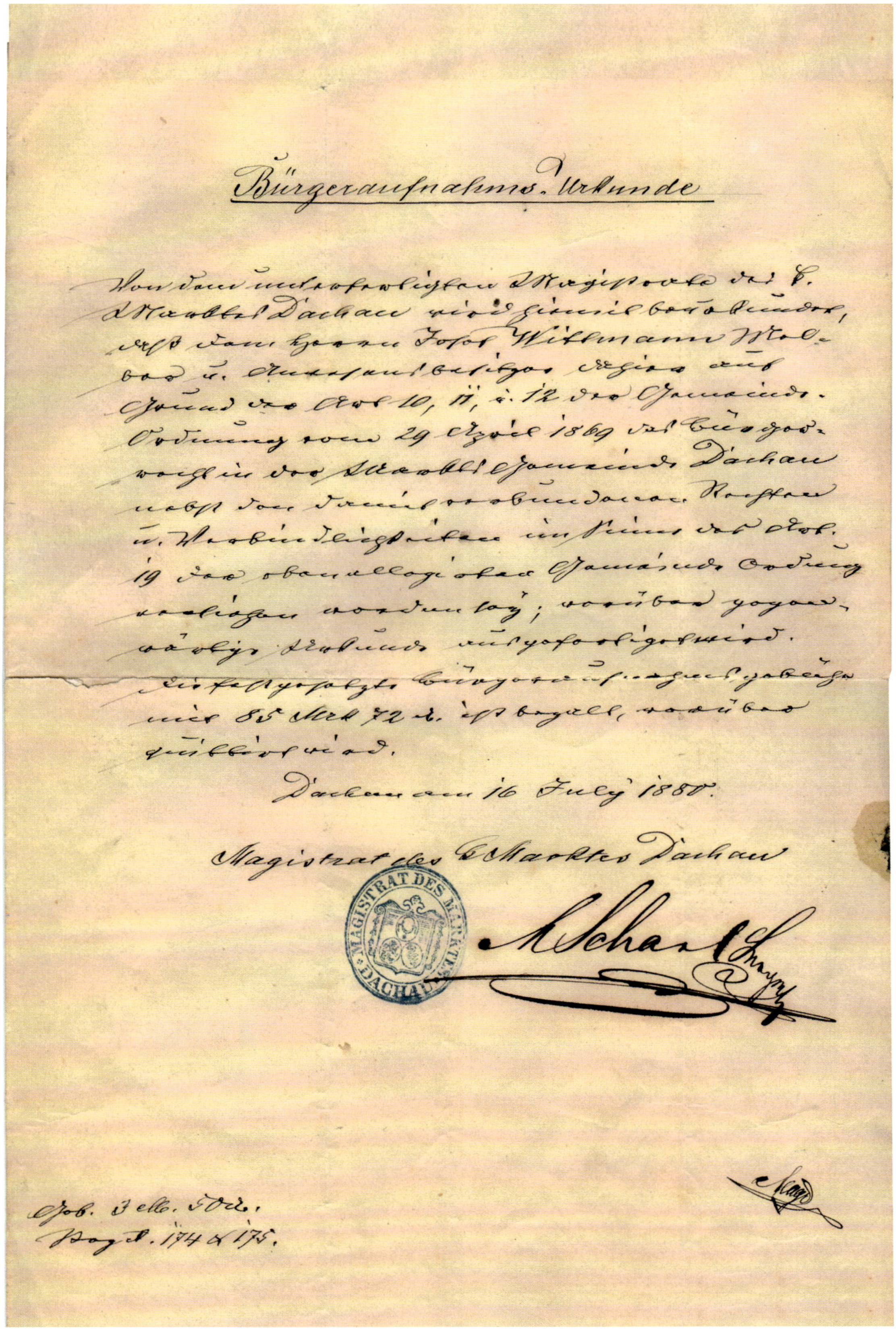
Bürgeraufnahms-Urkunde

Von dem unterfertigten Magistrate des k.
Marktes Dachau wird hiermit beurkundet,
daß dem Herrn Josef Wittmann Mel-
ber u. Anwesensbesitzer daher auf
Grund der Art. 10, 11, u. 12 der Gemeinde-
Ordnung vom 29 April 1869 das Bürger-
recht in der Markts Gemeinde Dachau
nebst den damit verbundenen Rechten
u. Verbindlichkeiten im Sinne des Art.
19 der oben allegirten Gemeinde Ordnung
verliehen worden sey; worüber gegen-
wärtige Urkunde ausgefertigt wird.
Die festgesetzte Bürgeraufnahmsgebühr
mit 85 Mrk 72 d. ist bezahlt, worüber
quittirt wird.

Dachau am 16 July 1880.

Magistrat des k. Marktes Dachau

M. Scharl

MAGISTRAT DES MARKTES DACHAU

Bürgeraufnahmsurkunde des königlichen Marktes Dachau, 1880

Diese Urkunden waren bis zur Jahrhundertwende noch handgeschrieben. Später gab es grafisch gestaltete Vordrucke.

„Von dem unterfertigten Magistrate des königlichen Marktes Dachau wird hiermit beurkundet, dass von Herrn Josef Wittmann, Melber und Anwesensbesitzer daher auf Grund der Art. 10, 11, und 12 der Gemeindeordnung vom 29 April 1869 das Bürgerrecht in der Markts Gemeinde Dachau nebst den damit verbundenen Rechten u. Verbindlichkeiten im Sinne des Art. 19 der oben allegirten Gemeindeordnung. Gemeinde Ordnung verliehen worden sey; worüber gegenwärtige Urkunde ausgefertigt wird.
Die festgesetzte Bürgeraufnahmsgebühr mit 85 Mrk. 72 Pfennig ist bezahlt, worüber quittiert wird.

Dachau am 16. July 1880
Magistrat des Marktes Dachau
M. Scharl, Bürgermeister".

Maria Wittmann und ihre Kinder im Jahr 1886

Maria Wittmann ist ganz in Schwarz gekleidet Um den Hals trägt sie einen biedermeierlichen Halsschmuck. Außerdem hat sie ein schwarzes Medaillon umgehängt, das wohl das Bild ihres verstorbener Mannes enthält. An der Hand hält sie ihre älteste Tochter Maria, die im Jahr 1877 geboren wurde . Die beiden Söhne ˛osef (geboren 1883) und Cornelius (geboren 1881) sind wie Zwillinge gekleidet. Sie tragen Knöpfstiefelchen und die für die damalige Zeit typischen großen Schleifen um den Hals. Die Aufnahme entstand in einem Atelier vor gemaltem Birkenhintergrund, Holzzaun und Steinbank.

Nach dem frühen Tod ihres Mannes im Jahr 1883 lastete auf der Melberswitwe Maria Wittmann die gesamte Last als erziehende Mutter, Hausbesitzerin und Geschäftsfrau. Mit Weitsicht ordnete sie das Erbe ihres Mannes, das zum Teil aus dem großen Besitz der Würmmühle stammte:

„Vatergutsvertrag für Frau Maria Wittmanr, Melberswitwe in Dachau. Errichtet von dem kgl. Notar Karl Pfaffenzeller in Dachau am 5 ten Oktober 1883. Heute den 5. Oktober 1883 sind vor mir Johann Bandorf, Amtsverweser des königlichen Notars Karl Pfaffenzeller zu Dachau auf dessen Amtszimmer daselbst folgende mir nach Namen Stand und Wohnort bekannte Personen erschienen.

1. Frau Maria Wittmann, Melberswitwe von Dachau,
2. Herr Adolf Hörhammer, Bierbrauereibesitzer von Dachau, als verpfl chteter Vormund der minderjährigen Melberskinder Maria, Cornelius und Josef Wittmann von Dachau.

Die Ersch enenen haben mich um Beurkundung des folgenden hiermit cbgeschlossenen Vatergutsvertrages ersucht: Frau Maria Wittmann übernimmt hiermit den gesammten inventarischen Nachlaß...und tritt in den Alleinbesitz ein...die Kinder erhalten ein väterliches Erbe von je 3100 Mark.

Dieser Verpflichtung kommt Frau Maria Wittmann sofort dadurch nach, dass sie folgende Pfandbriefe der süddeutschen Bodenkreditbank in München zum Nennwerthe ihren genannten drei Kindern überlässt..."

Maria Wittmann behielt sich den „Zinsgenuß" der Pfandbriefe bis zur Volljährigkeit bzw. Berufsausübung der Kinder vor.

Außerdem besaß sie Aktien der „München-Dachauer-Papierfabrik,[53] sowie aus dem Besitz ihres Ehemannes das Fischrecht an der Amper, und zwar

„a.)...nächst dem Blutegelteich zu Eisingertshofen, woselbst die Grenze durch die im Pellheimer Gemeindegrund Plan Nummer 502 in der Steuergemeinde Prittlbach, dann in der Egelteichwiese Plan Nummer 802 der Steuergemeinde Etzenhausen befindlichen Grenzsteine genau bezeichnet ist, bis zum Ausfluß des Deutenhofer Mühlbaches bei Plan Nummer 670 in der Steuergemeinde Hebertshausen...b.) in dem Altwasser Plan Nr. 500.....c.) im Deutenhofer Mühlbach vom Ausfluß aus der Amper... bis wieder zur Vereinigung mit derselben beim sogenannten Froschmaierfleck Plan Nummer 706 in der Steuergemeinde Ampermoching....d.) im Ablassbach... vom Ausfluß aus dem Deutenhofer Mühlbach bis zu dem im Plan eingezeichneten sogenannten Ablaßsteg..."

[53] *Im Jahr 1862 wurde die „München-Dachauer Aktiengesellschaft für Maschinenpapier Fabrikation" gegründet*

Gruppenaufnahme aus der „Kinderbewahranstalt Dachau" um 1884

Die Kinderbewahranstalt war ein Vorläufer des heutigen Kindergartens. Unter den 69 Kindern sitzen im Zentrum, mit heller Knopfreihe, die beiden Söhne Maria Wittmanns.

Schulaufnahme ca. 1886/87 mit Lehrer Lampl

Nur drei Buben des Schuljahrgangs 1881 tragen eine an die Dachauer Männertracht angelehnte Kleidung, mit zweireihiger Weste und einem Janker mit schwarz abgesetztem Kragen. Alle anderen Kinder sind städtisch gekleidet. Im Zentrum mit dunkler Jacke der Melberssohn Cornelius Wittmann.[54] Das Schulhaus befand sich neben der St. Jakobskirche. Mädchen und Jungen waren streng getrennt. Bereits 1853 wurde in Dachau mit dem Bau der Mädchenschule begonnen, die ein Jahr später vom Orden der „Armen Schulschwestern" übernommen wurde. Im Jahr 1886 wurde die Schule erweitert.

---

[54] *Leider sind bisher die Namen der anderen Schüler unbekannt. Der Autor würde sich über entsprechende Hinweise freuen.*

Die Melberswitwe und ihre Kinder etwa im Jahr 1894

Auf dem Schoß der Mutter sitzt die 1892 unehelich geborene Tochter Paula. Daneben die beiden Söhne Cornelius und Josef. Rechts das Kindermädchen „Babette". Dahinter mit Zwicker, die älteste Tochter Maria, die im Jahr 1897 den Rechtsconzipienten Josef Schub, Sohn des Dachauer Oberamtsrichters gleichen Namens heiratete. Ludwig Thoma war Trauzeuge. Das Paar zog bald nach Obergünzburg. Der Kontakt nach Dachau wurde durch rege gegenseitige Besuche gepflegt. Die Aufnahme entstand im „Photographischen Atelier Josef Gerg, Dachau".

„Melberei und Handlung von M. Wittmann" in der Augsburger Strasse 6, um 1905

Die Ladenbesitzerin Maria Wittmann steht in weißer Schürze vor ihrem Geschäft. Im Ladeneingang ein unbekannter Herr mit Zigarre, möglicherweise einer der Maler, die unter dem verschneiten Dach ihre Ateliers hatten. Links neben der Ladentür ein langer Klingelzug mit dem eine Glocke im Inneren geläutet werden konnte. Das Schaufenster ist, vielleicht zur Weihnachtszeit, mit Zigarrenkisten verschiedenster Marken dekoriert. Auf der Strasse ein Dienstmädchen in Arbeitsschürze mit einem Bügeleisen, das mit Holzkohle gefüllt werden konnte. Links am Treppenaufgang mehrere Emailschilder mit Werbeaufdrucken der Firmen „Kavalier", „Dr. Thomsons Seifenpulver", „Maggie", „Kathrainers Malzkaffee", „Wiener Feigenkaffee", „Hauswalds Kaiser-Otto-Kaffee".
Am großen Tor das Schild „Photographisches Atelier Hiebel, II. Stock". An der linken Hausecke ein kleines Schild mit der Aufschrift „Adolph von Neger-praktischer Tierarzt".
An der rechten Hausecke führt eine Stromleitung vom Dach herunter zu einer gebogenen Straßenlaterne. Um auch im Haus elektrisches Licht zu haben, wurde die Leitung in Höhe der Ladenbeschriftung verzweigt und ins Haus verlegt.
An den Torflügeln sind unten Säcke befestigt, um zu verhindern, dass kalte Luft in die Einfahrt und damit in das Haus gelangt. Der Schnee vor dem Tor ist niedergetreten, da sich dahinter eine hölzerne Treppe zum Eingang in die oberen beiden Stockwerke befand. Ganz rechts ist ein Teil der Fassade der Hartwigschen Schmiede in der Schloßstrasse zu erkennen. Aus diesem Handwerksbetrieb stammt das eiserne Treppengeländer am Aufgang zur Melberei.

Quelle: Anslem Wittmann

Verkaufstüten mit Dachauer Bauernsignet

Wer diesen „Dachauer Bauern“ entworfen hat ist unbekannt. Möglicherweise stammt er aus der Hand des Künstlers Carl Olof Petersen.

Die Tüten wurden für verschiedene Produkte, die in den Wittmannschen Geschäften verkauft wurden, angefertigt.

Eine kleine Tüte, die zum Beispiel für Zigarren in kleineren Mengen verwendet werden konnte, und eine hochformatige Tüte für Pinsel. Der Aufdruck wirbt für das Warensortiment, das einerseits auf Dinge des täglichen Bedarfs ausgerichtet war; andererseits wurden in den Läden „Malutensilien“ an die zahlreichen Künstler verkauft. Ansichtskarten mit Dachauer Motiven erwarben vor allem die vielen Ausflügler, die aus dem nahen München, den hochgelegenen Markt Dachau mit seinen vielen Gasthöfen besuchten.

Das Geschäft am Marktplatz hatte den achten Telefonanschluss[55] Dachaus, der damals noch von Hand vermittelt wurde.

Die Filiale in der Münchnerstrasse leitete Josef Wittmann.

[55] *1885 erhielt die Papierfabrik den ersten Telefonanschluß in Dachau. Ab dem Jahr 1897 war das Telefonieren zwischen 7 und 21 Uhr möglich, vgl. Kiermeier (1979) S.154*

Werbepostkarten an die Melberei Wittmann aus den Jahren 1893 und 1898

Neujahrsgrüße für das Jahr 1898 an die Familie Wittmann für das Jahr 1898 aus der Residenzstadt München

Die lithographierte Karte des renommierten Münchner Postkartenverlages Ottmar Zieher zeigt verschiedene Sehenswürdigkeiten im winterlichen München.

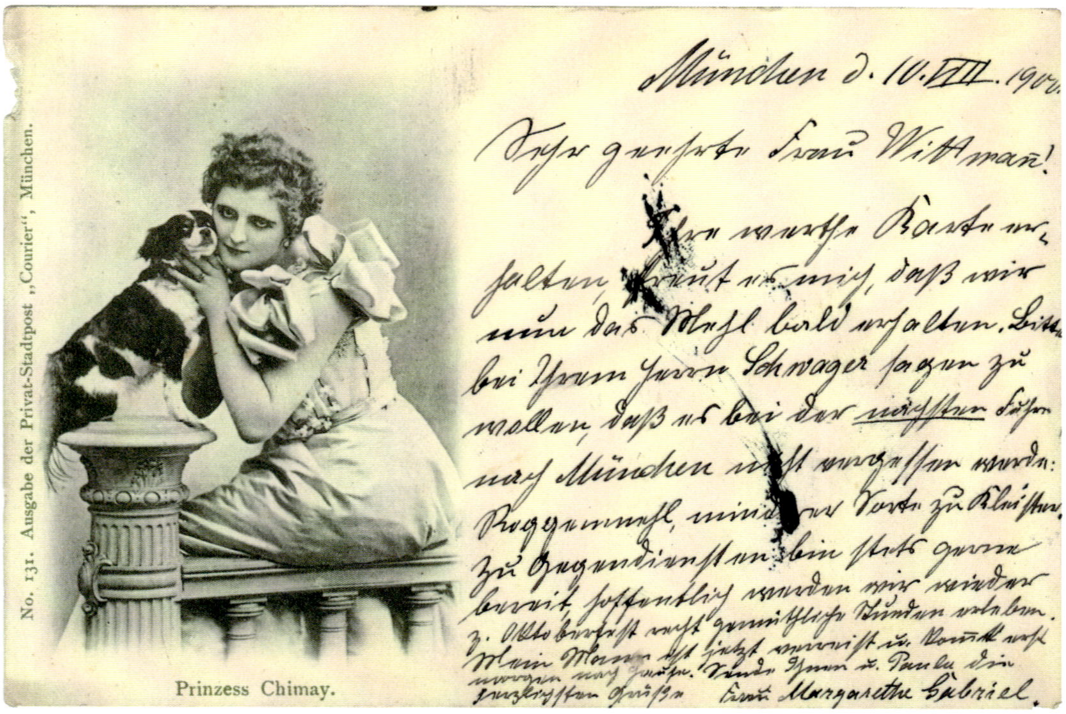

Postkarte von Margarethe Gabriel

„München den 10.IIX.1900. Sehr geehrte Frau Wittmann! Ihre werthe Karte erhalten, freut es mich, dass wir nun das Mehl bald erhalten. Bitte bei Ihrem Herren Schwager sagen zu wollen dass es bei der nächsten Fuhre nach München nicht vergessen werde: Roggenmehl minderer Sorte zu Kleister. Zu Gegendiensten bin stets gerne bereit, hoffentlich werden wir wieder z. Oktoberfest recht gemütliche Stunden erleben. Mein Mann ist jetzt verreist und kommt erst morgen nach hause. Sende Ihnen und Paula die herzlichsten Grüße. Frau Margarethe Gabriel"

Margarethe Gabriel war die Frau von Karl Gabriel. Er veranstaltete 1896 in seinem Münchner Panoptikum die erste Vorführung „Lebender Bilder" und war damit der erste Kinobesitzer in der Residenzstadt. Außerdem betrieb er seit 1902 auf dem Oktoberfest das „Hippodrom" und eine „Völkerschau", in der fremde Menschen, Tiere und Kulturen dem staunenden Publikum vorgestellt wurden.[56]
Das bestellte „Roggenmehl minderer Sorte" wurde zu Kleister verarbeitet um Plakate zu kleben, Dekorationen anzubringen und Kulissen zu bauen.

[56] *Information von Dr. Florian Dering, Stadtmuseum München*

Grüße aus dem Hofbräuhaus

Ansichtskarte vom Oktoberfest 1901

„War die Jagd wenigstens ausgiebig? Hier auf der Wiese ist's doch schöner. Trinken soeben auf Ihr Wohl. Esther D, Dora."

Postkarte von Frieda Traber an „Frau Wittmann, Melberei, Dachau bei München, Marktplatz" 1901

Die lithographierte Karte ist von Raphael Kirchner[57] gestaltet. Sie wurde von der Schwester des Königlichen Amtsrichters Wilhelm Traber von Prag nach Dachau verschickt.
„Komme nächste Woche nach München, Gruss Frieda Traber. Bitte niemandem etwas davon zu sagen. Viele Grüße von Heinrich"
Die Geschwister Wilhelm, Heinrich und Frieda Traber waren eng mit der Familie Wittmann befreundet. Heinrich wohnte längere Zeit im Haus am Marktplatz. Allerdings verlieren sich Friedas Spuren vor dem ersten Weltkrieg. Auf einigen Karten unterschreibt sie mit dem Zusatz „Museum Prösnitz, Mähren". Dort betrieben ihre Eltern eine Art Kuriositätenkabinett.

Festzug in der Augsburgerstrasse kurz vor dem ersten Weltkrieg

Die Augsburgerstrasse hinauf bewegt sich ein langer Zug von Vereinen. Am linken Bildrand Dachauer Veteranen mit ihren angelegten Orden aus den Kriegen 1866 und 1870/71. Dahinter eine Kapelle der Pfadfinder, gefolgt von mehreren Fahnenabordnungen. Alle Zugteilnehmer sind festlich gekleidet und tragen zum Teil Zylinder. Am Straßenrand und aus den Fenstern der Häuser beobachten zahlreiche Schaulustige das Treiben.

Quelle: Heinrich Rauffer

[57] Th.-B. 19/20 (1992) S. 365, Kirchner Raphael, Portraitmaler und Illustrator, geb. 1876 in Wien, gest. 1917 in New York. Begann in Wien als Schilderer der eleganten Welt- und Halbweltdame, siedelte dann (um 1900) nach Paris über, wo er als Portraitmaler tätig war und Illustrationen für Zeitschriften, besonders für „La Vie parisienne" und Bücher zeichnete.

Melberei und Handlung von M. Wittmann um 1913

Nachdem die Kinder ihre Ausbildung abgeschlossen hatten, bzw. verheiratet waren, beendete Maria Wittmann ihre geschäftliche Tätigkeit. In die alten Geschäftsräume zog 1910 die „Medicinal Drogerie" von Otto Schlee aus Hof in Bayern ein.
Das Haus trägt nun, flankiert von zwei großen weißen Kreuzen, die große Aufschrift „Bavaria Drogerie Otto Schlee". Links am Aufgang sind noch die Löcher der entfernten Emailschilder des alten Geschäfts zu sehen.
Das Hiebelsche Fotoatelier befindet sich noch im Haus. An der Ecke zur Schloßstrasse ist ein Gemüseladen eingezogen, der seine Waren auf Gestellen vor dem Geschäft anbietet.
Eine Kreidetafel wirbt: „Heute ganz billig".
„Miet-Kontrakt mit Otto Schlee:
Es mietet Otto Schlee im augenblicklichen Zustand im Hause Nr. 6 Augsburgerstraße in Dachau als Geschäftslokal etc. zum Betriebe einer „Drogerie" folgende Räume: Sämtliche Parterre Räumlichkeiten mit Ausnahme des kleinen Kellers für die Vermieterin.
Die Mietzeit währt vom 1. Mai 1910 bis ultimo 30. April 1920...
Maria Wittmann, Otto Schlee z.Z. Hof i. B.
Dachau 20. März 1910"
Außerdem vermietete Maria Wittmann weiterhin einzelne Zimmer sowie die beiden Ateliers im Speicher ihres Anwesens.

Aus der von Gerhard Hanke aus dem Dachauer Melderegister zusammengestellten Liste lassen sich bis 1914 folgende Personen nachweisen, die im Haus Maria Wittmanns gewohnt haben.[58] Angegeben ist jeweils das Datum der Anmeldung in Dachau:
Berg, Tor - Student aus Stockholm (25.07.1908); **Berg, Yngve** - Kunstmaler aus Stockholm (25.07.1908); **Bornemann, Ada** - Malerin aus Bergen/Hannover (06.07.1914); **Frischhoff, Adele** - Privatiere aus Wien (06.05.1899); **Fuchs, Hermann** - Kunstmaler aus Karlsruhe (08.08.1915); **Graefe, Heinrich** - Kunstmaler aus Königsberg (09.05.1900); **Graf, Irma** - Malerin aus Ostenburg (06.05.1899); **Grassi, Susa** geschiedene Baronin Schindler - Schauspielerin aus Mailand (01.10.1902); **Graumann, Julius** - Kunstmaler aus Fürth (24.04.1902); **Heymann, Moritz** - Maler und Grafiker aus Breslau (11.08.1899); **Holmström, Tora** - Kunstmalerin aus Schweden (02.06.1903); **Jonsson, Hannah** - Kunstmalerin aus Schweden (02.03.1903); **Kertz, Adolf** - Kunstschüler aus Berlin (11.12.1899); **Klimsch, Hans-Paul** - Maler auf Frankfurt a. M. (1895); **König, Artur** - Maler aus Roda (09.05.1900); **Kroll, Alwine** - aus Frankfurt a. M. (15.06.1907); **Lange, Olaf** - Kunstmaler aus Stavanger / Norwegen (01.10.1912); **Loen, Friedrich** Freiherr von - Kunstmaler aus Dessau (Erste Jahreshälfte 1896 / 22.07.1904 (aus München)); **Manz, Margerete** - Malerin aus Insterburg (18.08.1915); **Müller, Elsa** - Malerin aus Meiningen (27.07.1915); **Norlind, Ernst** - Kunstmaler aus Aalstadt/Schweden (13.02.1901); **Petersen, Carl Olof** - Kunstmaler aus Malmö (21.10.1903); **Pötting, Adrienne** Gräfin von - Malerin aus Wien (10.06.1893); **Potpeschnigg, Jetti** - Kunstmalerin aus Graz (Erste Jahreshälfte 1896); **Reiner, Robert** - Schriftsteller aus München (02.12.1906); **Rosenbaum, Julius** - Kunstmaler aus Neuenburg (24.04.1902 / 22.07.1914); **Rumpler, Max** - Schriftsteller aus Weißkirchen / Mähren (15.06.1906); **Schmiterlöw, Adelheid** von – Kunstmalerin (02.03.1903); **Scholz, Margerete** - Malerin aus Schlesien (01.07.1913); **Segal, Arthur** - Kunstmaler aus Jassy / Rumänien (24.04.1902); **Springer, Marie** - Pianistin aus St. Pölten (15.09.1915); **Sundstroem, Harriet** - Kunstmalerin aus Stockholm (03.10.1913); **Unruh, Else** - aus Essen (12.08.1901); **Walter, Willy** - Maler aus Freiburg i. B. (18.09.1902)[59]

[58] *Liste in Thiemann-Stoedtner (1989) S. 293 ff. Hanke hat nur die Namen mit Bezug auf die „Künstlerkolonie" erfasst. Nicht alle Künstler haben sich offiziell in Dachau angemeldet.*
[59] *Bis 1930 sind außerdem nachzuweisen: Schröder-Tapiau, Hayek, Grassl, Platzöder, v. d. Forst, Debus; vgl. auch die Gedenktafel am Haus Augsburgerstr. 11.*

Das Haus Nr. 7 am Marktplatz

Einblicke in die Privaträume

Die folgenden Innenaufnahmen sind Amateurfotos sowie professionell in Szene gesetzte Bilder des Fotografen Hiebel, der im selben Haus sein Atelier hatte.

Dieser Ausschnitt zeigt die linke Raumhälfte des hinter dem Geschäft gelegenen Wohnraums. Auf dem Buffet befinden sich ein emaillierter Brotkasten und ein Stapel Verkaufstüten. Dahinter ein Kachelofen, der bis unter die Decke reicht; er konnte von vorne beheizt werden. Am Türstock hängen eine doppelläufige Hahnflinte, ein Überzieher und ein breitkrempiger Hut. An der mit Stoff bespannten Wand sind Fotos mit Reisnägeln angeheftet. Darunter steht eine aus der Zeit um 1810 stammende Bank. Von der Decke hängt eine elektrische Lampe, die mit einem Seilzug in der Höhe verstellbar ist. Der Lichtschalter befindet sich nicht wie sonst üblich an der Wand, sondern hängt unterhalb des Lampenschirms.

Der Blick richtet sich nun in die rechte Zimmerhälfte. Am Tisch versammelt sind von links die drei Geschwister Cornelius, Paula und Josef. An der Wand die Darstellung einer Dachauer Bäuerin, darüber ein Mädchenportrait und daneben, auf einer Konsole eine, aus der Zeit um 1780 stammende Tischuhr des Uhrmachers Johann Martin Arzt aus München. In der Ecke eine ausgestopfte Schleiereule.

Blick in einen Wohnraum im Zweiten Stock

Rechts eine Waschkommode mit Marmorplatte. Darauf steht eine Waschgarnitur, bestehend aus Wasserkrug und Waschschale. In vielen Häusern gab es damals kein fließendes Wasser. Das Wasser musste von den im Marktbereich verteilten Brunnen und Zapfstellen geholt werden. Die Toiletten waren häufig außerhalb der Häuser oder in einem separaten Anbau untergebracht. Erst 1910 waren alle Haushalte an die öffentliche Wasserversorgung angeschlossen. An den Wänden mehrere Bilder und Fotografien. Unter dem Fenster, eine aus der Zeit um 1650 stammende eiserne Geldkasse.

Das Foto wurde wie die folgenden Innenaufnahmen im August 1910 gemacht.

Blick in das Eckzimmer im zweiten Stock

Das Fenster geht auf die Klosterstrasse. In der Ecke ein kleines Bücherregal. An der Wand ein halbrunder Spiegel. Daneben ein Holzstich nach Karl Stuhlmüllers Ölgemälde „Markttag in Dachau". Darüber eine großformatige Dachauer Stadtsilhouette als Lithografie von Erich Otto Engel,[60] die später als Postkarte erschien. Sie wurde 1908 für die Umschlaggestaltung der Festschrift zum Dachauer Marktjubiläum verwendet.

Postkarte von Erich Otto Engel

Engels Dachau-Silhouette[61] könnte dem 1908 nach Dachau zugezogenen Holzschneider Carl Thiemann als Inspiration oder Vorbild für seine zahlreichen Dachauer Ansichten gedient haben.

[60] *Th.-B 9/10 (1992) S. 529; Erich Otto Engel, Maler, geboren 29.9.1866 in Alt-Mahlisch bei Frankfurt a. O. , gestorben 2.10.1944 in Dachau; studierte an der Münchner Akademie unter Zügel.*

[61] *Diese Postkarte wurde 1919 von C. Wittmann an seine Frau nach Schlüsselfeld verschickt. Ihr Inhalt bezieht sich auf die Vorgänge in München während der Revolution 1919. „9.1.19 Bin gut angekommen, aber stehend bis München und zu spät zum Dachauer Zug. Nachtbummel in München, überall Soldaten und Maschinengewehre, infolge der 2 Taten vom Dienstagnachmittag. Architekt Ehinger, sehr guter Jagdbekannter von Dachau, war noch vor zwei Jahren mit ihm beisammen. Schicksal! Beschränke meinen Aufenthalt vorläufig nur auf Dachau…"*

Ein Raum im selben Stockwerk, erkennbar an der Schablonenmalerei an der Decke. Paula Wittmann sitzt erhöht auf einem Podest an einem Nähtischchen. Möglicherweise hatte sie aus dieser Position einen besseren Blick auf die Vorgänge auf der Strasse.
Rechts über ihr ein Farbholzschnitt von Carl Olof Petersen, „Katzen". Daneben ein Ölbild, das ein Pferdegespann darstellt. Dominierend im Raum steht ein biedermeierliches Tafelklavier mit aufgeschlagenem Notenheft. Die Aufnahme wurde vom Fotografen Hiebel in Szene gesetzt. Bewusst hat er die Person so platziert, dass sich ihr Portrait in dem im Herrgottswinkel angebrachten Spiegel zeigt.

Farbholzschnitt von Carl Olof Petersen 1904 (Maße)

Der Holzschnitt ist von zwei Platten gedruckt. Er trägt rechts die Signatur Petersens und das Datum 1904. Links der Zusatz „An Cornel Wittmann".

Auch auf dieser Innenaufnahme des Eckzimmers Augsburgerstrasse/Klosterstrasse ist dem Fotografen Hiebel ein gekonntes Arrangement gelungen. Das Bild wird durch den am Boden liegenden Teppich und die Zimmerecke in zwei fast symmetrische Hälften geteilt. Ein weiteres kompositorisches Element ist das Spiel aus Licht und Schatten, das durch die transparenten Vorhänge an den Fenstern und die dunkel gestrichenen Eichenbohlen betont hervorgehoben wird.[62]
Paula Wittmann sitzt an einem Teetisch. Dahinter hängt ein Biedermeierspiegel, flankiert von zwei gerahmten Postkarten der „Schwabinger Bauernkirta 1907".

Paula war eine uneheliche Tochter Maria Wittmanns, geboren am 3. März 1892. Sie heiratete am 20. November 1915 Paul Weber, geboren am 1. Juli 1882 im München. Mit ihm lebte sie in den 20er Jahren in Sumatra, wo er eine Teeplantage besaß. Paul Weber war der Sohn des in Dachau lebenden Königlichen Rates Otto Weber, Inspektor der Akademie der Bildenden Künste (geb. 10.05.1835, gest. 25.11.1903).
Paula Weber hat ihre Eindrücke und Erlebnisse im Fernen Osten in vielen Briefen an ihre Mutter und ihre Geschwister in Dachau mitgeteilt. Sie schwankt zwischen der Begeisterung für das fremde abenteuerliche Leben und ist doch ständig von Heimweh geplagt. Nach einem Schlangenbiss mit schweren Folgen verlässt sie Sumatra mit ihren Kindern in Richtung Dachau. Nach der Rückkehr ihres Mannes zog die Familie Anfang der 30er Jahre nach Tegernsee.
In den Jahren 1926/27 und 1929/30 besuchte Hans von Hayek seinen Schwager[63] Paul Weber und dessen Frau auf der Insel Sumatra um in tropischer Umgebung zu malen.
Die Reise ging 1926 durch das Rote Meer in den Indischen Ozean nach Colombo auf Ceylon und dann nach Belawan an der Nordspitze von Sumatra.
Er schreibt: „Was dann ein Jahr lang folgte, war eine Kette von unerhörten Eindrücken. Ein Wechsel von Urwaldwanderungen, Plantagenleben, Eindringen in die Bergwelt und auf die Hochflächen im Inneren, Arbeit in Mangrovesümpfen miterleben, von Festen und der Arbeit der Eingeborenen, Besuch ihrer Märkte, das Alles war ein ständig traumhafter Zustand und der Versuch, mit Stift und Pinsel festzuhalten , was sich dem Auge bot".[64]
Die zweite Reise 1929 führte ihn an die Westküste von Sumatra und weiter nach Java.

[62] *Der Maler Paul Kauzmann hat im Jahr 1915 das Zimmer aus dem gleichen Blickwinkel ebenso lichtdurchflutet und in kräftigen Farben gemalt. Das Bild wurde in der Münchner Jahresausstellung 1916 im Glaspalast gezeigt. Im Werkverzeichnis Kauzmanns erscheinen zwei Bilder mit den Titeln „Wohnzimmer bei Frau Wittmann" und „Mädchenzimmer bei Frau Wittmann". Nach Aufzeichnungen des Malers wurden beide Bilder nach Heidelberg verkauft. Die derzeitigen Besitzer konnten nicht ermittelt werden. Von dem „Wohnzimmer" existiert lediglich eine Abbildung aus einer Illustrierten von 1916*

[63] *Vgl. Hanke in: Thiemann-Stoedtner (1989) S. 312. Hayek heiratete am 20.12.1900 in Dachau, die am 18.12.1879 geborene Agnes Weber, mit der er fünf Kinder hatte*

[64] *Zit. nach Thieman-Stoedtner (1989) S. 33*

Ein Scheibenschießen mit Ludwig Thoma

Im Sommer des Jahres 1897 planten die Gebrüder Schlaegel und Cornelius Wittmann, im Hinterhof des Wittmannschen Anwesens ein Schützenfest mit einem Glückshafen zu organisieren. Offenbar musste hierzu der Hof aufgeräumt, umgestaltet und dekoriert werden, um den Erfolg des Festes zu garantieren. Wilhelm Schlaegel hat aufgezeichnet, wie er und seine Freunde die letzten Tage vor dem Fest in einer lockeren munteren Folge von Radtouren, Badefreuden, Wirtshausbesuchen und harter Arbeit verbracht haben. Abends trafen sich die Burschen auf ihrer „Stammbank" vor der Melberei Wittmann. Vor fast allen Häusern gab es damals solche feierabendlichen Rastplätze, auf denen die Bürger saßen und Neuigkeiten austauschten.

Die Gebrüder Schlaegel und in ihrer Mitte Cornelius Wittmann

Teilnehmer am Schützenfest war außer etlichen Dachauer Honoratioren auch Ludwig Thoma, der im selben Jahr als etablierter Rechtsanwalt Dachau verließ. Zwei Jahre vorher plagten Thoma noch Zukunftssorgen, wenn er die Fragen der „besoldeten und pensionsberechtigten Männer" am Stammtisch beantworten mußte.
„Das alles entmutigte mich nicht, aber wenn ich heim kam und durch meine drei kärglich möblierten Zimmer ging, in denen die Schritte so stark widerhallten, dann packte mich doch ein Gefühl der Unsicherheit und der Vereinsamung.
Ich half mir auf meine Weise. Mit dem alten Zimmerstutzen meines Vaters schoß ich nach der Scheibe und vertrieb mir die langweiligsten Stunden."[65]

Unter der hölzernen Veranda ist Maria Wittmann mit Flickarbeiten beschäftigt. Ein umgestülpter Waschzuber liegt unter dem Tisch. Am Balken steht ein Napf für Hundefutter. Die Tür führt in die Wohnung hinter dem Kolonialwarenladen.
Die Stromleitung ist bereits durch das Haus geführt. Mit einer einfachen Glühlampe kann der Hofraum und die rechts gelegene Durchfahrt auf die Augsburgerstrasse beleuchtet werden.
Ein unbekannter Herr macht mit einem Zimmerstutzen Zielübungen in die Richtung, in der beim Schützenfest geschossen wurde.

Aufnahme von der Rückseite des Melbereianwesens

[65] *Lemp (1979) S. 60*

Der Hofraum hinter der Melberei

Rechts die Rückseite der Hartwigschen Schmiede. Die Tür im ersten Stock führte in den außerhalb der Wohnung gelegenen Abort, der wie in vielen Häusern noch von Hand oder mittels einer Pumpe geleert wurde. Im Hintergrund eine Treppe, über die man in die heutige Hexengasse gelangte. Links das Dach einer mit Blech gedeckten Remise, dem sogenannten Waschhaus.

Vor der Ziegelwand war der Scheibenstand für das Schützenfest aufgebaut.
Über die Vorbereitungen und den Verlauf des Schützenfestes gibt Wilhelm Schlaegels Tagbuch Auskunft:[66]

„Dienstag 3. Aug.
Wir zwei mit Neger nach Pasing geradelt. Nachmittags Baden. Abends alle auf der Stammbank. Auch Weinberger da."

„Mittw. 4. Aug.
Mit Neger, Maxl, Corn. Geradelt. Nachm: Wir zwei, Pepi, Neger nach Röhrmoos geradelt. Dort treffen wir Fr. v. Neger u. Tochter u. Cornel, die mit Zug hergefahren sind. Wir radeln langsam weiter durch den Wald nach Sigmertshausen, die anderen kommen nach. Wirt. Gebratene Hendln. Abends über Pellheim heim."

„Donnerst. 5. Aug.
Sehr schönes Wetter. Neger war in München bei Witts.[67] Für das Schützenfest eingeschossen. Nachm. Auf unsere Einladung Peter gekommen, als 6. im Bunde.[68] Im Wittshof aufgeräumt (alten Iltisstall beseitigt usw.) Dann alle zum Baden, später mit Peter in den Hofgarten. Rettiche bekommen."

„Freitag 6. Aug.
Bei uns Domino gespielt. Zum Baden dann zum Rollbühler, Kahnfahrt. Abends Gewitter."

Badefreuden am Mühlbach

Etwas unterhalb des Wehres, wo der Mühlbach von der Amper abzweigt, hat sich eine Gruppe junger Männer zum Baden getroffen. Über den Mühlbach führten etliche Stege und Balken, an denen Schlaufen angebracht waren. Sie dienten den Schwimmern als Halt in der Strömung. Rechts steigt der Hang zum Schloß hinauf. Die linke Uferseite war mit vielen Badehäuschen bebaut in denen man sich umziehen konnte und von denen die Badenden ins Wasser gelangten.

[66] *Kopie des Originals in der Sammlung Wittmann, freundlicherweise zur Verfügung gestellt von Gottfried Junker, Würzburg*
[67] *Die beiden Brüder wohnten während ihrer Schulausbildung in München*
[68] *Peter Keckhut, Sohn des Dachauer Schloßgärtners, damals Schulseminarist in Freising*

„Samst. 7. Aug.
Schön Wetter. Vorm. Im Wittshof gearbeitet, aufgeräumt. 10 Uhr Peter gekommen. Nachm. bis 2 Uhr Hof aufgeräumt. Dann Baden, dann wieder gearbeitet. Scheibenstand gemacht aus dem Iltisstall. Zwei Scheiben zum Auf- und Abziehen. Eingang für den Zieler[69]*. Beim Schützenfest Holzteile mit Laub verkleiden und links, rechts und hinten Fichten."*

Zum Schützenfest wurden unter anderem eingeladen:
„Eduard Ziegler, P. Keckhut, L. v. Neger, J. Schub, G. Engert, Fr. Josephine Ziegler, G. Kittelberger, Dr. A. Neger, Frau Dr. A. Trinkgeld, Flach, Eduard Wittmann, J. Hartwig, H. Trinkgeld, F. Fischer sen., A. Hörhammer, Fr. Böswirth, Fr. Fischer jun. Witwe, Dr. A. Steger, Friedrich Fischer sen., Dr. Ludwig Thoma"

Im Tagebuch folgt nun der Entwurf der Einladungskarte.
„Einladung ! Wir beehren uns, Sie mit werter Familie zu unserem Schützenfeste verbunden mit Glückshafen ergebenst einzuladen. Beginn des Schiessens und Eröffnung des Glückshafens Donnerstag den 12. August Vormittags 9 Uhr. (Marktplatz N. 7) Der Ausschuß, W. Schlaegel, C. Wittmann"

„Mittwoch 11. Aug.
Letzte Vorbereitungen zum morgigen Schützenfest getroffen. Bäume in einer Reihe vom Schützenstand links und rechts bis zu den Scheiben aufgestellt. Girlanden gespannt. Platz für Glückshafen gerichtet. Bier bestellt. Auch mit Eichenlaub dekoriert. Bänke und Tische aufgestellt. Als Kassier und Schreiber wird für morgen Weinberger aufgestellt. Auch der Schießstand ist in Tücher gehüllt und mit Girlanden dekoriert. Es verspricht alles (auch Wetter) schön und gut zu werden. Abends mit Witts in Etzenhausen."

„Donnerstag 12. August
Schützenfest. Zieml. Früh aufgestanden. Zu Witts. Glückshafen aufgerichtet. Scheiben aufgehängt. Gewehre (Zimmerstutzen)) geholt. (Peter-Neger, Peters Stutzen; Corn u. Pepi, Witts Stutzen, Maxl u. ich, unser Stutzen). Als Zieler war M. Kern bestimmt.
9 Uhr Beginn des Schießens. Zuerst auf kleine Scheiben. Eröffnung des (ziemlich reichen) Glückshafens. Geschäfte gehen sehr gut. Loose selbst gemacht…"

„Dann unter Anwesenheit von ca. 30-40 Personen Preisverleihung unter allgemeiner lebhafter Teilnahme. Während des Nachm. und Abends wurden 3 Fässer Bier verzapft. Wetter herrlich, Stimmung fröhlich, alles über Erwarten schön. Nach der Preisverteilung wurden die Gewinne des Glückshafens herausgegeben. Am Abend zogen wir uns ins Zimmer zurück, wo wir das letzte Fäßchen Bier und einige Flaschen Wein tranken. Aber weder für Wein noch für Bier, das uns Herr Ziegler lieferte, wurde von unserer Seite ein Pfennig gezahlt. Dagegen hatten wir durch Glückshafen und Ringscheibe einen ziemlichen Gewinn gemacht - im Ganzen ca. 50 M.- den wir nun nach Bezahlung des Zielers redlich untereinander teilten. Und so hat unser Schützenfest den schönsten Verlauf genommen, als wir uns um 11 Uhr (23 Uhr) trennten. (Allerdings hat Peter, wie er am anderen Tage gemerkt hat, mit Hose und Jacke im Bett geschlafen - und ich habe nachts, wie ich am anderen Tage erfuhr, meinen Stiefel, den ich abends unter mein Bett gestellt, versehentlich als Nachtgeschirr benutzt) Das macht aber nix. Katzenjammer nirgends groß, wenigstens nicht so wie bei mir im vorigen Jahr.

Verzeichnis der Preise: Ehrenscheibe

I. Preis:	*Wilhelm Schlaegel (junior): Holzbrandteller. Gegeben v. Frau Ziegler*
II. Preis:	*Adolph v. Neger: Glaskrug. Geg .v. Adolph v. Neger*
III. Preis:	*Joseph Wittmann: Steinkrug. Geg. von J. Schub*
IV. Preis:	*Peter Keckhut: Tintenzeug (geschnitzter Gemskopf) Geg. V. W. Traber*
V. Preis:	*Corn. Wittmann: Taschenscheere. Geg. Von C. Wittmann*
VI. Preis:	*Max Schlaegel: Gefüllte Schachtel mit Brandmalerei. Geg. V. Frau Birgmann"*

Preise auf dem „Glück"

I. Preis	*und gleichzeitig Schützenkönig für das Jahr 1897/98*
	Wilhelm Schlaegel mit 48 Kreisen. Halbekrug gemalt. Geg. v. Max Klopfer
II. Preis	*Cornelius Wittmann mit 33 Kreisen. Perlmuttermesser Geg. v. J. Schub*
III. Preis	*Adolph von Neger mit 27 Kreisen. Zigarettenetui Geg. Von Herrn Engert*
IV. Preis	*Josef Wittmann mit 24 Kreisen. Zinnbecher Geg. Von M. Schlaegel*
V. Preis	*Peter Keckhut mit 22 Kreisen Juchtenportemonnaie Geg. Von M. Schlaegel*
VI. Preis	*Max Schlaegel mit 10 Kreisen. Delikateßschinken Geg. Von J. Wittmann*

Bei Schiessen auf die Ringscheibe wurden folgende Preise gewonnen:
Ein Tabaksbehälter in Form eine Hundskopfes, ein Briefbeschwerer in Form eines Ambosses, ein Geldbeutel, eine Schachtel Zigaretten, eine Krawattennadel, ein Tintenzeug, eine Frankfurter Leberwurst, ein Serviettenring und ein Zigarrenetui.
Dr. Ludwig Thoma erhielt als IV. Preis eine Flasche Wein und als X. Preis ein Zigarettenetui.

[69] *Der sog. „Zieler" saß unterhalb oder neben den Scheiben und zeigte den Schützen die Trefferlage an*

Der Chemiker Cornelius Wittmann

Cornelius Wittmann als Fuchsmajor seiner Schülerverbindung

Schülerverbindungnen gab es an fast allen weiterführenden Schulen Münchens. Vorbild waren die zum Teil seit Beginn des 19. Jahrhunderts bestehenden Studentenverbindungen, wie etwa Corps und Burschenschaften. Die Schüler trugen ebenfalls bunte Bänder und Mützen, woran man die jeweiligen Verbindungen unterscheiden konnte. Der Fuchsmajor ein älterer „Bursch" hatte die Aufgabe, die neuen Mitglieder („Füchse") in die Gemeinschaft einzuführen und ihnen den „Comment", das heißt die Gepflogenheiten innerhalb der Verbindung, beizubringen. Der Fuchsmajor trägt an seiner bestickten Kappe einen Fuchsschwanz.

Lebenslauf

Diesen Lebenslauf verfasste Cornelius Wittmann als er sich 1916 bei der Dachauer Pulver- und Munitionsfabrik als Chemiker bewarb.

„Ich, Cornelius Wittmann, geboren am 24. September 1881 zu Dachau (Bayern) besuchte von 1887 bis 1892 die Volksschule in Dachau, von 1892 bis 1898 die städtische Handelsschule in München und von 1898 bis 1901 die Kgl. Industrieschule dortselbst. Nach Erwerb des Reifezeugnisses dieser Mittelschule im Sommer 1901 widmete ich mich dem Studium der Chemie, und zwar an der Kgl. Technischen Hochschule zu München, vom Beginne des Studienjahres 1901/02 bis zum Schlusse des Wintersemesters 1904, und während des Studienjahres 1904/05 an der Universität zu Genf während des Sommersemesters 1904. Nach erfolgreicher Ablegung der Vorprüfung im Sommersemester 1903 und der Diplomprüfung im Sommer 1905 an der Kgl. Technischen Hochschule zu München, oblag ich vom Beginne des Wintersemesters 1905/06 bis Ende des Wintersemesters 1908 der praktischen Ausführung meiner Doktor-Promotionsarbeit am chemisch-anorganischen Laboratorium der Kgl. Technischen Hochschule zu München. In der Zeit vom 1. Mai 1909 bis 1. Februar 1912 hatte ich die Stelle eines Assistenten ebenfalls am anorganischen chemischen Laboratorium der kgl. Technischen Hochschule zu München inne. Vom 15. März 1912 ab bin ich Assistent an der Kgl. Landwirtschaftlichen Zentral-Versuchs-Station für Bayern in München."

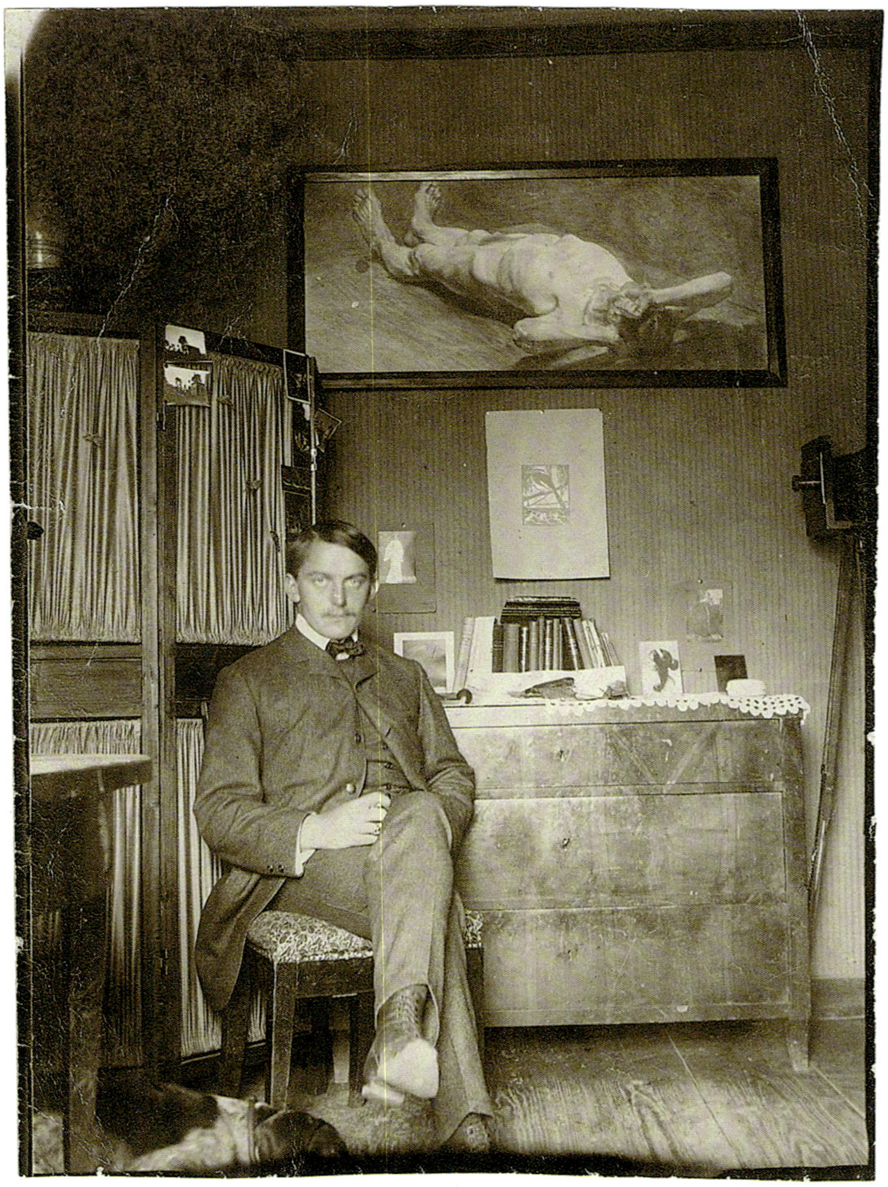

Der Student im Jahre 1905

Ab dem Wintersemester 1901/02 war Cornelius Wittmann als Chemiestudent an der Königlichen Technischen Hochschule in München eingeschrieben. Die Aufnahme zeigt ihn in seinem Dachauer Studierzimmer.
Im Hintergrund ein querformatiger Akt des Dachauer Malers Hans-Müller Dachau. Darunter ein Holzschnitt von Carl Olof Petersen. Auf der Biedermeierkommode mehrere Studienbücher, unter anderem Franz von Kobells „Mineralogie", flankiert von zwei Portraits einer geheimnisvollen „Petra". Am Fuß des Stuhles der Jagdhund. Rechts in cer Ecke eine Balgenkamera auf Stativ. Am Paravent mehrere, mit Reisnägeln befestigte Abzüge von Fotografien. Wie sein Freunc Petersen war Cornelius Wittmann Hobbyfotograf. Er experimentierte mit verschiedenen Entwicklungsmethoden und machte Personen - und Landschaftsaufnahmen für den Privatgebrauch. Manche Postkarten sind auch im Verlag seines Bruders erschienen.

Holzschnitt von Carl Olof Petersen

Ansichtskarte von Carl Kunst, Schloss Nymphenburg

Der Nymphenburger Schloßpark war ein beliebter Treffpunkt für Liebespaare.

Erotische Postkarte aus Frankreich

Die Karte entstand nach einem Gemälde des Malers R. M. Guillaume.

Portraitfotos einer Freundin

Die Fotos sind auf der vorhergenden Abbildung auf der Kommode bzw. an der Wand zu sehen.
„Petra Ihrem geliebten Cornel, Sommer 1904" und „Weihnachten 1904" Offenbar handelt es sich bei der dargestellten Dame um eine Schauspielerin oder Tänzerin. Möglicherweise lernten sich die beiden auf einem der vielen Schwabinger Feste kennen, auf denen sich ein buntes Volk von Künstlern, Malern, Schauspielern, Studenten und verkrachten Existenzen versammelte. Schwabing trug wegen dieses Milieus auch den Namen „Wahnmoching". Ob die Dame Karriere gemacht hat, ist unbekannt, da sich die Wege des Paares bald trennten.

Annäherungsversuch einer Verehrerin im Wintersemester 1909

Der Brief der Unbekannten ist geprägt von überschwänglichen Floskeln. Ob sie sich „schriftstellernd" in München emanzipieren konnte, ist unbekannt, da weitere Briefe fehlen. Der Briefumschlag ist mit der lapidaren Notiz „Wintersemester 1909" versehen.

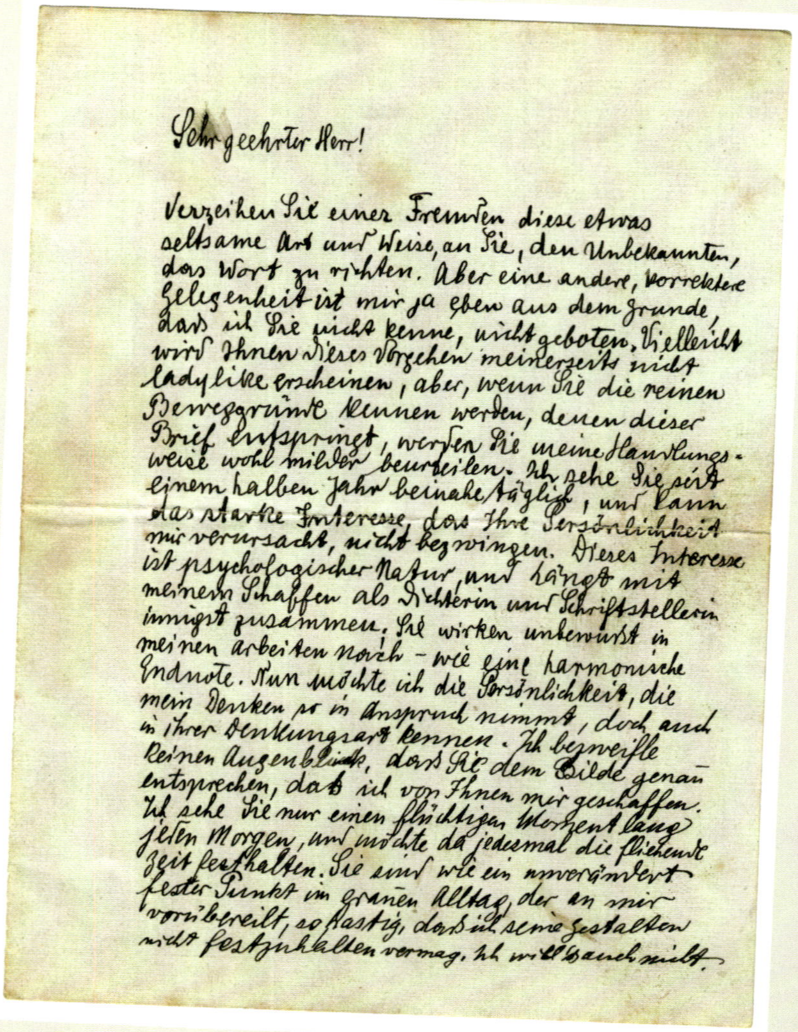

Sehr geehrter Herr!

Verzeihen Sie einer Fremden diese etwas seltsame Art und Weise, an Sie, den Unbekannten, das Wort zu richten. Aber eine andere, korrektere Gelegenheit ist mir ja eben aus dem Grunde, daß ich Sie nicht kenne, nicht geboten. Vielleicht wird Ihnen dieses Vorgehen meinerseits nicht ladylike erscheinen, aber, wenn Sie die reinen Beweggründe kennen werden, denen dieser Brief entspringt, werden Sie meine Handlungsweise wohl milder beurteilen. Ich sehe Sie seit einem halben Jahr beinahe täglich, und kann das starke Interesse, das Ihre Persönlichkeit mir verursacht, nicht bezwingen. Dieses Interesse ist psychologischer Natur, und hängt mit meinem Schaffen als Dichterin und Schriftstellerin innigst zusammen. Sie wirken unbewusst in meinen Arbeiten nach – wie eine harmonische Endnote. Nun möchte ich die Persönlichkeit, die mein Denken so in Anspruch nimmt, doch auch in ihrer Denkungsart kennen. Ich bezweifle keinen Augenblick, daß Sie dem Bilde genau entsprechen, daß ich von Ihnen mir geschaffen. Ich sehe Sie nur einen flüchtigen Moment lang jeden Morgen, und möchte da jedesmal die fliehende Zeit festhalten. Sie sind wie ein unverändert fester Punkt im grauen Alltag, der an mir vorübereilt, so hastig, daß ich seine Gestalten nicht festzuhalten vermag. Ich will's auch nicht.

„Sehr geehrter Herr,

verzeihen Sie einer Fremden, die etwas seltsame Art und Weise, an Sie, den Unbekannten, das Wort zu richten. Aber eine andere, korrektere Gelegenheit ist mir ja eben aus dem Grunde, dass ich Sie nicht kenne, nicht geboten. Vielleicht wird Ihnen dieses Vorgehen meinerseits nicht ladylike erscheinen, aber wenn Sie die reinen Beweggründe kennen werden, denen dieser Brief entspringt, werden Sie meine Handlungsweise wohl milder beurteilen. Ich sehe Sie seit einem halben Jahr beinahe täglich, nur kann ich das starke Interesse, das ihre Persönlichkeit mir verursacht, nicht bezwingen. Dieses Interesse ist psychologischer Natur, und hängt mit meinem Schaffen als Dichterin und Schriftstellerin insgesamt zusammen. Sie wirken unbewusst in meinen Arbeiten nach – wie eine harmonische Endnote. Nun möchte ich die Persönlichkeit, die mein Denken so in Anspruch nimmt, doch auch in ihrer Denkungsart kennen. Ich bezweifle keinen Augenblick, dass Sie dem Bilde genau entsprechen, das ich von Ihnen mir geschaffen. Ich sehe Sie nur einen flüchtigen Moment lang jeden Morgen, und möchte da jedes Mal die fliehende Zeit festhalten. Sie sind wie ein unverändert fester Punkt im grauen Alltag, der an mir vorübereilt, so hastig, dass ich seine Gestalten nicht festzuhalten vermag. Ich will's auch nicht. Lächeln Sie nicht das feine ironische Lächeln, das ich oft an Ihnen gesehen, wenn Sie meinen Brief lesen – ich würde es förmlich fühlen – nur – es würde mir sehr wehe tun. Ich habe keine wirkliche Freundin und keinen Freund, nur Sie möchte ich zu meinem Freunde haben. Ein Bruder, ein guter Kamerad. Wenn meine Gedanken weiter gehen würden, hätte ich diesen Brief nicht geschrieben. – wenigstens nicht bewusst. Mein Leben ist ein großer einsamer Tag, in dem kein Frühling fällt. Ich liebe meinen Beruf leidenschaftlich, aber ich würde ihn mehr lieben, wenn meine Arbeiten einzelnen Freude bereiten könnten. Das Lob der grossen Allgemeinheit stimmt mich immer wieder müd. Ich möchte ein Stückchen meiner Dichtersehnsucht für Sie Niederschreiben, können Sie mir das gewähren? Warum, eigentlich, schreibe ich Ihnen da meine innersten Gedanken!?! Aber, vielleicht ist dies erste Mal auch das letzte Mal, dass ich zu Ihnen sprechen kann. Es hängt von Ihnen ab. Wenn Sie ein wenig Freundschaft für mich erübrigen könnten, freiwillig und gern, solls meine schönste Weihnachtsfreude sein. Wenn nicht, werde ich stolz zu sein mich bemühen. In diesem Brief liegen weiße Blüten – meine Lieblingsblumen – die jeden Tag vor mir stehen. Warum ich Sie hineingelegt habe? – Vielleicht sahen Sie die Blüten morgends in meiner Hand – dann mögen Sie als Erkennungszeichen dienen. Vielleicht sahen Sies nicht. Denn ich gehöre zu denjenigen Frauen, die auf Schönheit keinen großen Anspruch erheben dürfen, und sich auf Ihren „Esprit" verlassen müssen. Aber das ist nebensächlich. Wenn ich einen Brief von Ihnen erhoffen darf, so bitte ich an folgende Adresse:" Favourite Flower" Postlagernd Theresienpost.

Verzeihen Sie, wenn ich bis dahin meinen Namen verschweige, noch weiß ich nicht, ob dieser Brief gut in Ihre Hand gelang. Nun bleibt mir nichts mehr zu sagen übrig als, alles Gute auf Ihrem Lebensweg. B. H."

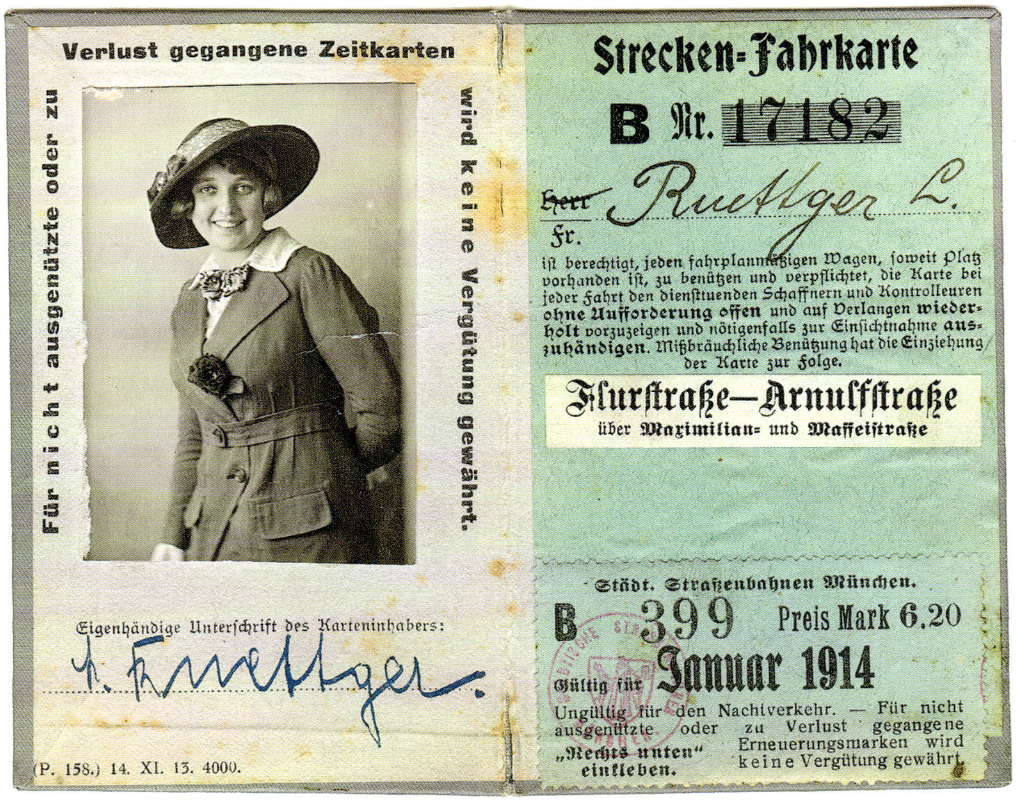
Verlust gegangene Zeitkarten
Für nicht ausgenützte oder zu
wird keine Vergütung gewährt.
Eigenhändige Unterschrift des Karteninhabers:
L. Ruettger.
(P. 158.) 14. XI. 13. 4000.

Strecken-Fahrkarte
B Nr. 17182
Herr Ruettger L.
Fr.
ist berechtigt, jeden fahrplanmäßigen Wagen, soweit Platz vorhanden ist, zu benützen und verpflichtet, die Karte bei jeder Fahrt den dienstuenden Schaffnern und Kontrolleuren ohne Aufforderung offen und auf Verlangen wiederholt vorzuzeigen und nötigenfalls zur Einsichtnahme auszuhändigen. Mißbräuchliche Benützung hat die Einziehung der Karte zur Folge.
Isarstraße—Arnulfstraße
über Maximilian- und Maffeistraße

Städt. Straßenbahnen München.
B 399 Preis Mark 6.20
Gültig für Januar 1914
Ungültig für den Nachtverkehr. — Für nicht ausgenützte oder zu Verlust gegangene Erneuerungsmarken wird keine Vergütung gewährt.
„Rechts unten" einkleben.

Lilly Rüttger

Portraitfoto auf einer Streckenfahrkarte der Städtischen Straßenbahnen München, Januar 1914.
Zu dieser Zeit begegnete Cornelius Wittmann seiner späteren Frau das erste Mal. Sie stammte aus Schlüsselfeld in Franken und war Tochter des Königlichen Steuerverwalters Ludwig Rüttger. Im Jahr 1916 heiratete das Paar.

Walter und Dieter Wittmann

Die beiden Söhne, geboren 1917 und 1919, auf einer Kiesbank in der Amper.

Der Kaufmann Josef Wittmann

Das Haus in der Münchnerstrasse

Josef Wittmann wurde am 24.3.1883 in Dachau geboren und starb dort am 15.01.1939.
Zusammen mit seinem Bruder war er als Jugendlicher zunächst Handelsschüler in München.
Er bildete sich ab 1900 in Dresden fort. Im Jahr 1907 heiratete er in Lindau Martha Clavell. Kurz danach bezog er mit seiner jungen Familie eine Wohnung im sogenannten „Stahl-Haus“, in dem auch die erste Filiale des Wittmannschen Geschäfts eröffnet worden war. In den Jahren 1910/11 errichtete der Architekt Bergmann für ihn in Dachau ein Wohn- und Geschäftshaus an der Münchnerstrasse, Ecke Schleißheimerstrasse.
In den oberen Räumen waren Ateliers eingerichtet. Hier betrieb Josef Wittmann einen Handel mit Mal- und Zeichenutensilien sowie eine Rahmenwerkstatt. Außerdem verkaufte er Bilder von Dachauer Malern, mit denen er privat und geschäftlich gute Kontakte pflegte. Ab 1917 verlegte er einige Bücher von Minni Vrieslander. Wegen rückläufiger Geschäfte und finanzieller Verluste aufgrund der Inflation wurde das Geschäft Anfang der 30er Jahre aufgegeben. Hinzu kamen familiäre Probleme, so daß das Haus verkauft werden mußte.

Warentüte aus dem Geschäft „Josef Wittmann jr.“

Aufgedruckt ist eine Werbung für „Gluthsche Grundierfarbe. Universal-Malgrund für Künstler“. Sie zeigt einen Maler beim Grundieren seiner aufgespannten Leinwand.
Carl Thiemann schreibt in seinen Erinnerungen:
„Der Farbenverbauch war groß, weil viele Maler sehr pastos malten. Der Malerfarbenhändler Josef Wittmann machte in seinem Haus... ein gutes Geschäft. Die Maler kauften dort die großen Ölfarbentuben gleich Dutzendweise ein...“

Josef Wittmann am Schreibtisch

Am Arbeitsplatz liegen eine aufgeklappte Schreibmappe, einige Bücher und eine Löschwiege.
Im Fach unter der rechten Schublade stehen zwei Ordner mit Geschäftsunterlagen aus dem Jahr „1906“. Links an der Wand hängt das gerahmte Firmenlogo:
Ein Dachauer Bauer.
Rechts daneben die mit Reisnägeln befestigte Aufnahme einer Federzeichnung von Carl Olof Petersen aus dem Jahr 1904.

Carl Olof Petersen „Kirchgang“ 1904

Die Federzeichnung zeigt Frauen und Männer in der alten Dachauer Tracht. Der Künstler hat sie gekonnt graphisch auf das Wesentliche reduziert. Die Männer sind als schwarze Silhouetten dargestellt. Die Frauen tragen ausladende Flügelhauben und großgemusterte Spenzer. Die Falten des Tragmiederrocks erscheinen als dicht nebeneinander gesetzte Linien. Davor, als große dunkle Fläche, die Schürze. Auf den „Kirchgang“ verweist ganz im Hintergrund die Türöffnung, sowie ganz im Vordergrund die Perlenkette des Rosenkranzes am Arm der Bäuerin. Mit diesen beiden Akzenten hat der Künstler den „Zug“ in eine Einheit und zu einer Aussage vereint. Der „Kirchgang“ ist auch als Postkarte im Wittmann Verlag erschienen.

Wohnzimmer

Blick in das Wohnzimmer des Kunst- und Farbenhändlers Josef Wittmann jr. .
Links ein großer Kachelofen, im Hintergrund eine von einem Adler gekrönte Bilderuhr. Darunter ein Spinett. An den Wänden Landschaftsbilder. Der Esstisch ist für den Nachmittagstee eingedeckt. Die Säule in der Bildmitte verbirgt einen Aufzug mit dem die Speisen aus der Küche nach oben gekurbelt wurden. (Quelle: Anselm Wittmann)

Blick in den Verkaufsraum für Gemälde

Josef Wittmann verkaufte Bilder verschiedener Künstler und Sujets.
Links oben ein Gemälde der Tiermalerin Wilma von Friedrich, darunter Ansichten von Günding und Mitterndorf. Das ovale Blumengemälde stammt von der Malerin Keller-Herrmann, daneben Schafe und Kühe die möglicherweise von Schülern des Malers Heinrich von Zügel stammen könnten.[70] Emanuel Fohn konnte seine ersten Bilder über Wittmanns Laden verkaufen oder gegen Malutensilien eintauschen.[71] Josef Wittmann verlegte die Mappe „Dachauer Land" mit Arbeiten von Richard Graef, sowie eine weitere Mappe „Pittoreske Reise" mit handkolorierten Lithographien von John Jack Vrieslander.[72] Vrieslander wohnte in späteren Jahren mit seiner Frau Minni im Haus Josef Wittmanns. Dort fand sich ein spiritistischer Zirkel zusammen, der in nächtlichen Sitzungen die Sterne befragte. Quelle: Anselm Wittmann

Künstlerpostkarte von Emanuel Fohn

Diesem Motiv liegt eine großformatige Bleistiftzeichnung Emanuel Fohns zugrunde. Nach ihr hat er auch eine Radierung angefertigt, die wiederum als Vorlage für die Postkarte diente, die im Wittmann Verlag erschienen ist.

Im Wittmann Verlag erschienen kurz nach der Jahrhundertwende Künstlerpostkarten von C. O. Petersen, die jeweils mehrere Karten umfassenden Serien „Partie aus dem Dachauer Moos"; „Partie an der Amper"; „An der Schleißheimerstrasse"; verschiedene Ansichten von Kirchen und Gebäuden aus dem Dachauer Hinterland (Webling, Wiedenzhausen, Pasenbach, Mitterndorf...); Ansichten von Dachau und einige Postkarten zur 1100 Jahrfeier Dachaus im Jahr 1908. Außerdem erschien eine Serie mit Innenansichten des 1905 eröffneten Dachauer Bezirksmuseums.

[70] *Mündliche Informationen von Dr. Lorenz Reitmeier, Oktober 2004*

[71] *Heeres (1985) S. 66*

[72] *Th-B 33/44, S. 580: Vrieslander, Jean Jack, Zeichner und Radierer, 1897/98 Schüler der Düsseldorfer Akademie. 1901/05 in München, 1905/08 in Paris ansässig. Reitm.: IV(1968),S. 269: In Dachau ab ca. 1901 bis 1905 und 1919 bis 1923. Thiemann: 1966, S. 27. Die Mappen sind im Original derzeit nicht bekannt*

„Gruß aus Dachau"

Auch diese Karte erschien im Wittmann Verlag. Sie zeigt eine Gruppe Dachauerinnen beim Verlassen der St. Jakobskirche. Die Frauen tragen die alte Dachauer Tracht, sowie die so genannte Neubäurische Tracht, eine Zwischenform aus bäuerlicher und städtischer Bekleidung. Außerdem erkennt man zwei städtisch gekleidete Frauen. An der Kirchenmauer lehnt ein Mädchen, das den Fotografen bei seiner Tätigkeit beobachtet. Vielleicht hat es ihm beim Aufbau seiner Apparatur zugeschaut. In diesem Fall hätte der Fotograf die Kirchgänger nach der Messe erwartet um sein Foto zu machen. Vielleicht ist die Aufnahme aber auch gestellt, dann hätte sich die Gruppe nach den Anweisungen des Fotografen so formiert.
Bei etlichen Fotografien die sich bewegende Personen im Dachauer Straßenbild zeigen, stellt sich diese Frage. Sie ist nur in wenigen Fällen eindeutig zu beantworten. Immer wieder erscheinen neugierige, den Fotografen beobachtende Kinder auf den Bildern.
Über diese jugendlichen Zuschauer berichtet Paul Grabein im Jahr 1906:

„Im Ort selbst blühen dem arbeitenden Künstler nicht immer Rosen. Hier bildet die liebe Jugend ein wenig erwünschtes Publikum. Kommt da bisweilen auf die Malerin so eine kleine Horde zugestürmt und schreit frech lachend ihrem gerade als Modell im Bach stehenden Gespielen zu: ‚Geh, laß doch die alte Schachtel stehen und komm mit!' Oder ein Bengel, der am Tag vorher den Stoßseufzer eines Malers beim Schluß der Arbeit gehört hat: ‚I bring halt heut nix Z'samm'n!' leistet sich schadenfroh am anderen Tag den Scherz, als der Maler gerade recht froh ans Werk gehen will, mit seiner Kohorte hämisch zu rufen: ‚Hehe, er bringt halt nix z'samm'n! Er bringt halt nix z'samm'n…!'" [73]

Holzschnitt von Walther Klemm

Walther Klemm[74] diente die oben gezeigte Postkarte als Vorlage für seinen Holzschnitt.
Der Künstler kam 1908 erstmals nach Dachau, wo er sich als „Malschüler aus Libotz-Stern bei Prag" anmeldete. Walther Klemm wurde, wie der seit 1908 in Dachau ansässige Carl Thiemann, in Karlsbad geboren. Die Künstler waren befreundet und verbrachten eine gemeinsame Zeit in Dachau. Sie gehören zu den besten Holzschnittkünstlern ihrer Zeit.

[73] *Grabein (1906) S. 156*
[74] *Th.-B. 20 (1927) S. 470*

Martha Wittmann

Martha Maria Clavell wurde 1886 in Karlsruhe geboren. Sie war die Tochter des „Königlichen Hoflieferanten Otto Clavell" in Lindau im Bodensee.

In die Familie Wittmann und somit nach Dachau kam sie durch ein winziges Detail, das sich am Ende des „IX. Bayerischen Sängerfestes" in Lindau im Juli 1904 ereignete. An diesem Fest nahm auch die „Dachauer Liedertafel" teil, deren Fahnenträger Josef Wittmann war. Nach dem Festzug, stellte er die schwere Fahne in dem am Lindauer Marktplatz gelegenen Haus Otto Clavell's ab. Dabei begegnete ihm die Tochter des Hauses, die später seine Frau wurde. Nach Einführung des Frauenwahlrechts im November 1918 wurde Martha Maria Wittmann 1921 als erste Frau in den Dachauer Gemeinderat gewählt.[75]

Der Dachauer Amperbote schreibt am 13.10.1921: „Aus dem Rathause. Sitzung des Gemeinderates... zu Beginn ... wird ein für die Marktgemeinde noch nicht da gewesenes Ereignis entsprechend gewürdigt. Es ist dies der Einzug der ersten Frau in den Gemeinderat. Bürgermeister Böck begrüßt Frau Martha Wittmann... Der Bürgermeister ersucht Frau Gemeinderätin nicht nur an den Sitzungen des Gemeinderates fleißig teilzunehmen sondern auch an der Aussprache stets regen Anteil zu nehmen..." Quelle: Anselm Wittmann

Einbände von Büchern Minni Vrieslanders

In Josef Wittmanns Verlag erschienen vier Bücher von Minni Vrieslander: „Napoleon Bonaparte. Drama in fünf Akten", „Brutus, ein Trauerspiel", „Gespräche mit Sokrates, philosophische Betrachtungen" und „Charlotte Corday".[76]

In Vorbereitung waren Vrieslanders Werke „Friedrich der Große, ein Schauspiel", „Vom Feinfühligen und vom Herzlosen. Philosophisch - ethische Betrachtungen" und „Der Schmetterlingsflügel. Ein Band Novellen".

Die Werke dürften keine große Bekanntheit erreicht haben. Minni Vrieslander ist eher in die schreibende Schwabinger Bohème einzuordnen. Der Dachauer Eugen Mondt schreibt in seinen Erinnerungen, dass die Bücher auf spiritistische Weise entstanden seien. Minni Vrieslander soll - sogar während des Kochens - ihrem Mann diktiert haben, was ihr die Geister eingaben. Allerdings vermutet Mondt, dass der eigentliche Verfasser der Bücher J. J. Vrieslander war: „Später las Vrieslander uns eine Menge Sachen vor, die alle seiner Frau durch die Bewohner anderer Sterne mitgeteilt wurden und wieder konnte ich das Gefühl nicht loswerden, als ob er das selber gemacht hätte. Seit ich bei einem Tischrücken selber gemogelt hatte, konnte ich den anderen nicht mehr glauben. Als Vrieslander erzählte, daß er in Weimar einer Seance beigewohnt habe, bei der sich ein schwerer Eisentisch mannshoch emporgehoben habe, so daß die sechs männlichen Besitzer daran förmlich herunterhingen, werde ich ihn wohl nur ungläubig angeblickt haben." [77]

[75] Freundliche Mitteilung von Stadtarchivar A. Bräunling. Unterlagen hierzu im Stadtarchiv Dachau, Fach 97/25

[76] Von diesen Bändchen befinden sich mehrere in verschiedener Aufmachung in der Sammlung Wittmann

[77] Mondt (1979) und Aufzeichnungen Verena Begemaier

Erika und Richard Wittmann in der Münchnerstrasse

Die Aufnahme wurde kurz vor dem ersten Weltkrieg gemacht. Die beiden Kinder sind Erika und Richard Wittmann. Erika wurde später die Frau des 1898 geborenen Kunstmalers Ludwig Platzöder.[78] Richard Wittmann wurde am 15. August 1907 im Haus seiner Großmutter, der Melberin Maria Wittmann geboren und am selben Tag auch dort getauft. Obwohl seine Eltern im Unteren Markt wohnten war er häufig und auch für längere Zeit im Haus seiner Großmutter „am Berg" zu Gast. Im oberen Markt ging er auch zur Schule. „Wenn ich nachmittags von der Schule kam, kochte die Großmutter in einer schwedischen Kupferkanne echten Kaffee. Auf der Altane hatte ich meinen Arbeitsplatz. Da kamen die ‚Schweden Damen' vorbei und schäkerten mit mir. Es waren Frauen bzw. Freundinnen von Malern, die oben im Atelier wohnten und arbeiteten, so zum Beispiel Olaf Lange aus Norwegen und Carl Olof Petersen aus Schweden. Abends holte ich in einer Gaststätte Leberkäs und Bier und zuzelte auf dem Weg den Bierschaum ab..."[79]

Richard bekam durch die Vermittlung des Dachauer Verlegers Blumtritt eine Lehrstelle als Buchhändler bei Christian Kaiser am Marienplatz in München. Ende der 20er Jahre besuchte er seine Verwandtschaft, die Familie Weber, auf Sumatra. Die Reise ging mit leichtem Gepäck von Genua auf dem Schiff „Königin der Niederlande" durch den Suezkanal in den Indischen Ozean, wo das Schiff in einen achttägigen Monsunsturm geriet.

In Sumatra war er Hauslehrer für die drei Kinder seiner Tante Paula und Gehilfe in einem Handelshaus.[80] Nach seiner Rückkehr hatte er intensiven Kontakt zur Familie des Malers Hans Müller-Dachau. Mit dessen Sohn verband ihn eine lebenslange Freundschaft. 1936 heiratete er Helene Loosmann, die er auf einem Atelierfest in Wirschings „Pollnhof" kennengelernt hatte. Helene war damals Hauswirtschaftsschülerin bei Aranka Wirsching.

Die Kinder der Familie Josef Wittmann

Martha und Josef Wittmann hatten zwei Söhne und eine Tochter. Richard (1907 – 1989), Erika (1908 – 1977) und Rudolf (1910 – 2001). Die Fotografie der Kinder entstand im „Atelier Hiebel, Dachau".

Quelle: Anselm Wittmann

Erika Platzöder als Model

Erika Platzöder in ländlicher Tracht. Sie ist umgeben von den für Platzöders Stilleben typischen Arrangements aus in Falten gelegten Tüchern, Zinn- und Glasgefäßen, Trachtenteilen und einem im Hintergrund platzierten Gemälde. Platzöder malte nach diesem in den 30 er Jahren entstandenen Foto ein großformatiges Ölgemälde.

---

[78] *Vollmer III (1956) S. 600 - Platzöder beschickte mehrere große Kunstausstellungen in München. Seine Stillleben zeichnen sich durch große Detailtreue aus, während die Komposition selbst klar und überschaubar bleibt. Vgl. auch Bruckmann: Bd. 6 S. 187. In der Sammlung Wittmann haben sich viele persönliche Dokumente zu Platzöders Biographie erhalten*

[79] *zit. nach Aufzeichnungen Verena Wittmann*

[80] *vgl. die entsprechenden Passagen im Reisetagebuch bei Verena Begemaier*

Schwedische Maler in Dachau

Gruß aus Dachau

Die Lithographierte Karte zeigt unter der Marktsilhouette einen Putto, der das Wappen der Maler hält. Damit ist Dachau schon relativ früh als Künstlerort ausgewiesen.
Die Ansichtskarte wurde von Emil Gogarten, Sohn des Dachauer Malers Heinrich Gogarten, im März 1900 verschickt.

Dachau. Bayerns Malerwinkel

Wenige Jahre später, 1907, erschien diese Künstlerkarte des Malers Arnold Haug im Wittmann Verlag. Dachau wird jetzt als „Bayerns Malerwinkel" apostrophiert.

Als Nachwies für den Aufenthalt hunderter von Künstlern in Dachau stehen diese beiden Postkarten. Die Besuche währten oft nur wenige Wochen, manchmal kamen die Künstler auch mehrmals nach Dachau. Für etliche Künstler wurde der damalige Markt zur ständigen Heimat.

Der Maler Hans Paul Klimsch[81] war 1893, 1895, 1896 in Dachau. 1893 wohnte er beim Schneidermeister Rauffer, 1895 bei der Melberswitwe Wittmann. Diese Postkarte geht an seine Adresse bei der „Eisenhandlung Schreitmüller".

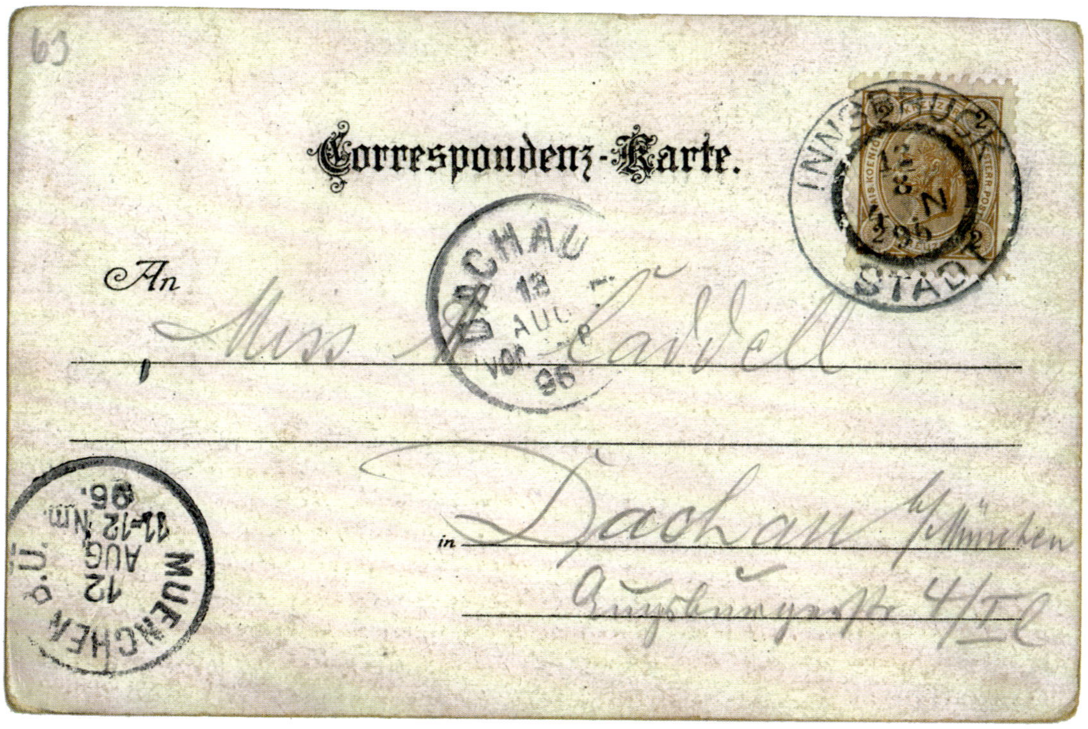

Im Jahr 1896 meldete sich „Miss Marion H. Caddell, Kunstmalerin" in Dachau an und bezog ein Zimmer in der jetzigen Augsburgerstrasse 5.
Über diese Künstlerin konnte bisher nichts in Erfahrung gebracht werden. Sie gehört wohl zu den Vielen, die nur ganz kurz in Dachau weilten.

[81] *Th-B: 20 (1917) S. 499 ff.; geb. 15.6.1866, gest. 16.6.1917, Landschaftsmaler, Tiermaler, Illustrator*

Dachauer Hinterhofidylle um 1900

In der Mitte die Rückseite des Wittmannschen Anwesens mit der verglasten Veranda und den 1882 angebauten Remisen für Getreide und Spezereien. Unter der Veranda hindurch führte ein auch für Kutschen befahrbarer Weg hinaus auf den Schrannenplatz vor der St. Jakobskirche. Unter dem Dach befanden sich zwei große Malerateliers.
Links die Rückseite des Anwesens der Familie Hardwig in dem seit Beginn des 17. Jahrhunderts bis Ende des 20. Jahrhunderts eine Schmiede betrieben wurde.
Rechts der spitze Giebel des Rottenbräu (später Zauneranwesen). Im Hintergrund der Turm von St. Jakob.

Die „Schwedenmutter"
Maria Wittmann

Unter diesem Namen war die Melberin in der Künstlerschaft und in ganz Dachau bekannt. Der Name rührt von den vielen schwedischen Künstlern her, die über lange Jahre in ihrem Haus gastfreundlich aufgenommen wurden.
„Mehr und mehr wurde ihr Geschäft ein Platz, wo sich abends die Künstler versammelten, sich mit einander oder mit Frau Wittmann unterhielten oder die Geschehnisse des Tages diskutierten. Frau Wittmann eignete sich ausgezeichnet als Beichtmutter für junge Künstleradepten."[82]
Im Anwesen verkehrten zu dieser Zeit auch etliche Juristen, wie etwa der Dachauer Oberamtsrichter Josef Schub, dessen Sohn, der „Notariatsconzipient" bei Notar Rothballer war, dann der Amtsrichter Traber, sowie Rechtsanwalt Ludwig Thoma.
Die Bevölkerung nannte das Haus daher neckischerweise „Justizpalast".

[82] *Norlind (1946)*

Portrait Cornelius Wittmann

Der Maler Walter Geffken[83] war bereits um 1890 in Dachau. Im Jahr 1896 hat er den Fünfzehnjährigen gemalt. Dieses Bild gehört zu den frühesten Portraits, die Dachauer Maler von Mitgliedern der Familie Wittmann angefertigt haben.

Viele Postkarten und Briefe belegen die freundschaftlichen Kontakte der Familie Wittmann zu den Künstlern, die im Haus gelebt haben.

Durch das gesellschaftliche Leben in Dachau bestanden natürlich auch rege Kontakte zu anderen hier ansässigen Künstlern und deren Familien, wie etwa zu den Töchtern Ludwig Dills.

[83] *Geb. 4.4.1872 in Hamburg, gest. 9.4.1950 Kreuth/Rosenheim; vgl. Reitmeier IV, 258*

Grüße der Geschwister Dill

„An Herrn C. Wittmann: Karlsruhe 20.2.1904. Vom Malerinnenball 1904 senden viele Grüße Dora D. Esther D."

Grüße der Hölzelschülerinnen Adelhaid von Schmiterlöw und Agnes Vrieslander [84] aus Schweden

„An Cornelli Wittmann: Karlsruhe, den 11.10.1901 Kann Dachau ohne uns noch fortbestehen? Herzl. Gruß Dora D. und besten Gruß sendet Esther Dill."

Postkarte, verschickt am „23.7.1903 aus Lund, Domkyrkan: Liebe Frau Wittmann, vielen Dank für die schöne Zeit, die ich in ihrem Hause verlebt habe, und herzlichen Gruß von Ihrer ergebenen A. v. Schmiterlöw. Lund d. 23 7. 1903"

Am 14.11.1906 schreibt Agnes Vrieslander an Maria Wittmann:

„Tockarp, Liebe Frau Wittmann!
Zehn Tage bin ich jetzt zu Hause gewesen u. finde es natürlicherweise entzückend. Die Reise ist sehr gut gegangen mit Aufenthalt 2 Tage in Berlin, 2 in Kopenhagen. Hier zu Hause geht alles gut. Meine Eltern sind glücklich mich wieder bei ihnen (!) zu haben. Mein Hund war vom Geruch ganz toll, da er mir an dem Bahnhof begegnete. Das Wetter ist nicht so schön hier als (!) in Dachau, ganz ungewöhnlich mild aber. Denken Sie, wir haben noch einige Herbstblumen im Garten- Mein Koffer ist noch unterwegs, die Gemälde scheins aber in rechte (!) Zeit angekommen zu sein. Allerdings habe ich kein Wort von Malmö gehört (Holmström), habe aber einige Recensionen über der (!) Ausstellung gelesen, wo man auch von meinen Bildern spricht u. ziemlich gut sogar-. Bitte grüssen Sie Ihre drei Herren von mir…u. nehmen Sie selbst liebe Frau Wittmann die herzlichsten Grüsse u. vielen Dank für Ihre grosse Freundlichkeit gegen Ihre Agnes Vrieslander. Ich höre sehr gern einige Worte von Ihnen, leider aber nur mit lateinischen Buchstaben. Ich lasse auch Johanna und ? (unleserl.) freundlichst grüssen."

[84] *Agnes Vrieslander, ab 1891 in Dachau, Malerin*

Adolf Hölzel beim Malunterricht in Dachau 1902

Adolf Hö zel im Kreise einiger Schüler.[85] Vor der Staffelei kniet ein „Malbua" der den Künstlern gegen ein geringes Entgelt Malutensilien und Staffelei trug.

Adolf Hölzel wurde am 13 Mai 1853 in Olmütz/Mähren geboren.

Von 1887 bis 1905 war Hölzel in Dachau. Im Jahr 1891 erhielt er für das Gemälde „Frau des Zimmermanns" auf der Münchne- Jahresausstellung die Goldene Medaille 2. Klasse. „Schüler pilgerten von nun an nach Dachau und ich fing an, die Farbe zu studieren."

Theodor von Hörmann aus Wien wird sein erster Schüler.

Auf Veranlassung Hölzels übersiedelte Ludwig Dill 1894 endgültig nach Dachau. Mit ihm und Arthur Langhammer, der 1899 ebenfalls nachkommt, entsteht der so genannte „Neu Dachauer" Stil, dem Arthur Roeßler 1905 eine vielbeachtete Monographie gewidmet hat.[86]

Zu Beginn seiner Dachauer Zeit steckte Hölzel in finanziellen Schwierigkeiten, da das väterliche Vermögen mit dessen Geschäft verloren ging. Also gründete er eine Malschule, die schnell einen großen und begeisterten Kreis von Schülern anzog. Im April 1902 schreibt Hölzel: „Ich habe in den letzten Jahren ziemliche Erfolge mit der Schule gehabt und der Andrang ist recht groß; aber es macht mir viel Freude und ich hoffe viel nützen zu können." Die Art und Weise der Hölzelschen Unterrichtsmethode unterschied sich grundlegend von der anderer Schulen in Dachau, den Privatmalschulen von Hans Müller-Dachau und Hans von Hayek, die Hölzel aber nicht als Konkurrenz, sondern als Ergänzung seiner eigenen ansah. Zum Unterricht in der freien Natur, vor dem Motiv, kamen Vorträge über Komposition hinzu, worüber seine Schüler Ausarbeitungen anfertigten.[87]

Das Wesentliche seiner Bestrebungen in Dachau hat Hölzel auf folgende Formel gebracht: „Bild als harmonisches Ganzes. Große einfache und vereinfachende Gegenstandsformen. Farbharmonisches Sehen der Natur. Bevorzugung und Ausnützung simultaner Farbkontraste".[88]

Hölzels Malschule hatte entscheidenden Anteil an der zunehmenden Beliebtheit Dachaus als Künstlerort. Als Lehrer hatte Hölzel wesentlichen Einfluß auf Schüler wie: Emil Nolde, Ida Kerkovius, Emmy Wollner, Ernst Norlind, Tora Holmström, Axel Törneman, Agnes Vrieslander, Franz Wimmer, Henry Albrecht, August von Brandis; für die spätere Kunst in Dachau sind von besonderer Bedeutung: Maria Langer-Schöller, Carl Olof Petersen, Felix Bürgers, Gertraud und Reinhard Caspar, Carl Felber, Max Lüty und Hans Müller-Dachau.[89] In späteren Jahren besuchte Hölzel seine früheren Schüler Norlind und die Geschwister Holmström in Schweden.

Von 1905 bis 1916 lehrte Hölzel in Stuttgart an der Kunstakademie und wurde später zum Direktor ernannt. Hölzel ist einer der wichtigsten Wegbereiter der abstrakten Malerei in Deutschland.

Hölzel-Schule: Bäuerin in der Laube als Modell zu einer Madonna

Gemälde von Curt Agthe, wohl nach einer Fotografie.[90]

[85] *Abbildung aus Reitmeier IV, S. 245 dort mit 1902 datiert*

[86] *Roeseler, Arthur: Neu Dachau, Berlin 1905 sowie Venzmer, Wolfgang: Neu-Dachau, 1985-1905; Dachau, 1984*

[87] *Vgl. Venzmer (1982) S. 16 ff*

[88] *Stadt Dachau (1972) S.13*

[89] *Vgl. hierzu die eingehenden Ausführungen von Horst Heres (Dachauer Gemälde Galerie S.) sowie Thiemann-Stoedtner (1989) S. 228. Dort der Hinweis auf 30 derzeit nachweisbare Hölzelschüler sowie die Notwendigkeit weiterer Forschungen. In der Schülerliste irrt Thiemann-Stoedtner möglicherweise bei dem 1859 geborenen Max Lüty. Hölzelschüler war wohl dessen gleichnamiger Sohn, der im August 1914 gefallen ist.*

[90] *Veröffentlicht in Velhagen & Klasings Monatsheften, Oktober 1906. Curt Agthe (1862 – 1943) Th.-B. 1907, S. 137*

Selbstportrait der Hölzelschülerin Maria Schöller

Maria Schöller hat diese kolorierte Bleistiftzeichnung einer unbekannten Person gewidmet. Rechts oben die Abkürzung „z. f. E." (zur freundlichen Erinnerung), ihr Name sowie „Dachau 1903". Das Bild hat sich jahrzehntelang im Speicher des Wittmann-Hauses erhalten. Vielleicht hat Maria Schöller ihr Portrait einem der Mitschüler in Hölzels Malschule geschenkt, die dort gewohnt haben.
Maria Langer-Schöller, eine Nichte des Malers Max Pitzner, wuchs in einer musisch orientierten Familie auf. 1890 begann sie ihre Studien bei Adolf Hölzel in Dachau und setzte sie in der sogenannten „Damenakademie" Max Feldbauers in München fort. Anschließend wechselte sie zu Ludwig Schmid-Reutte nach Karlsruhe und zu Lovis Corinth nach Berlin. 1903 heiratete sie den Maler Otto Richard Langer, den sie in Karlsruhe kennengelernt hatte.
Langer, der auch nach seiner Verheiratung größtenteils in Paris lebte, gehörte dort zum Künstlerkreis um Henri Matisse. Maria Langer-Schöller behielt jedoch zeitlebens ihren Wohnsitz in Dachau bei.[91]

Über Hölzels Korrekturmethode schreibt sein schwedischer Schüler Ernst Norlind:

„Ich erinnere mich sehr wohl an den Augenblick, als mich Hölzel erstmals korrigieren sollte. Ich war an einem strahlenden Frühlingstag der Amper gefolgt und gelangte ins Moos. Ich war hingerissen von der brauen Mooserde, von den ersten gelben Blumen und der geschmeidigen Schönheit der Birken. Tiefer gekommen im Moos fand ich eine Stelle, voller Sumpfdotterblumen. Welche Fülle von Gelb- neben Inseln von graubraunem Torf; hier und da lugten kleine Weidenbüsche und Schilf aus der Erde.
Ich malte den ganzen Tag- geradezu in einem Glücksrausch. Ich fertigte mehrere Studien an, die mir aber nicht recht gelingen wollten. Abends war ich sehr müde, indessen nicht wie üblich müde, sondern von depressiven Gefühlen geplagt, die all meine Energie aufsogen und mein Leben hoffnungslos erscheinen ließen.
Ich hing alle Studien auf an die Wand, einige davon sogar auf den Kopf gestellt- man konnte ja sowie so nicht erkennen, was sie darstellen sollten. Eine Stunde ehe Hölzel zu mir kommen sollte, ging ich ins Freie, um etwas Luft zu schnappen. Auf der Straße aber begegnete mir mein Lehrer, ich konnte ihm also nicht entgehen.
‚Komm' mit mir zu M', sagte er. ‚Wir werden dort vermutlich interessante Sachen sehen'.
Ich ging also mit, und wir sahen in der Tat sehr interessante Sachen. Ich war zerknirscht. Der Mann hatte fünf Jahre lang an einer Akademie studiert und war sehr geschickt. Er konn-

[91] *Ursula Katharina Nauderer in: Zweckverband (1993), S. 68*

te malen, was er wollte und hatte eine großartige Sammlung von Studien gemacht, die sein Können bewiesen. Für mich waren die Bilder lediglich etwas trocken- vielleicht ein bisschen zu geschickt gemalt. Dennoch- hier hatte ich viel zu lernen!
Hölzel ging bei seinen Korrekturen in der Regel sehr behutsam vor. Positives wurde von ihm sehr betont; musste etwas verbessert werden, wies er sehr rücksichtsvoll und vorsichtig darauf hin. Für gewöhnlich nahm er ein Stück Papier oder Pappe und bedeckte damit die auszubessernde Stelle. Manchmal machte er auf einem Stück Papier mit einigen Strichen einen eigenen Entwurf und fragte dabei, ob dieser nicht vielleicht ein wenig besser wäre...
Diesmal aber spürte ich - es lag regelrecht in der Luft - eine ungewöhnlich ausgeprägte Kritik des Lehrers. Ich war darüber erstaunt, fand ich doch, dass M's Studien gute Arbeiten waren. Auch jetzt sprach der Lehrer nicht viel- weder Kritisches noch Anerkennendes- über die Bilder, sondern nickte nur oder zeigte auf dieses oder jenes Detail, das ihm zusagte, bzw. zweifelnd auf dieses oder jenes Bild, das ihm nicht ganz gefiel...
‚Ja', sagte er schließlich, ‚nicht viel zu beanstanden'. Dann gingen wir wieder.
Ich musste Hölzel fragen, was er von den Bildern des Malers hielt. Die Antwort:
‚Fünf Jahre lang hat er an einer Akademie studiert. Zwei Jahre lang malt er nun schon immer dasselbe. Er hat die Motive ständig wiederholt, ohne Variationen. Der Mann ist jung, aber er entwickelt sich nicht weiter. Das ist sein Fehler. Er verkauft zwar schon seine Bilder, aber dadurch ist er in seinem weiteren Reife- und Entwicklungsprozess stehen geblieben. Er wagt nicht, neue Wege zu gehen, er experimentiert nicht und deswegen stagniert er. Es tut mir Leid um ihn!'
Wir gingen weiter und erreichten das Haus, wo ich wohnte. Wir gingen in mein Zimmer. Ich schwieg, der Teufel ritt mich, und ich fragte mich, ob er überhaupt merken würde, dass ich die Bilder auf den Kopf gestellt hatte.
Hölzel stand eine Zeit lang stumm und schaute. Dann: ‚Aber, mein Lieber, das ist ja großartig!' ‚Ja, das sehe ich selbst", sagte ich und lachte auf. ‚Eine großartige Produktion! Besonders diese Skizze' - und hier zeigte ich auf eins der auf dem Kopf stehenden Bilder.
‚Drehen Sie es bitte um!'
‚Sie sehen also, dass es auf dem Kopf steht!'
‚Ich sehe, was Sie mit der Studie meinen, was Sie machen wollten, bevor sie Ihnen misslang. Die Skizze dampft ja geradezu vor lauter Arbeit und Mühe. Das ist etwas Gutes. Und so viel'– hier begrenzte er einige Quadratzentimeter des 60 x 70 cm großen Bildes, - ‚so viel zeugt von Ihrem eigenen Sehen.'
‚Wie kann Ihnen dieses kleine, lumpige Bild etwas sagen?'
‚Ich bin es gewohnt, Bilder zu sehen, und mir selbst ist so manches misslungen, dass ich weiß, wie man sich dabei fühlt. Aber durch dieses Misslingen entsteht am Ende dann doch ein gelungenes persönlicheres Bild als das, welches allein durch künstlerische Routine geschaffen wird.'
‚Sie sehen, dass ich deprimiert bin, und Sie sprechen nur so, um mir zu helfen'.
‚Gewiss nicht. Ich finde diese Studien viel schöner als die, die wir gerade gesehen haben! Sehen Sie einmal hier, z. B.! Obwohl das Ganze jetzt wie ein unmögliches Durcheinander aussieht, weiß ich genau, was Sie damit meinen. Sie haben angefangen, ein Stück Torferde zu malen, aber Sie konnten das Blaue noch nicht mit dem Braunen in Einklang bringen, und dann haben Sie sich geärgert und mit blau übermalt. Aber das hier ist unberührt, es ist völlig richtig und sagt mir viel über Ihr Malerauge. Ich glaube nicht, dass Sie viel in natura malen sollten. Sie sollten schon in die Natur hinausgehen, sich Skizzen machen und danach auswendig malen. In Ihnen gibt es eine Art Poesie, die Sie in der Natur nicht finden werden. Sie sollten so arbeiten, dass Ihre innerste Veranlagung zu ihrem Recht kommt.'
‚Aber es gibt ja nichts in diesen Studien, das dem entspricht, was ich eigentlich will.' ‚Nur die Tatsache, dass Sie den Willen zur Weiterentwicklung haben, zeigt, dass Sie etwas in sich haben'. ‚Und wann werde ich spüren, das ich zumindest den allerkleinsten Fortschritt gemacht habe?' ‚Warten Sie nur, das kommt von selbst.'" [92]

Noch lange Jahre nach ihrer gemeinsamen Dachauer Zeit blieben Hölzels schwedische Malschüler miteinander in Kontakt. Auch Hölzel war seinen ehemaligen Schülern freundschaftlich verbunden. Auf Einladung von Ernst Norlind kam Hölzel 1911 zu einem Aufenthalt auf dessen Schloß Borgeby in Südschweden, einem Treffpunkt für Künstler und Dichter, wie Rainer Maria Rilke. Rilke hatte sich 1904 hier aufgehalten hatte und war von der Hölzelschülerin Tora Vega Holmström als Dolmetscherin betreut worden. Aus dieser Begegnung entstand ein lebenslanger Briefwechsel.
Am 9. November 1907 schreibt Hölzel an Norlind:

„Ich hänge an Dir und deinen Landsleuten, und habe so famose Damen und Herren aus Schweden als Schüler gehabt, dass ich fühlen konnte, welcher hohe Ernst in Euch wohnt, welche Bedeutung in Eurer Erziehung steckt und welche Summe von Talent da vorhanden ist... ." [93]

[92] *Norlind (1943), bei Wittmann, Übersetzung Hauptfleisch*
[93] *Zitat nach Lengefeld in: Maur (2003) S. 24 Anm. 10*

Ernst Norlinds Dachauer Erinnerungen

Ernst Norlind wurde am 25 April 1877 in Hvelinge/Schweden geboren.[94] Im Februar 1901 kam er erstmals nach Dachau und wurde Schüler bei Adolf Hölzel. Während seines zweiten Besuchs im Jahr 1903 bezog er ein Atelier im Haus der Melberswitwe Wittmann gegenüber der Stadtpfarrkirche. Später zog es ihn, wie viele andere Künstler, nach Paris.

In Gesellschaft mit seinem Freund Törneman, den er während seines zweiten Aufenthalts in Dachau kennen gelernt hatte, traf Norlind in Paris Berühmtheiten wie Mark Twain und Jean Sybellius. Er war beeindruckt von den lebenden französischen Malern Monet, Cezanne, Degas, Corrière und Maurice Denise. In Paris begegnete er auch Rainer Maria Rilke wieder, dem er in Schweden bereits begegnet war. Rilke war Rodins Sekretär, zusammen besuchten sie den Bildhauer in seinem Atelier.[95]
Norlind kehrt dann nach Schweden zurück und kaufte das Schloß Borgeby bei Lund. In seinen Erinnerungen „Borgeby Minnen" berichtet er darüber:

„Ich wurde Eigentümer von fünf singenden Nachtigallen samt deren Nestern, einer großen Saatkrähen Kolonie, von alten Gebäuden, die Belagerungen und Geschichte erlebt hatten, von all den Geheimnissen, die ein altes Gemäuer verbirgt, von einem Schloßgeist, von einem Bach und von alten Bäumen…und natürlich von Grund und Pferden und Kühen und Gehöften und dergleichen." [96]

Norlind war ein vielseitiger Künstler und verewigte die Landschaft Skånes in Gemälden, Kohlezeichnungen und anderen graphischen Techniken. Im Volksmund wurde er als „Storchenmaler" bekannt.[97] Er schrieb Gedichte und verfasste seine Lebenserinnerungen. Sein Besitz Borgeby war ein Treffpunkt für viele schwedische und ausländische Künstler. Unter den literarischen Gästen finden wir Allen Key, Birger Sjöberg und Rainer Maria Rilke, der mehrere berühmte „Borgeby Gedichte" schreib.
Ernst Norlind bestimmte in seinem Testament, dass Borgeby eine Stiftung werden sollte. Im Schloß sollte eine, für die Allgemeinheit zugängliche Ausstellung seiner Kunst geschaffen werden.[98]

Ernst Norlind hat unter dem Titel „Unga Konstnärsår. I Dachau och Paris" – „Frühe Künstlerjahre in Dachau und Paris" umfassende Erinnerungen niedergeschrieben, aus denen im folgenden zitiert wird.

Der Künstler berichtet über seine erste Reise nach Dachau im Jahr 1901:

„Ich meldete mich nicht gleich in der Schule an, sondern ließ mir damit noch eine Woche Zeit, um die Umgebung von Dachau zu erkunden.[99] Nachdem ich mich mit dem Gelände vertraut gemacht hatte, wurde mir bewusst, dass ich mir schnell eine neue Kleidung zulegen musste. Man riet mir, von einem Schuster mit Nägeln beschlagene Wasserstiefel anfertigen zu lassen, und ich suchte darauf hin einen solchen Fachmann auf."
„Das Wirtshaus, in dem ich wohnte, hieß Hotel Bahnhof, und dort fragte ich den Wirt, wohin ich gehen müsste, um etwas richtig Typisches für die Gegend um Dachau zu sehen. Er sagte mir, ich solle Richtung Allach, der nächsten Bahnstation, gehen. Ich sollte dort rechts abbiegen und würde dann einen Ort erreichen, wo alles noch ursprünglich und unberührt sei: Wald, Moor, Heide, Bäche und Gewässer."
„Ich machte mich also auf den Weg, versehen mit ausreichend Proviant… Ohne Kompass ging ich nur der Sonne nach. Wohin ich auch kam, überall Wassertümpel umgeben von Schilf sowie Gebüsch mit Vogelgezwitscher und Gesang…"
„Ich war jung und stark, ein Tagesmarsch war zu jener Zeit keine besondere Belastung für mich. Die Sonne stand hoch am Himmel, ich konnte mich ausruhen, oder auch weiter laufen, wann immer ich wollte. Eine großartige Farbenvision ist eine der eindrucksvollsten Erinnerungen an diese Wanderung: Dem feuchten Boden entstieg ein Dunst, der die ganze Landschaft in eine matte, eigentümlich blaue Farbe hüllte, die unbeschreiblich malerisch und zugleich mystisch wirkte. Zwischen den Baumstämmen sickerte das Licht in langen Striemen hindurch. Plötzlich durchströmten viele Gedanken meinen Kopf, entzündeten meine Fantasie: Was könnte ich von all dieser Schönheit malen? … Ich hatte einen Skizzenblock dabei und begann zu zeichnen. Doch die Sonne ging unter, und

---

[94] *Th.-B. 25 (1931) 518*

[95] *Zum Verhältnis zw. Rilke und Norlind vgl.: Àström (1986)*

[96] *Vgl.: Schonische Schlösser und Herrenhäuser. www.algonet.se, übers. Gerhard Wittmann – Bromma/Schweden*

[97] *Norlind berichtet in seinen Erinnerungen ausführlich über sein erstes Storchenbild, das er in Dachau malte*

[98] *Vgl.: Schonische Schlösser und Herrenhäuser. www.algonet.se übers. Gerhard Wittmann – Bromma/Schweden*

[99] *Die folgenden längeren Passagen sind den Lebenserinnerungen Ernst Norlinds entnommen, die 1946 erschienen sind. Sie wurden im Auftrag von C. Wittmann von Ingrid Hauptfleisch ins Deutsche übersetzt*

ich musste versuchen, einen Weg aus diesen himmlischen Gefilden zu finden. Wo war ich eigentlich? Gewiss war nur, dass ich mich hunderte von Meilen weg von Schweden befand; wie weit es zu bewohntem Gebiet war, wusste ich dagegen nicht. Ich ging immer schnelleren Schrittes gen Westen... Ich hatte eine Wildnis gesehen, die genau so ursprünglich war, wie die schwedische. Etwas später, im Winter, sah ich ganz nahe bei Dachau einige Birkhühner in den mit Raureif bedeckten Wipfeln der Birken. Sie sahen aus wie blaue Kugeln in der Sonne - genauso wie auf einem Gemälde von Liljefors."[100]

Nach diesen ersten Erlebnissen zieht Norlind bald aus dem Hotel am Bahnhof in ein Zimmer mit Atelier in der Münchnerstrasse. In seinen Erinnerungen beschreibt Norlind die Persönlichkeit Hölzels, der ihm auch seine Lebensgeschichte erzählt. Als Hölzel seinem Vater den Wunsch Künstler zu werden offenbart, wird er „verstoßen".

„'Denk', sagte Hölzel als er mir dies erzählte ‚wie glücklich ich mich fühlte als ich ausgestoßen wurde. In meinen Vorstellungen hatte ich immer geglaubt, es wäre etwas Furchtbares aus dem Elternhaus verstoßen zu werden. Aber es war etwas Befreiendes, es schien mir, als ob ich endlich in die frische Luft entlassen worden wäre...'"

Norlind schildert dann Hölzels Selbstzweifel nach seiner Parisreise. Die neuen künstlerischen Impulse hatten seinem Malstil eine neue Richtung gegeben:

„'Da stand ich kurz vor dem Selbstmord. Ich sah ein, dass ich nicht alles schaffen würde, was ich schaffen wollte. Egal wie viel ich auch arbeiten würde. Das schlimmste war: man kaufte mir keine Bilder mehr ab, als ich anfing zu experimentieren. Wenn ich meine Bilder ausstellen wollte, wurden sie nicht angenommen. Es ist schrecklich wenn man so etwas erleben muss, besonders wenn man mit jeder Ablehnung immer sicherer wird, dass man Recht hat. Ich zog mich aufs Land zurück. Dachau passte mir gut...und so eröffnete ich in meiner Not eine Schule.'"

„Hölzels Schule in Dachau war etwas Besonderes. Eigentlich hatte sie nichts von dem was wir unter ‚Schule' im akademischen Sinn verstehen. Er überlies seinen Schülern jede Initiative. Jemand hat gesagt, dass man eigentlich fertiger Zeichner sein müsse, wenn man zu Hölzel kommt, anderenfalls hätte man von seinem Unterricht keinen Nutzen.... Auf mich und viele andere Schüler wirkte sein Unterricht äußerst befreiend. Man traf sich zweimal pro Woche und musste dazu die Naturstudien mitbringen, die man nach den Kompositionsregeln des Lehrers gemacht hatte. Hauptaufgabe war nämlich die Komposition... Mehr noch als die Unterrichtsstunden in der Schule waren die Spaziergänge mit Hölzel ein besonderer Gewinn... Wer nach Hölzels Konzept arbeiten wollte, konnte mit seiner Methode bereits nach kürzester Zeit besondere Ergebnisse erreichen... Törnemann pflegte später stets zu sagen, dass, wann immer er mit einem malerischen Problem nicht zurechtkam, er nur seine alte Weisheit von Dachau hervorzukramen brauchte und sogleich gelang ihm alles ausgezeichnet."

Norlind lernt nun den Maler Kertz[101] *und einen Ungarn Namens Victor kennen. Zusammen bilden sie einen „Malerkreis": „Dazu kam ein vierter Künstler, der zwar wegen seines Alters nie unser direkter Studienkollege wurde, aber sonst fast täglich mit uns zusammen war. Sein Name war Cohnadam ...* [102] *Er besuchte uns oft, trank eine Tasse Kaffee und unterhielt sich mit uns. Er war ein gern gesehener Gast. Wann immer er sich über unsere Zeichnungen äußerte geschah dies mit sicherer Kenntnis, die uns verblüffte. Wenn er unsere Bilder, etwa durch das Hineinzeichnen einer Figur verbesserte, dann hüteten wir die verbesserten Zeichnungen wie einen Schatz..."*

„In der Regel hatten die in Dachau wohnenden Künstler keinen Kontakt zueinander. Sie bildeten bestenfalls kleine Gruppen wie Victor, Kertz und ich... Es wurde Winter, und einige der Hölzel-Schüler beschlossen einen großen Saal zu mieten, um Akt zu studieren und zu malen. Ein kräftiger Mann stand uns Modell. Verblüffend, wie viele Maler und Malerinnen es in Dachau gab, die man bisher nicht gekannt hatte! Es war unmöglich sich an ihre jeweiligen Namen zu erinnern, denn es waren Menschen aus allen Ecken der Welt..."

„Hölzel kam zweimal in der Woche ins Atelier, machte seine Bemerkungen und verlies uns dann wieder. Totenstill wurde, es wenn er kam, aber sobald er wieder gegangen war, kam schnell die Heiterkeit zurück, da uns niemand mehr kontrollierte. Die ‚Gefahr' war überstanden... Dann und wann kam ein neuer Schüler und bekam einen Platz angewiesen. Normalerweise wuchs der Neue bald in den Kreis hinein..."

„Einige Tage später geschah im Atelier folgendes: Unser Lehrer kam um unsere Arbeiten erneut zu begutachten. Aber diesmal war er nicht allein. Ihn begleitete eine junge Dame, eine Schönheit von feiner Gestalt, und schönen Bewegungen...Sie schaute sich um und lächelte fein und wir erwiderten alle ihr Lächeln... Es wurde sofort still im Saal als der Lehrer sagte: ‚Sie müssen dieser Dame Platz machen. Sie heißt Spielheim und ist meine Schülerin. Wenn sie, Herr Victor, ihre Staffelei etwas nach links stellen und sie, ein wenig nach rechts, so ist Platz genug...' Niemandem konnte das Interesse entgehen, das die Neue bei ihren Platznachbarn im Atelier weckte. Der Fürst (d. i. ein Malschüler) bot seinen Dienste auf tausendfache Weise an, reagierte äußerst aufmerksam bei jedem ihrer Wünsche, und erriet immer im richtigen Augenblick was sie gerade benötigte. Dasselbe galt für Victor. Er erriet alles, was sie auf der linken Seite brauchte, der Fürst alles was sie rechts benötigte. Durfte sie einen Lappen von Victor leihe, so durfte sie auch einen Pinsel des Fürsten haben und bald wurde sie das im Atelier am meisten beachtete Mädchen..."

[100] *Der schwedische Maler Bruno Liljefors war Tier- und Jagdmaler. Er hat mit Sicherheit viele seiner Landsleute künstlerisch beeinflusst. Seine Gemälde sind gewissermaßen Vorgaben in Sujet und Farbigkeit. Es hat sich eine Sammelmappe mit Reproduktionen nach Gemälden von Liljefors in der Sammlung Wittmann erhalten. Sie dürfte aus dem Besitz einer der schwedischen Maler stammen.*

[101] *Kertz, Adolf gemeldet in Dachau im August 1894 und Dezember 1899 (bei M. Wittmann)*

[102] *Th.-B. 7/8 (1992) 287 : Cohnadam Adolf, Genremaler und Illustrator geboren in Warschau am 12 Dezember 1857, absolvierte die Wiener Akademie und bereiste drei Jahre lang Italien, mit längeren Aufenthalten in Venedig und Rom. 1889 - 1896 lebte er in München und zeichnete für die "Fliegenden Blätter". Danach lies er sich in Dachau nieder*

Eine Malschülerin

Kohlezeichnung von Torsten Holmström[103].

Einband eines Ausstellungskataloges gestaltet von Franz Stuck

Dann aber kam eine Zeit in der alle anderen Interessen in den Hintergrund traten und man sich nur mit einem Ereignis beschäftigte: Die kommende Ausstellung.
Alle ausgebildeten Schüler waren wie von Fieber ergriffen, jeder ging in seiner eigenen Ideenwelt auf und dachte nur daran, was er in München wohl ausstellen würde. Wir sahen uns nicht mehr sehr oft, einer nach dem anderen verschwand aus dem Atelier…"

In der Folgezeit leidet Norlind an zunehmenden Zweifeln seiner künstlerischen Fähigkeiten:

„Ich ging hinaus und studierte die Natur vor Ort. Aber es war wie zuvor, je mehr ich malte, desto schlechter meinte ich zu werden. Schließlich wurde ich bereits von Angstgefühlen geplagt, wenn ich meinen Rucksack mit den Farben packte um zum Arbeiten hinaus zu gehen. Mit diesem Gefühl der Verunsicherung konnte ich mich nicht mehr gelassen einem Motiv widmen. Ich wurde wie gelähmt und konnte nichts anderes als einen konturlosen Brei zu Papier bringen…"
„Mit solchen Gedanken ging ich an einem Frühlingstag wieder in die Natur hinaus um erneut Malversuche zu unternehmen. Ganz mechanisch baute ich meine Staffelei auf, pres-

[103] *Aus Holmström (1947) S. 12*

ste die Farben auf die Palette und begann zu malen. Schon bald kroch die lähmende Angst wieder in meine Seele. Kurz darauf hatte ich wie immer meine Skizze zerstört... Ich packte meine Sachen und machte mich auf den Heimweg."

Auf dem Nachhauseweg begegnet Norlind eine Hölzelschülerin[104] die offenbar von den gleichen Problemen geplagt wird. Eine lebenslange, innige Freundschaft entsteht, deren Anfangphase Norlind ausführlich schildert:

„Etwa eine Woche lang unternahmen wir unsere täglichen Spaziergänge. Ich erlebte eine der glücklichsten Phasen meines Aufenthaltes in Dachau. Ich hatte das Glück, das größte Glück überhaupt, mich selbst in der Seele eines anderen Menschen wieder zu finden..."

Norlind verfällt trotz dieser Freundschaft in tiefe Depression und fährt zurück in seine Heimat. Doch schon bald kehrt er wieder nach Dachau zurück.

Die nach Norden gewandten Atelierfenster. Der Ofen im Atelier ist angeheizt, wie der aufsteigende Rauch zeigt. Was geschieht wohl gerade unter dem Dach ...?

Zweite Reise nach Dachau

„Als ich zum zweiten Mal nach Dachau reiste, fuhr ich direkt dorthin, ohne andere Orte in Europa anzusteuern. Ich wusste, was ich wollte. Mein Unterbewusstsein war immer mehr von der künstlerischen Welt erfasst, in die ich mich begeben wollte. Ich war von brennendem Tatendrang erfüllt, ich musste so schnell wie möglich soviel wie möglich bewerkstelligen.

Als ich nach Dachau kam, waren alle alten Freunde verschwunden. Von den Künstlern war nur noch Cohnadam da, er blieb auch in Dachau bis zu seinem Tod. Ich traf ihn wenig, denn ich hatte im Grunde wenig Zeit für ihn, wie auch für andere.

Ich suchte mir ein Atelier und fand eines in der Altstadt am großen Marktplatz bei einer verwitweten Frau Wittmann, die später eine sehr große Rolle im Leben junger schwedischen Künstler spielen sollte. Ihr gehörte das ganze Haus, was zum größten Teil aus einem Lebensmittelgeschäft bestand, das sie selbst führte. Im obersten Geschoss gab es zwei Ateliers, ein größeres und ein kleineres, ich mietete das größere.

‚Frau Wittmann hatte drei Kinder; zwei Söhne, von denen der eine in meinem Alter war, zudem eine Tochter, sechs Jahre alt, die allerliebste kleine Prinzessin, die man sich vorstellen konnte.

Zum Haus gehörten ein ziemlich großer Hof sowie ein kleiner Garten. In einer Hauswand war ein Käfig eingebaut, wo die Buben zahme Fuchs- und Dachsjunge, Iltisse sowie wilde Vögel hielten, die ich füttern half. Einmal war ich dabei, als im Garten ein Marder gefangen wurde, der wohl im nahe liegenden Schlossgarten gehaust hatte.

Ich erzähle dies nur, um einen Einblick in die reiche und vielfältige Tierwelt zu geben, die sich in der Umgebung des kleinen Marktfleckens befand. Dieser grenzte - das habe ich schon früher erzählt - an ziemlich viel Wald und Wildnis.

Ich wünsche mir, dass ich Worte finde, groß und stark und warm genug, um das Wesen von Frau Wittmann zu beschreiben. Sie war um die Vierzig, als ich sie kennen lernte, eine freundliche, religiös geprägte Frau, die alles tat, damit man sich bei ihr wie daheim fühlte.

Ihre katholische Erziehung dominierte ihr Handeln: Sie besuchte täglich die Heilige Messe und ging regelmäßig zur Beichte, so, wie es ein guter Katholik soll.

Ich werde nie meinen ersten Eindruck von ihr vergessen. Ich

[104] Es dürfte sich um Martha Hellmann handeln (geboren am 26.09.1873 in Riga, gestorben 7.9.1972 in Kiel), die 1901 und 1905 in Dachau gemeldet war

mietete - außer dem Atelier - ein kleines Schlafzimmer neben dem Geschäft. Die Geräusche von der Straße und das Rauschen der hohen Bäume im Schlossgarten drangen herein. Im Haus, wie die Stadt überhaupt, galten ziemlich regelmäßige Gewohnheiten. Als das Vespergeläut verklungen hatte, hörte das Stimmengewirr auf, und die Menschen begaben sich zur Ruhe. Ich hörte die Türen zuschlagen, als Frau Wittmann Geschäft und Vorratsgebäude abschloss. Um halb sechs morgens stand sie auf, weckte das Dienstmädchen, öffnete die Fensterläden, räumte auf und putzte. Der Besen fuhr über den Fußboden, die Betten wurden gemacht, der Morgenkaffee wurde gekocht, das Geschäft wurde aufgemacht, und der Tag begann.

In der zweiten Woche meines Aufenthaltes bei Frau Wittmann hörte ich ganz ungewöhnliches Treiben im Zimmer neben dem meinem. Es fing ganz früh um drei Uhr morgens an und setzte sich den ganzen Morgen fort. Nicht nur im Wittmann-Haus gab es eine allgemeine Unruhe. In den Straßen gab es ein Geraune, es schien, als ob man sich vor der Kirche im Morgengrauen versammelt hatte. Als die Sonne aufging, läuteten die Kirchenglocken, und ich schaute heraus. Von überall her, von Straßen und Gassen, strömten Leute zum großen Marktplatz.

Ich stand auf und ging heraus, neugierig zu erfahren, was vor sich ging. Ich sah viele Menschen, versunken in feierlichem Schweigen. Über den Köpfen der Menschen tauchten Kruzifixe und Banner auf.

Im selben Augenblick kam Frau Wittmann aus dem Haus, angezogen in ihrer feinsten Sonntagstracht, mit einem Seidentuch auf dem Kopf und mit Gebetbuch und Blumenstrauß in den Händen. Sie bekreuzigte sich, kniete vor einem gerade vorbei getragenen Madonnenbild nieder und versank im Gebet.

Eine halbe Stunde später setzte sich die Prozession in Bewegung. Man sagte mir, dass es sich um eine Wallfahrt handelte. Die Menschen, die an der Wallfahrt Teil nahmen, wollten zu einem Ort mit einer heiligen und Wunder wirkenden Reliquie wandern, um dort Buße für eigene und anderer Sünden zu tun. Die Wallfahrt sollte drei Tage dauern. Man würde in katholischen Herbergen übernachten und tagsüber wallfahren.

Nach drei Tagen kam Frau Wittmann zurück, aufrecht, aber etwas blass und sehr müde. Sie erzählte, dass sie an der Wallfahrt teilgenommen hatte, um die Sünden ihres verstorbenen Mannes zu büßen ...

Sie war also eine Frau, die ihr Leben in geistiger Hinsicht sehr diszipliniert führte. Trotzdem aber war sie keineswegs eine frömmelnde Person: Im Gegenteil - sie besaß eher ein starkes, humoristisches Wesen sowie einen gesunden Menschenverstand und brauste mit derben bayerischen Ausdrücken auf, wenn ihre Söhne oder die kleine Tochter Paula sich einmal nicht fügen wollten. Sie hatte ein gutes Gemüt, das vor allem auf impulsive Künstlernaturen wohltuend wirkte.

Fast alle Dachauer Maler waren Kunden bei Frau Wittmann, denn seitdem der Ort eine Künstlerkolonie geworden war, hatte sie ihr Sortiment erweitert und bot auch Farben bzw. Chemikalien an. Sie verkaufte u.a. viele Farben an die Schüler von Hölzel.

Mein zweites Studienjahr begann also unter guten Vorzeichen.

Ich ging in die Natur hinaus, aber nicht um oberflächliche poetische Eingebungen zu bekommen, sondern um sie zu erobern, sie ins Bild zu setzen und um mir eine passende Technik anzueignen, diese Natur wiederzugeben.

Der natürliche Ort, der die größte künstlerische Inspiration bot, war ein Platz, der sich Himmelreich nannte, zweifelsohne ein Himmelreich für die Art Malerei, die man in der Hölzel-Schule betrieb.

Dort gab es braune Heidelandschaft mit Heidekraut, dunklen Föhren, kleine, spiegelglatte Wassertümpel und jungen Birken. Der Platz muss wohl fern der Landstraße gelegen haben, denn ich kann mich deutlich daran erinnern, dass ich jedes Mal, wenn ich an einer bestimmten Stelle im Gelände ankam, eine Birkhuhnfamilie auffliegen sah.

Kleine Bäche führten durch halb entwässerte Moosgebiete. Dort konnte man bis zum Überfluss die eigentümlichen, eisenbraunen und mit Kieselsteinen bedeckten Böden finden, die eine große Rolle in allen Bildern aus Dachau aus jener Zeit spielten.

Vor allem - man fand dort eine germanische Einsamkeit, passend zu all dem Neuen, was sich dann Bahn brach. Es war nämlich die Zeit der Heimatkunst-eine Kunst, deren Ziel es war, ein Stück ursprüngliche, geliebte Heimat aufzugreifen und diese in Poesie zu verwandeln. ‚Jugend'. Die Zeitschrift vor allem der jungen Künstler, machte diese Motive populär.'

‚Wollte man nicht ins ‚Himmelreich' gehen, so konnte man ins Moos fahren und die großen Weiten studieren, unterbrochen von kleinen Baumgruppen, wo man manchmal Rehe sah, hin und her eilend oder auch still im braunen Gras stehend.

Ich fand bald etwas, was mich ganz besonders interessierte: ein Storchennest auf dem Kirchturm von Mitterndorf, das mich auf das heftigste anzog. Bald würde ich mein erstes großes Storchenbild malen, der auf das Nest einschwebende Storch; ein Bild, das sich jetzt im Museum von Malmö befindet.

Der schwedische Maler Axel Törnemann in Dachau

Axel Törneman wurde am 28.10.1880 in Persberg (Vermland) geboren. Er starb am 26.12.1925 in Stockholm.[105] Törneman studierte zunächst an der Malschule „Valand" / Göteborg. Nach seiner Münchner und Dachauer Zeit 1900/1901 setzte er seine Studien in Paris fort.
Die Frau, die Liebe und der Tod gehörten um 1900 zu den zentralen Motiven in der Literatur und bildenden Kunst. Törneman war gefangen von der düsteren Symbolik die um die Frau und den Tod kreiste. „Die gekreuzigte Frau", „Die Prinzessin und das Untier", „Leichenzug über die Brücke" stammen aus dieser Zeit.
1906 kehrte er in seine Heimat Schweden zurück. Törneman malte in starken Farben Szenen aus der schwedischen Geschichte und mit Vorliebe Szenen aus dem schwedischen Industriearbeiterleben. 1913 erhielt er den Auftrag das Reichstagsgebäude in Stockholm mit monumentalen Malereien auszugestalten. Sein 1916 entstandenes Ölgemälde „Rhythmus der Strasse" schließt sowohl an den Futurismus, wie an den Kubismus an.

Portrait Axel Törnemanns

Ernst Norlinds Bleistiftzeichnung ist während seiner Pariser Zeit entstanden.

Ernst Norlind erinnert sich an die erste Begegnung mit seinem Landsmann Törnemann:

„In der Regel zog ich mich vom Gesellschaftsleben zurück. Während einer Reise nach München traf ich jedoch zufällig einen jungen Mann, der für mich ein Freund fürs Leben wurde, und der einer der größten Künstler Schwedens werden sollte.
Nach einem Museumsbesuch lief ich die Straßen entlang und stieß plötzlich auf drei Menschen, die mich ansprachen - zwei Mädchen, ein großes, dunkles und ein kleines blondes, sowie zwischen beiden ein schlaksiger Junge mit brennenden, braunen Augen. Er war anders als alle anderen Menschen, die ich je kennen gelernt habe. Sein Name war Axel Törneman.
Sie sprachen mich auf Schwedisch an, und ich blieb stehen. Eine der Damen musste mich wohl gekannt haben, wodurch - daran kann ich mich nicht mehr erinnern. Soweit ich weiß, leben beide Damen nicht mehr. Als Künstlerinnen haben sie sich nicht hervor getan.
Beide studierten immerhin bei Herterich, einem der berühmtesten Lehrer in München zu jener Zeit. Er hatte damals seine bekannten Reiter auf Falben gemalt; ein Bild davon hing bereits in der Pinakothek. Die jährlichen Ausstellungen jener Zeit zeigten ständig Bilder von ihm.
Ich werde dieses Zusammentreffen nie vergessen. Meine Erinnerung an Törneman hängt noch mit einem anderen Erlebnis zusammen, ein absolut Ungewöhnliches: Ich musste auf der Straße schnell zur Seite springen, sonst hätte mich ein merkwürdiges Fahrzeug fast überfahren. Es war ein Automobil – ein seltenes Transportmittel damals. Wir waren alle vier sprachlos, doch dann schrieen wir auf, denn das Automobil fuhr direkt auf eine Straßenbahn zu. Es blieb aber im letzten Augenblick stehen, und fuhr dann auf weichen Rädern weiter der Straße entlang. Alles geschah mit einer Präzision und Sicherheit, was man nie zuvor gesehen hatte.
Wir gingen zusammen in ein kleines Café in der Nähe. Ich fragte Törneman, der gerade nach München gekommen war, wo er studieren wollte.
‚Das weiß ich nicht. Ich kann nicht sagen, ob es noch eine Schule gibt außer der, die meine Freundinnen hier besuchen ...'
‚Haben Sie nicht Lust, nach Dachau zu kommen', schlug ich vor. ‚Hölzel ist ein ausgezeichneter Lehrer.' Und ich betonte dessen Vorzüge.
Törneman war sogleich einverstanden und bereit, unverzüglich nach Dachau zu reisen.
Ich glaube, es hat keine zwei-drei Tage gedauert, bis er zur Malerkolonie in Dachau stieß. Er wurde einer der fleißigsten Maler dort.

[105] *Th.-B. 33 (1939) S. 244 f.*

Postkarte Ernst Norlinds aus Nürnberg an Maria Wittmann 15. Juli 1901

„Liebe Frau Wittmann ! Viele herzliche Grüße von mir und Adolf! Er wünscht Ihnen baldige Besserung! Er ist in der letzten Zeit viel gesünder geworden. Wir unterhalten uns großartig –Gott-sakra- ment! (ach das ist wahr, das darf man nicht sagen. Es ist ein Fluch).
Ihr E. Norlind"

Ich stellte ihn Frau Wittmann vor, und wir vereinbarten, dass er mein Zimmer und mein Atelier mit mir teilen sollte. Sein Koffer wurde in mein Zimmer gestellt, und so richtete er sich ein. Wir hatten nicht nur das Zimmer gemeinsam, wir teilten alles; das Geld - das war damals immer Gold - hatten wir in einer Ecke einer Schublade, jeder hatte das Recht zu nehmen, was er brauchte.
In seiner Art war Törneman ein echter Kavalier: zierlich, liebenswürdig, fast unterwürfig. Fremden gegenüber schien er oft unsicher und nach einem Halt suchend, aber in Wirklichkeit war er, sowohl in seinen privaten Urteilen seinen Mitmenschen gegenüber, als auch in seinem Benehmen in wichtigen Dingen selbstsicher und äußerst selbständig. Ich erinnere mich an viele Situationen aus den ersten gemeinsamen Jahren, in denen mich eine starke Divergenz zwischen seiner liebenswürdigen Art im Umgang mit Menschen und seinen privaten Ansichten über diese Personen überraschte.
Zwischen uns gab es nie ein böses Wort oder eine heftige Auseinandersetzung, soweit ich mich erinnere. Wir waren beide glükklich mit einander. Es gibt eigentlich nur eine sichere Basis, auf der man eine Freundschaft zwischen zwei Menschen aufbauen kann: Jeder muss in seiner Aufgabe, die ihn glücklich und harmonisch macht, fest verankert sein. Sonst geht die schlechte Stimmung des einen auf den anderen über. Ist das der Fall, muss man jemanden haben, um seine schlechte Laune los zu werden, und der besonders nahe Stehende wird das Ziel dafür sein.
In unserem Zusammenleben gab es andererseits durchaus viel Konfliktstoff. Man muss bedenken, dass wir beide dieselben Naturmotive zum Abbilden sowie dieselben Modelle zur Verfügung hatten, und einen gemeinsamen Unterricht, der zu derselben Art zu malen führen musste. So konnte leicht Konkurrenz um das beste Bild eines gemeinsamen Motivs entstehen.

Postkarte Ernst Norlinds aus Nürnberg an Axel Törnemann 15. Juli 1901

„Herzl. Grüße…habe jetzt gerade einen Brief an Hölzel abgeschickt. Es gibt noch so viel hier zu sehen, so dass ich müde sein werde wenn ich nach hause komme… Dein E."

Aber ein Konflikt entstand dadurch nicht. Wir entwickelten uns, jeder in seine Richtung, und nicht einmal, wenn wir beide im selben Zimmer gleichzeitig arbeiteten, störte der eine den anderen.

Törneman hatte zu Hause die Malschule Wilhelmson besucht, und alles, was er dort gelernt hatte, stand im Gegensatz zu dem, was man in Dachau lehrte. Er hatte gelernt, rau und schroff naturalistisch zu malen. An der Schule Valand (=Malerschule an der Universität von Göteborg) hatte man eine klare Farbskala propagiert, völlig konträr zu der in milden, weichen Abstufungen gehaltenen Farbskala, die in Dachau bevorzugt wurde. Törneman war mehr Figurenmaler als Landschaftsmaler. Seine Fantasie ging bereits in eine bestimmte Richtung, und in diese entwickelte er sich immer mehr.

Wir divergierten in unserem künstlerischen Streben. Ich suchte eine Landschaft, die lange schon in meiner von der Dichtung Schonens geprägten Psyche angelegt war. Und ich fand diese in der Landschaft, die mich in Dachau umgab. Törneman dagegen kam aus einer dünn bevölkerten Gegend in Vårmland mit felsigen Anhöhen und tiefen, unberührten Wäldern, aus einer Landschaft mit Unruhe in jeder Linie. Die Menschen, die er dort kennengelernt hatte, waren knochige Bergmannsgestalten.
Törneman neigte zwar zu Bohême und war oft unstetig in seiner Lebensführung. In seiner Arbeit aber war er äußerst konsequent und schonte sich nie. Obwohl auffallend hager, war er dennoch physisch stark und schaffte es, tag lang ohne Ruhepausen durchzuarbeiten.

Immer zeichnete er: mit Tinte, mit Tusche, mit Bleistift, mit Pinsel. Es ist zu schade, dass alle diese Zeichnungen nicht mehr existieren - sie hätten interessante Einblicke in seine Psychologie und Arbeitsmethoden bieten können.

Törneman gewann bald alle Herzen in dem kleinen Haus. Besonders das der kleinen Sechsjährigen. Er zeichnete ihr Märchen und erzählte ihr die lustigsten Dinge in einem Deutsch, das sie sofort verstand. Er bediente sich einer Sprache der einfach zusammen gefügten Sätze, genauso wie ein kleines Kind."

„Ich kann mich gut daran erinnern, wie ich Törneman Hölzel vorstellte. Mit seinem liebenswürdigsten Mienenspiel unterhielt er sich mit ihm in dem merkwürdigsten Deutsch, das ich je gehört habe. Zwei Drittel davon waren Gesten und freundliche Blicke, ein Drittel bestand aus einer germanischen Sprachenmischung, - an sich sehr ausdrucksvoll, aber kaum passend als Diskussionssprache. Hölzel war wie immer österreichisch höflich und versuchte so gut er konnte zu erklären, wie er seinen Unterricht normalerweise gestaltete. Er nahm ein Stück Papier, zeichnete einige Figuren darauf und beschrieb die mathematische Konstruktion eines Bildes.
Törneman sah mit großen Augen zu.
‚Man muss immer daran denken, dass diese Schemata einem Bild zugrunde liegen', sagte Hölzel'. ‚In der Tat folgen diesen Schemata alle Künstler, bewusst oder unbewusst'
Danach holte er Reproduktionen von Bildern alter Meister heraus und zeigte mit diesen Beispielen, wie Recht er hatte.
‚Ja', sagte Törneman. ‚Wärrklich ...' Das sollte ‚wirklich' bedeuten; der Buchstabe ‚r' wurde ausgesprochen mit dem liebenswürdigsten schwedischen Rollen.
Und in der Tat war er sehr überrascht über den Wahrheitsgehalt des Gesagten.
Hölzel zeigte uns danach sein Atelier.
Törneman betrachtete die Bilder mit dunklen Blicken, sagte aber nichts.

Bleistiftzeichnungen von Axel Törnemann für Paula Wittmann

Das Schweigen ist eine gefährliche Waffe in einer Konversation. Es wird in der Regel als Kritik aufgefasst. Hölzel betrachtete scheu den großen, schweigenden jungen Mann, aber er sah auch, dass dieser die Bilder eher studierte als kritisch betrachtete. Und er überließ ihn seinen Gedanken, zumal er einsah, dass die sprachlichen Unzulänglichkeiten Steine auf den Weg des Kontaktes zwischen ihnen beiden legten.

Törneman betrachtete die Bilder mit selbstvergessener Intensität.
‚Danke', sagte er ganz unvermittelt, obwohl die Präsentation der Bilder noch nicht zu Ende war.
Hölzel unterbrach seine Präsentation, und Törneman starrte ihn erstaunt an.
‚Möchten Sie, dass ich fortfahre?' fragte Hölzel höflich.
‚Ja, danke.' Was natürlich heißen sollte: ‚Ja bitte'.
Hölzel sah ihn erstaunt an. Ich erklärte, dass sich die Ausdrucksweise in Schweden von der in Deutschland sehr unterscheidet und erklärte Törneman, dass wenn er weitere Bilder sehen wollte, er ‚Ja bitte' sagen müsste.
Dabei fiel mir auf: Als Törneman das erste Mal ‚Danke' sagte, kam das vom Herzen. Er hatte ein Bild entdeckt, das sowohl reiner in der Form und besser in der Farbe war als die anderen. Es bot eine relativ starke Farbskala und ähnelte somit stärker Törnemans eigener Einstellung. In den Augen Törnemans entsprach ‚Farbe' starken Farbgegensätzen - er hatte ja an der Valandschule bei Wilhelmson studiert, und dort sparte man nicht mit Farbe.
Die anderen Bilder im Atelier waren tatsächlich ziemlich schematisch - sie ließen innere künstlerische Vitalität vermissen.
Der Besuch endete damit, dass Hölzel mir sagte:
‚Zeigen Sie nun Ihrem Kollegen alle Schönheiten des Dachauer Mooses!' Und ich versprach ihm das.‚Fandest du das interessant?' fragte ich Törneman, nachdem wir uns bei Hölzel verabschiedet hatten und nach Hause gingen…."

‚Sehr! Ich werde versuchen, solche Schemata zu machen … wenn ich kann …
An diesem Tag war er sehr verschwiegen. Ich versuchte immer wieder, die Erlebnisse im Atelier von Hölzel anzusprechen, aber Törneman rauchte nur und schwieg.
Am Abend, er war schon zu Bett gegangen, hörte ich, wie er mit sich selbst sprach. Er sagte nur diese Worte:
‚Verdammt unbegabt …'
Ich musste lachen, denn ich begriff, woran er dachte.
‚So, du bist noch wach', sagte er nur. ‚Jetzt müssen wir schlafen. Morgen musst du mir das Himmelreich zeigen.'
„Am Tag darauf packten wir Proviant ein und begaben uns auf einen langen Spaziergang.
Ich steuerte gleich das Himmelreich an, zeigte die alten Tannen, die braune Erde, die kleinen Bäche, die Heide, die Birken. Ich schwamm in Glückseeligkeit … Der Himmel war dazu angenehm grau-weiß, genau wie er in diesem Augenblick sein sollte, um in der Landschaft das wirkliche, malerische Paradies zu erkennen. Ich war so stolz auf diese Gegend. Sie hatte sich ja in dem ursprünglichsten Zustand und bei der schönsten Beleuchtung gezeigt, die man sich nur wünschen konnte.
Meine Begeisterung erreichte ihren Höhepunkt, als wir zu einem kleinen Stück brauner Erde mit kleinen Steinen kamen, dessen Farben zwischen ziegelrot, graubraun und schwarz wechselten. Törneman betrachtete diese Herrlichkeit nur einen kurzen Augenblick. Dann schaute er weg, und wir gingen weiter.

Alles, was ich ihm zeigte, schien ihn zu interessieren. Tatsächlich aber spürte ich deutlich, wie reserviert er sich gegenüber den Dingen, die er sah, verhielt.
Das Grau wurde intensiver, Nebel senkte sich über die Herrlichkeit des Himmelreiches, und er schlug seinen Kragen hoch.
Ich konnte keine Worte für die malerisch schöne Verwandlung finden, die die Landschaft in meinen Augen in dieser regnerischen Atmosphäre erfuhr.
Törneman dagegen hatte wohl keinen Sinn für das, was ich sah. Natürlich sagte er liebenswürdig: ‚Sehr schön'. Aber ich spürte, dass er das nicht wirklich meinte."

Eine von Ernst Norlinds ersten Radierungen

Er bezeichnet das Bild als eine Mischung aus dem „Dachauer"- und dem „Worpswedestil.

Nach einer stärkenden Mahlzeit begaben sich die Beiden erneut ins Moos.

„Als er das herbstliche Moos in stillem Grau sah – gegen einen Himmel, aus dem die Torfscheunen mit ihren schrägen Dächern und heraus stechenden Latten, geriet er plötzlich in Verzückung. Sein Tonfall sagte mir sofort, dass er hingerissen war.

‚Siehst du, wie schön das gelbe Gras vor dem schwarzen Hintergrund steht und wie großartig die violetten Latten gen Himmel ragen?'

Ich sah überhaupt nichts Gelbes und auch nichts Violettes. Ich zeigte ihm die Wachholderbüsche, die in der Regel bei den Künstlern starke Empfindungen auslösten.

‚Du hättest die Wachholderbüsche in Vårmland sehen müssen!' sagte er. ‚Das ist etwas ganz anders.'

Wir liefen im Moos hin und her, wobei ich bald aufhörte, ihm meine Eindrücke zu schildern. Er sah ja alles aus seiner Sicht und würde sich nie etwas anderes als seine Auffassung von der Natur nahe bringen lassen.

Am Abend war Törneman sehr ruhig.

Als er im Bett lag, hörte ich ihn vor sich hin brummeln: ‚Verdammtes Himmelreich ...'"

„Aber schon am nächsten Tag machte er eine kleine Skizze: Gelbes Gras vor schwarzer Erde und einen gelbgrauen Himmel sowie- fast in reinem Violett !- die Holzlatten einer Mooshütte, den Himmel zerfetzend.

Es verschlug mir die Sprache, als ich die Skizze sah. Das Bild war weit weg von allem, was zu jener Zeit gemalt wurde. Aber es war originell, verriet einen eigenem Blick und hatte Farben, die in all ihrer Stärke doch Harmonie und Schönheit aufwiesen.

‚Nimm es mit zu Hölzels Korrektur!' sagte ich.

‚Glaubst du, es wird dort Eindruck machen?'

Er entwarf noch einige Skizzen in den gleichen strahlenden Farben und ich war wirklich gespannt, wie diese Studien ankommen würden.

„Ein typisches Dachauer Landschaftsmotiv"

Zu dieser in Schweden entstandenen Bleistiftzeichnung schreibt Norlind:
„In Schonen suchte ich die Motive, die ich in Dachau mit Künstleraugen zu sehen gelernt hatte, nämlich Birken und ferne Horizonte."

Es war sehr amüsant, den großen, hoch gewachsenen jungen Mann aus einem Eisenhüttenort in Vårmland im hohen Norden zusammen mit all diesen Schülern aus verschiedenen Ecken der Welt zu sehen. Ich kannte keinen einzigen von ihnen, und die meisten schienen mir verwöhnte Söhne und Töchter aus reichen Familien zu sein, junge Leute, die irgendetwas zu tun haben wollten und dafür die Malerei gewählt hatten.

Törneman grüßte in seiner üblichen liebenswürdigen, aber etwas unbeholfenen Art und lauschte aufmerksam den Korrekturen der Mitschüler.

Ja, es war wirklich interessant zu beobachten: Da gab es Nachahmungen der Lehrer-Bilder, richtige Dachauer Bilder, in unzähligen Wiederholungen. Birken und Mooserde, Birken mit grauem Wasser als Hintergrund, Birken mit blauem Wasser als Hintergrund. Da gab es alles, was man sich nur wünschen konnte: Grauen Himmel und Salweiden, Wachholderbüsche und Föhren.

Als Törneman mit einem verlegenen Lächeln seine Studien vorlegte, wurde es ganz still. Ich bemerkte die Schüler, die mit feinem Lächeln an den Lehrer appellierten: ‚Schieß auf den Pianisten, der sich so gut wie er nur konnte bemüht hat, dem es aber dennoch nicht gelungen ist, mehr zu erreichen!'

Aber Hölzel war ihnen allen überlegen. Er betrachtete die Leinwände sorgfältig und sagte: ‚Wundervoll!'

Ich werde es ihm immer hoch anrechnen, dass er den Wert dieser Bilder erkannte, die doch so ganz anders waren als diejenigen, die er und seine Schüler malten.

Törneman fühlte sich dennoch dort nicht wohl, das sah ich sofort. Und als wir uns am Abend unterhielten, hatte er offenbar etwas ganz Besonders auf dem Herzen.

‚Was glaubst Du, wie viele Tausend, stehen diesen Herren, die wir bei Hölzel sahen, jährlich als Unterhalt wohl zu ihrer Verfügung ?'

‚Beurteilst du die Menschen plötzlich nach ihrem Einkommen?' sagte ich.
‚Die sind alle so einförmig' sagte er. ‚Da passe ich nicht hinein. Die Gruppe ist zu fein für mich.'
Das gerade Gesagte wäre wohl treffender gewesen, hätte er gesagt, er sei zu fein für die anderen. Denn zu dieser malenden Oberschicht passte er nicht.
Man hätte unter diesen Schülern lange nach einer Persönlichkeit suchen müssen. Die meisten von Ihnen wurden denn auch keine Maler. Die weiblichen Schüler heirateten bald, die männlichen ergriffen praktische Berufe und betrieben die Malerei später nur noch als unbedeutendes Hobby. Soweit ich mich erinnern kann, ging Törneman künftig nicht mehr zu den allgemeinen Korrekturstunden.
Eines Tages war der Bruch mit Hölzel endgültig, an einem unvergesslichen Tag, als er mich mit hinaus in die Natur nahm, in die Natur, zu der er passte.
Es war eine Landschaft weit vom Moos entfernt, weit weg von der Natur, in der man üblicherweise malte. Wir kamen zu einer grellgrünen Wiese, die dadurch besonders malerisch wirkte, dass unzählige Wolkenschatten über sie glitten und ihr so die lebendigsten Schattierungen verliehen.
Sonst gab es nur wenig zu sehen, was an die Motive erinnerte, die man damals im allgemeinen in Dachau suchte. Es gab keine „Abhänge". (Ich weiß nicht, wie dieses Wort zu verstehen war. Am ehesten meinte man wohl damit große Bruchstellen im Erdreich, die die braungelbe Farbe des Kieses frei legen.) Das Panorama war wahrlich etwas Spezielles: Ein Wirrwarr von Häusern, eine Landstraße, Menschen, die auf der Landstraße liefen, einige Fuhrwerke, braune Ardennerpferde, Leute, die Kartoffeln aus der Erde holten. Das war aber auch ungefähr alles.
Törneman schwieg, biss die Zähne zusammen und fing an zu malen.
Er begann, einen blauen Himmel mit gelbweißen Wolken, fliegend über grüne Wiesen, zu malen; die Erde war eigentlich nur ein grüner Streifen, richtig knallgrün, natürlich, aber zum Blau des Himmels und dem Gelbweißen in schönem Einklang.
In wenigen Stunden entstand Studie nach Studie, alle im selben dramatischen Stil, gewaltig im Verhältnis zu der damals gängigen milden Farbskala.
Wir hatten die Studien auf Keilrahmen gespannt, und durch Korkscheiben von einander getrennt. Törneman hörte nicht eher auf, bis alle Spannrahmen voll bemalt waren. Danach gingen wir nach Hause, voll geschmiert mit Farbe und beladen wie Packesel mit unserem Material.
Meine Studien waren konventionell, wie in jener Zeit üblich, gehalten in den Farben, die man damals in Dachau benutzte. Sie waren und blieben Schülerarbeiten, obwohl einige davon den Einstieg in die Welt markierten, die die meine werden sollte.

„Birken", Kohlezeichnung Ernst Norlinds

Als wir nach Hause kamen, malte Törneman weiter in rasendem Tempo: Dieselben klaren Farben und dieselbe unruhige Landschaft mit tausend verschiedenen Nuancen.
Als ich ihm vorschlug, auch diese Bilder zur Korrektur vorzulegen, brach er in schallendes Gelächter aus.
‚Wenn Hölzel sehen möchte, was ich tue, so soll er hierher kommen', sagte er.
Und Hölzel sah die Bilder, denn er kam tatsächlich zu ihm. Hätte Törneman allerdings gewusst, wie dieser Besuch zustande kam, hätte er bestimmt protestiert. Ich war nämlich zum Lehrer gegangen und hatte ihn gebeten, zu uns zu kommen, sollte ihn sein Weg gelegentlich vorbei führen.
‚Ich komme in einigen Stunden', hatte Hölzel gesagt. Und er kam. Ich betrachtete ihn mit größter Spannung, nachdem er die Studien von Törneman in Augenschein genommen hatte.
‚Da schauen Sie mal her!' sagte er.
Ich hätte so gern gewusst, was er in Wirklichkeit dachte. Vermutlich dachte er mit einem gewissen Neid an den jungen Mann, der mit allen etablierten Schemata brach und eine frische, neue Kunst in Übereinstimmung mit seiner inneren Sehnsucht schuf. Hölzel ging, ohne etwas korrigiert zu haben.
Törneman zahlte nie seine fälligen fünfzig Mark an die Schule, und niemand bemängelte dies. Er brauchte sein Geld vielmehr für Material, für Leinwand, Farben und Papier. Er zeichnete immer und immer, studierte eifrig das Leben um sich herum und war durch seine Erlebnisse ständig aufgewühlt."

Ernst Norlind erinnert sich:

„Unsere verschiedenen Stellungen sind charakteristisch. Törneman eher aggressiv, Zielbewusstsein und Kraft ausdrückend. Meine Haltung eher abwartend. Die Kleidung ist nicht sehr luxuriös. Als das Foto gemacht wurde, trug ich wenigstens einen Kragen...“

„Nie werde ich mir verzeihen, dass ich in meinen Erinnerungen aus Borgeby behauptete,[106] dass Törnemans großes Bild ‚Die Blinden' in Paris gemalt wurde. In meiner Erinnerung habe ich dieses Bild mit einem anderen verwechselt, mit dem Gemälde ‚Les Bretons'. ‚Die Blinden' entstand tatsächlich in Dachau, direkt unter meinen Augen. Es gibt sogar eine Fotografie, die uns beide zusammen mit diesem Bild als Hintergrund zeigt.

Als das zweite Atelier bei Frau Wittmann frei wurde, zog Törneman dort ein. Nun begann er, allein zu arbeiten - wie immer in sich selbst verschlossen. Niemand erhielt Zutritt zu seinem Atelier. Den Schlüssel zum Atelier trug er stets bei sich, und er schloss sorgfältig ab, sobald er ausging.

Ich wusste aber, was er mittlerweile malen wollte. Der Schriftsteller, der damals besonders modern war, hieß Maeterlinck. Er verlieh den mystischen Empfindungen jener Zeit Ausdruck, den religiös-philosophischen Vorstellungen über das Leben der Bienen und zog dabei Parallelen zur Welt der Menschen. Er schrieb von okkulten Dingen, vom Tod, von der Seele der Blumen. Und vor allem - er schrieb Dramen, die überall in der Welt gespielt wurden und viel Aufsehen erregten.

Eines dieser Dramen sollte eine besondere Rolle im Werk Törnemans spielen; das Schauspiel ‚Die Blinden', geschrieben zehn Jahre vor unserer Zeit in Dachau, und das lange schon auf den Spielplänen stand. In diesem Theaterstück erzählen einige Blindendarsteller einander, wie viel sie von ihrer Umwelt wahrnehmen können. Der eine sieht alles wie durch einen Nebel, der andere kann etwas deutlicher sehen, der dritte ist völlig blind. Da bricht in ihrer Blindenanstalt ein Feuer aus, und eine Person wird gesucht, die sie alle aus dem Dunkel und dem Gefahrenbereich führen kann. Das Drama ist symbolisch für diese Zeit. Wenn wir jetzt schon so viel wissen, was würde dann die nächste Generation nicht noch alles entdecken? Gemessen daran wären wir trotz unseres Wissens blinde oder halbblinde Wesen, die sich nur schwach im Universum orientieren können.

Die schwedischen Maler Ernst Norlind und Axel Törneman in ihrem Atelier im Speicher des Wittmann Hauses[107]

An der räumlichen Aufteilung des Ateliers hat sich bis heute nichts verändert. In der Ecke steht nach wie vor ein Ofen, der den Raum heizt. Einen grossen Fortschritt bedeutete in der damaligen Zeit die Glühbirne, die rechts im Bild an einer langen Leitung von der Decke hängt. Links ist ein Entwurf zu Törnemans Bild „Die Blinden“ an die Atelierwand geheftet.

Törneman kannte das Stück. Wir sprachen oft darüber, und er zitierte aus dem Text. Das Drama beflügelte seine Fantasie, und er begann, Entwürfe zu einem Bild, das drei blinde Frauen darstellen sollte, zu machen. Er machte einige Zeichnungen aus dem Kopf, Zeichnungen, in denen er versuchte, den prophetischen Ausdruck in den Gesichtern der Frauen wiederzugeben. Die generelle Komposition gestaltete er nach dem System von Hölzel; eine oder zwei Figuren mit dunklen Silhouetten sollten sich gegen einen hellen Hintergrund abheben, während eine Figur hell aus dunklem Hintergrund hervortritt...“

Mit kritischem Unterton auf Hölzels Malschule und den Provinzcharakter Dachaus im Verhältnis zur Kunstmetropole Paris notiert Norlind:

'Die Blinden' war das letzte Bild, das Törneman in Dachau malte. Für seine spätere künstlerische Entwicklung spielte Dachau keine Rolle mehr. Erst in Paris machte er seine ausgeprägtesten Fortschritte. Eigentlich lässt sich sagen, dass seine eigenständige und schöpferische Kunst aus rein persönlichen Erlebnissen entstanden ist und letztlich ohne Vorbilder auskommt. Das, was er von bleibendem künstlerischen Wert geschaffen hat, hätte nie in einem so zahmen und stillen Milieu wie dem in Dachau angeregt werden können.“

[106] *Norlind (1947)* [107] *Abb. aus Norlind (1943) S. 147*

Carl Olof Petersen. Ein Schwede in Bayern

Der Schwedische Maler Carl Olof Petersen

Carl Olof Petersen wurde in Malmö / Schweden am 19. September 1880 geboren. Auf Wunsch seiner Eltern absolvierte er zunächst eine Ausbildung als Kaufmann. Im Jahr 1903 kam Petersen nach Dachau und wohnte zunächst im „Wittmann-Haus". Auch er besuchte anfänglich die Malschule von Adolf Hölzel, wechselte aber einige Zeit später in die private Malschule Hans von Hayeks, um sich hier speziell mit der Tiermalerei auseinander zu setzen. Diese Thematik kam Carl Olof Petersen bei seiner großen Begabung für das Zeichnerische und Figürliche sehr entgegen. Er begann für die Zeitschrift „Simplicissimus" zu arbeiten. 1913 heiratete er die Schriftstellerin Elly Hirschfeld.[108] Das Ehepaar bewohnte die „große Moosschwaige" am Schleißheimer Kanal, die bald zum künstlerisch-gesellschaftlichen Treffpunkt in Dachau wurde. Seine bedeutendste Leistung erbrachte Petersen auf dem Gebiet der Illustration, vornehmlich der Tierzeichnung. Er illustrierte die Bücher seiner Frau, sowie zahlreiche Veröffentlichungen mit seinen unverkennbaren Zeichnungen. Vor Ausbruch des zweiten Weltkrieges kehrte Petersen 1937 nach Schweden zurück. Er verstarb am 18. Oktober 1939 in Ulricehamn / Schweden.[109]

Petersen schreibt in seinen Erinnerungen:

„Ich hörte den Namen Dachau zum erstem mal in Malmö von dem Schwedischen Maler und Schriftsteller Norlind. Dieser wollte Bildhauer werden und hielt sich zu diesem Zweck in München auf. Plötzlich jedoch sattelte er um, wurde Maler, und zog in das eben als Malerkolonie berühmt gewordene Dachau hinaus. Begeistert hörte ich zu, wenn Norlind mir den alten ehrwürdigen Markt schilderte , der auf sonnigem Hügel an der Amper seiner verschwundenen Glorie nachträumte, mit vom Moos erzählte oder von der großen weiten Ebene, die hohe Alpenkette am Horizont abschließt. Lachend beschrieb Norlind fernen, wie München, vom Dachauer Hofgarten aus gesehen mit seinen Türmen und Kirchen wie Spielzeug in er Ferne glitzerte. Er schwärmte von dem Leben und Treiben der vielen Künstler, die unter der höchst originellen und malerisch gekleideten Bevölkerung lebten, Abends mit den Männern Kegel schoben, Bier tranken und hübsche Frauen und Mädchen malten. Während ich hingegeben des Freundes farbigen und zündenden Worten lauschte, sah ich in der Ferne Dachau als leuchtenden Fixstern, um den sich alle Herrlichkeiten Süddeutschlands wie in einem Planetarium drehten".[110]

„Norlinds schöne Schilderung von der Malerkolonie vor Augen, kam mir der Gedanke, warum nicht auch ich meinen Beruf wechseln und Maler werden sollte. Denk', wenn ich die ollen Geschäftsbücher, die Kaffeesäcke und Zwetschgenkisten liegen ließe und mich kopfüber nach Dachau begeben würde! Die Fähigkeiten dazu hatte ich ja bereits bewiesen. Meine Entwürfe für Sofakissen und Antimakassars waren bei allen stickenden Tanten sehr beliebt, in sämtlichen sogenannten Salons meiner Verwandtschaft nahmen die Vasen, Fotografierahmen und Wandfächer, die ich mit Landschaftsbildern oder Blumenornamenten bemalt hatte, immer den besten Platz ein. Und war vielleicht das rosafarbene Bild in Christianstad nicht ein großer Erfolg gewesen? Wenn meine Karikaturen auch nicht von allen Seiten mit Lob begrüßt wurden, so lag wahrhaftig dieses nicht an mir, sondern an dem mangelnden Verständnis der betreffenden Modelle. Nein, nur Mut, junger Mann! Wer konnte wissen, ob ich nicht einst als großer Meister die ganze Menschheit in Erstaunen setzen würde, wer konnte wissen, ob nicht gerade ich dazu erkoren war, als ein neuer Rembrandtstern Licht und Glanz in die Welt zu bringen? Und wenn dieser Stern in Dachau aufginge, dann war ja doppelt geholfen.

Die Mission reifte in mir. Ich mußte Maler werden und nach Dachau ziehen ...
Der demütigende Begriff 'Dachau bei München' mußte vertilgt werden!

[108] *Elly Hirschfeld war die Frau des Schriftstellers Georg Hirschfeld (1873-1942), der von 1905 bis 1912 in Dachau lebte. Vgl. auch Nauderer (2002)*

[109] *Ursula-Katharina Nauderer in: Zweckverband (1993), S. 90*

[110] *Petersen (1934) S. 10. Alle folgenden Zitate mit freundlicher Genehmigung von Herrn Ehrenwirth (form. Ehrenwirth-Verlag)*

Tag für Tag schmuggelte ich große Bögen Papier in das Hauptbuch hinein, die ich in unbeachteten Stunden mit allerlei Phantasiegebilden vol zeichnete. Ganze Stöße davon sammelten sich allmählich unter dem Kassaschrank an. Dinge, die ich fast alle später im Leben in irgendeiner Form verwendet habe.

Als mir der Vorrat an Zeichnungen ausreichend erschien, um mich als angehender Künstler ausgeben zu können, packte ich eines Tages meinen Kram zusammen, verließ am 1. Oktober 1903 die heimatliche Küste und fuhr schnurgeradewegs nach Dachau. Ich mietete ein Atelier am Markt gegenüber der Kirche und sah der Zukunft getrost entgegen. Ich war da - es konnte losgehen!"

Über seine Dachauer Anfangszeit berichtet Petersen:

„Das Atelier im alten Wittmannschen Hause am Markt lag direkt unter dem Dach. Infolge dieser Lage herrschte dort ein ausgesprochenes Festlandsklima. Als ausgleichende Gerechtigkeit wurde dem Atelierbewohner die unerträgliche Hitze im Sommer mit einer barbarischen Winterkälte vergolten. Wer aber ein Maler vor dem Herrn sein will, muß sich in allen Lagen und Verhältnissen zurechtfinden können.

Mein Schicksal hing in dem ersten bayerischen Winter von dem ungleichen Kampf zwischen einem kleinen Kanonenofen und dem Thermometer ab. Der Ofen hielt zu mir, wie ich auch zu ihm, indem ich ihn nach Kräften mit Kohlen und Briketts vollfütterte; das Thermometer dagegen war ganz auf Seiten der arktischen Luftmassen, die durch die dünnen Rabitzwände und das große Oberlicht hereindrängten. Gelang es dem Ofen nicht, die erwünschte wohlige Stimmung zu schaffen, half ich mit dem Pinsel nach und malte die tollsten tropischen Phantasien an die Wände. Eine flammende gelbe Sonne um das bösartige Thermometer herum, Landschaften mit Palmen und Lianen, auf denen Affen und Papageien vergnügt herumturnten, gaben dem großen, weißgetünchten Raum sofort ein angenehmes und heiteres Aussehen. Ja, ich weiß noch von bitterkalten Winterabenden, als mir aus irgendeinem Grund die Kohlen ausgegangen waren, daß ich sogar dem so trostlos schwarz und tot aussehenden Kanonenofen einen leuchtenden Anstrich von feuerrotem Zinnober gegeben habe, um ihm und mir ein warmes behagliches Zuhause vorzutäuschen.[111]

Die eine Wand des Ateliers nahm ein riesengroßes, blau und buntbemaltes Himmelbett ein, das mir mit seinem holzgeschnitzten Baldachin und den geblümten Gardinen als ein fast königlicher Schnarchophag diente. Bei ganz besonderer Kälte wurde das Bett von allen Seiten mit sämtlichen entbehrlichen Kleidungsstücken behängt, wodurch es allerdings mehr den Charakter eines Indianerwigwams oder Lappenzeltes annahm, von dem aus mein jugendlich gesunder Schlaf bis in das Treppenhaus hinab zu hören war.

Nicht weniger stimmungsvoll war es im Sommer, wenn die unbarmherzige Sonne auf die Dachplatten über meinem Kopfe brannte. Da wurde jede Art von Bekleidung entbehrlich, selbst das Diminutiv von einer Badehose wäre lästig gewesen. Nackt, wie ich von der Mutter kam, insofern nicht die Zigarette oder ein Eisbonbon im Munde angerechnet werden können, stand ich vor der Staffelei. Die Farben brauchte ich nie mit dem Pinsel zu mischen. Auf der durch die Hitze verbogenen Palette flossen Schweiß und Farben in fabelhaften Tönen zusammen. Im Grunde eine sehr praktische Angelegenheit; ich brauchte bloß die Palette etwas schräg zu halten, um die verschiedenen Farbensoßen einigermaßen zu dirigieren. Am besten hätten sich diese Mischungen für Hafenbilder geeignet, wo oft Öl oder Petroleumringe auf dem Wasser dargestellt werden. Ich malte aber alles damit; Ausbruch des Vesuv, Leda mit dem Schwan, Gewitter im Gebirge, Feuersbrunst im Mondschein, Vertreibung aus dem Paradiese, Napoleon auf St. Helena, verlorene Söhne und derlei Kleinigkeiten, mit denen sich der bescheidene Anfänger für gewöhnlich abgibt.

Mein erster Lehrer war Adolf Hölzel, dem ich heute noch viel Wertvolles über Komposition und Raumverteilung zu verdanken habe. Unter anderem auch den Besitz von einem sinnreich konstruierten Zirkel, mit dem sich der goldene Schnitt auf den Millimeter feststellen läßt, einen Delacroixschen Farbenkreisel und einen sogenannten Motivsucher. Leider habe ich mit diesen Dingen nicht viel ausrichten können. Vor allem nicht mit dem Motivsucher - wenigstens nicht zu jener Zeit - denn wenn ich auch wirklich mit Hilfe des Instruments ein Motiv fand, war dieses in der Regel schon belegt. Zu Beginn des Jahrhunderts leuchtete während der Sommerzeit alle fünfzig Meter ein Malschirm eines Malers oder einer Malerin in der Dachauer Landschaft. An besonders beliebten Stellen stand man sogar tagelang Polonäse, bis jeder an die Reihe kam. Viele Motive wurden derart oft abgemalt, um nicht zu sagen abgestiefelt, daß die Bauern oder sonstigen Eigentümer auf Schadenersatz klagen. Ja. es kam selbst vor, daß die Herren Professoren vor Überdruß an dem ständig wiederkehrenden Bild die Korrektur verweigerten.
Schon im Frühjahr 1903 siedelte ich in die Schule von Hans von Hayek über. In seinem Schulatelier, wo lebende Tiermodelle, wie Pferde, Rinder, Ziegen und Schafe gestellt wurden, gewann ich die ersten klaren Begriffe vom wirklichen Zeichnen. Bedauerlicherweise währte diese Lehrzeit nicht lange. Meine ersten Faschingserlebnisse hatten mir Blut auf den Zahn gegeben; das Münchener Leben mit seinem damaligen Reiz - seiner Ausgelassenheit und charmanten Unbekümmertheit zog mich mit aller Gewalt an sich. Frohe, glückliche Tage, um nicht von den Nächten zu sprechen, die allemal irgendwo in einem Atelier in Schwabing endeten, gingen rasch dahin. Und mit ihnen ebenso rasch mein Monatswechsel. Ich mußte Geld verdienen! Um jeden Preis mußte der arg ins Wanken geratenen Geldlage wieder auf die

[111] *Laut mündlicher Fam. Überlieferung wurden von den Malern aus dem großen Gefüge dieses Dachstuhls etliche nicht tragende Balken entfernt und als Heizmaterial verbrannt. Sie sind inzwischen ersetzt um die Statik des Hauses wiederherzustellen*

Holzschnitt des Hölzelschülers Carl Olof Petersen

Beine geholfen werden. Aber wie? Durch Illustrieren - mit Zeichnungen für die vielen Zeitschriften vielleicht! Denn Gott mag wissen, daß weder mein opalisierender Napoleon, noch die Vertreibung aus dem Paradies dazu angetan waren, um Kapital aus ihnen zu schlagen.

Mit meinen figürlichen Darstellungen haperte es überhaupt gewaltig.[112] *Also mußte die Tierwelt herhalten, die mir von Kindheit an vertraut war und in welcher meine Phantasie bei dem verstohlenen Schaffen am väterlichen Schreibpult ausgiebig geschwelgt hatte. Viele von diesen Blättern mit Tierzeichnungen aus der Kontorzeit wurden zweckentsprechend umgezeichnet, viele aber in ihrer höchst naiven Ursprünglichkeit gelassen und den Redaktionen zugeschickt.*

Es folgten lange schlimme Wartezeiten, bis ich, von Ungeduld geplagt, eines Tages an der Tür des „Simplicissimus" in der Kaulbachstraße klingelte. Klein und verzagt wurde ich in das Büro der allmächtigen Redaktion hineingelassen. Der vordere Teil des Raumes, wo zwischen den Fenstern der Schreibtisch zu vermuten war, und in welche Richtung hin ich mich ehrfürchtig verbeugte, lag in dichte Schleier von Tabakrauch gehüllt. Nach langem Stillschweigen und einigen weiteren Bücklingen meinerseits der geheimnisvollen Rauchwolke gegenüber drang aus dieser die brummige Frage: Wos gibt's? Stotternd vor Beklommenheit fing ich an, mein Anliegen vorzutragen, das aber sogleich mit den Worten unterbrochen wurde: Der Geheeb[113] *kimmt gleich. Der Befragte kam dann auch herein, ein stattlicher, freundlich aussehender Herr, der mir zur Aufmunterung alle seine vielen und großen Zähne zeigte. Ich mußte mich an dem Türrahmen festhalten, als ich das Ergebnis meiner Einsendung erfuhr. Es waren einige Blätter angenommen, eines davon war sogar schon in Druck gegeben. Und ich sollte gelegentlich wieder etwas bringen! Wie um dieses Urteil laut zu verkündigen, blies draußen von der Straße her eine der ersten Autohupen Münchens eine schmetternde Fanfare. Die Tür wurde aufgerissen, ein in gelbseidenen Staubmantel gehülltes Etwas fegte an mir vorbei und flog mit eiligem Gruß an Geheeb und an die Rauchwolke zu einer anderen Tür hinaus. Dann kam es wieder hereingeflattert, diesmal so lange bei uns verweilend, daß mir die Erscheinung des Verlegers Albert Langen bewußt wurde.*

So, so - Sie sind der Dachauer Schwede, sagte Langen und hieb mir auf die Schulter. Mit den Viechern, nicht wahr! Warum machen Sie denn keine Serienbilder? Tier-Serien, Folgen, so wie Th. Th. Heine sie früher gemacht hat? Als ich nicht sofort aus seinem eiligen Sprechen klug wurde, fing er an, sämtliche Schranktüren aufzureißen, um nach einer Vorlage zu suchen. Er wühlte in Fächern und Schubläden; schließlich kniete er auf den Boden und wühlte alles durcheinander, bis er endlich das Richtige fand."

[112] *Vgl. hierzu die Fotos im Kapitel "Jagd im Dachauer Land", die Petersen als Vorlage für Zeichnungen dienten*

[113] *Simplicissimus Redakteur*

Frühlingswanderung im Himmelreich

Die beiden Freunde Carl Olof Petersen und Cornelius Wittmann auf einer Frühlingswanderung im Dachauer Moos. Im Hintergrund ist das Dachauer Schloß zu erkennen. Möglicherweise wurde diese Aufnahme mit Selbstauslöser gemacht. Das Foto ist ein beeindruckender Beleg für die Weite des Dachauer Mooses und den sich daraus emporhebenden Hügel mit dem Oberen Markt.

„Durch die heftigen Bewegungen Langens hatte sich die Rauchwolke etwas gelichtet und ich erkannte die Umrisse eines schweren, breitschultrigen Mannes, der unentwegt schrieb und unentwegt weiterrauchte. Diesen Moment ausnützend, stellte Geheeb mich vor. Ein tiefes Grunzen wurde vernommen, worauf die Wolke sich von neuem um Ludwig Thoma schloss.
Ei, ei - was war ich damals für ein Kerl, wie ich, in der Hand die Nummer des Simplicissimus, in der meine erste Zeichnung reproduziert war und mit dem Honorar in der Hosentasche klimpernd, durch die Ludwigstraße stolzierte! Was kostete die frühlingsblanke Stadt - was kostete die große lichte Welt? Wenn es nur auf mehr oder weniger verzeichnete oder karikierte Tierbilder ankam; meinetwegen sollte es der Menschheit nicht daran mangeln.
Kurze Zeit darauf lernte ich bei einem Besuch auf der „Jugend" Doktor Georg Hirth kennen. Er nahm mir sogleich einen ganzen Stoß Zeichnungen ab, von denen ich glaube, daß die Redaktion heute noch, nach dreißig Jahren, welche unveröffentlicht liegen hat.
Das Geschäft florierte. Ich dünkte mich bereits ein gemachter Mann. Wer, in Herrgottsnamen, hatte dabei Zeit, weiter in die Schule zu gehen? Ich doch nicht! Meine Stunden bei Hayek wurden immer seltener, bis sie eines Tages ganz aufhörten. Ich fing zu privatisieren an, kaufte mir ein Gewehr und ging auf die Jagd." [114]

Carl Olof Petersen auf der Jagd in Feldgeding

Dieses Foto seines Freundes Holmström hat Petersen als Vorlage zu einer Illustration in dem Buch „Die Moosschwaige" verwendet.

[114] *Petersen (1934) S. 11 ff.*

Die Moosschwaige

Die einsam gelegene Moosschwaige am Schleißheimer Kanal. Das Anwesen wurde für Carl Olof Petersen und seine Frau Elly zum Lebensmittelpunkt. Hier fertigte Petersen seine Holzschnitte und Zeichnungen für viele in Deutschland erscheinende Zeitschriften. Hier malte er, betrieb botanische Studien und von hier zog er hinaus auf die Jagd. Seine Frau führte in der Moosschwaige über lange Jahre eine Hauswirtschaftsschule, die stets regen Zulauf hatte. Das Foto ist die Vorlage für eine Postkarte, die im Wittmann Verlag erschienen ist.

Postkarte an Frau E. Hirschfeld

Elly Hirschfeld[115] war in zweiter Ehe mit C.O. Petersen verheiratet. Sie veröffentlichte gemeinsam mit ihrem Mann mehrere Bücher, die hohe Auflagen erreichten. Am bekanntesten ist das Buch „Die Moosschwaige. Ein Buch von jungen Menschen und von Tieren, von Lebenslust und von Sonne."

[115] *Stadtarchiv Dachau, alte Meldekartei: Elly Hirschfeld geb. Lesser, Kaufmannstochter, geb. 26.02.1874 Berlin; konfessionslos, vorher israelitischen Glaubens, Scheidung von Georg Hirschfeld und Heirat mit Kunstmaler Carl Olof Petersen. Wohnort 1913 Schleißheimer Str. 10, Moosschwaige, 1939 nicht mehr in Dachau wohnhaft*

Im Jahr 1935 schreibt Ernst Norlind begeistert an C. O. Petersen:

Umschlag zur Erstausgabe „Die Moosschwaige“

„Lieber Kalle ,
Ich habe ein Buch von Dir bekommen, und wahrlich- ein schöneres Geschenk wäre nicht möglich! Ich habe es gleich gelesen- und es verwandelte eine Klosterzelle in ein frisches Zimmer der Erinnerungen (ich wohne derzeit allerdings nicht im Kloster, sondern privat). Wenn Du nur wüsstest, welche Wirkung Deine Photographie am Anfang des Buches auf mich hat. Sie ist so schön geworden, und Du bist es wirklich, ganz und gar Du! Jede kleine Erzählung hat stilistisch etwas ganz Besonderes, was sie zu einem freundlichen Kunstwerk macht- und dass Du Dich auch an mich zu Beginn der Schilderung noch erinnerst, finde ich sehr ergreifend! Ich glaube, die Lappland-Schilderungen gefallen mir am besten, aber auch andere Geschichten sind so entzückend, dass man sie nie vergessen kann; die Geschichte von der Klette z. B.! Ich lag beim Lesen im Bett und jauchzte vor Freude!
Wenn Du Dachau schilderst, bekomme ich den Eindruck, dass jedes Relikt aus früheren Zeiten mittlerweile verschwunden ist! Da gibt es keine einzige Moorhütte mehr, alles ist bebautes Land geworden! Ich habe die Schilderungen dennoch mit besonderer Freude gelesen, was Du ja verstehen wirst! Zudem mit besonderer Wehmut, und mit einem Gefühl, dass man nie mehr an denselben Fleck zurückkommen wird… .
Das Leben steht nun einmal nie still, nie, und plötzlich befinden wir uns in fremden Ländern und unter fremden Menschen.
Der Wirbelsturm der Zeit ist über mich hinweg gefegt, wie über uns alle; so vieles ist mir nun fremd, was mir früher höchst notwendig erschien. – Ich bin ein anderer Mensch geworden - einer, der tastend versucht, sich in einem neuen Leben zu orientieren!
Es gibt übrigens nicht viel zu erzählen- alles hat sich äußerlich verändert. Borgeby wird jetzt wohl nie mehr meine richtige Heimat. Staffan wird am Ostersamstag heiraten - Hanna wird nächstes Jahr 70 Jahre, ich bin erst 58 - das sagt eine Menge aus über die Neuorientierung! Das Leben ist kurz- und gerade dann, wenn man es ergreifen möchte, ist es zu Ende! Ich glaube nicht mehr, dass ich vollenden kann, was man mir aufgetragen hat - mein Leben bleibt ein merkwürdiges Stückwerk! Das Ergebnis ist so gering, die Arbeit so scheußlich!
Ich danke Dir noch einmal für deine freundliche Geste, mir das Buch zu senden! Es ist so warm geschrieben, so niedlich - verzeih den dummen Ausdruck - aber es ist in der Tat warm und liebenswürdig zugleich, aber auch voller Humor - und das mit einem kleinen, feinen Lächeln!
Du hast, vermute ich, bestimmt die Besprechung von Anders Österling gelesen- sie stimmt haargenau!
Viele Grüße an Elly! Herzlichst E. Norlind, Assisi/Perugia 10.4.1935“[116]

Norlinds Brief ist ein weiterer Beleg für die langjährigen, oft sehr persönlichen Freundschaften die die schwedischen Künstler untereinander gepflegt haben.

Postkarte an „Kunstmaler C. O. Petersen Dachau / Bayern“ 1914

Die Karte ist am 2. April 1914 in Stockholm abgestempelt. Die Malerin Harriet Sundstroem bestellt bei Petersen mehrere seiner Holzschnitte.

„Sende mir umgehend den Rest. Wenn er noch nicht abgeschickt worden ist, noch ein zusätzliches Exemplar der „Elstern“ (1907 in Farbe) außerdem ... die Eule (1906)…danke für die freundliche Karte es wird wohl jetzt schon klappen sende es mir bald, sei so gut …“

Außerdem teilt Harriet Sundstroem mit, dass Petersens Holzschnitte bei ihr ausverkauft sind und sie nun bald die Abrechnung mache werde.

Petersens Geschäftspartnerin in Schweden war zweimal in Dachau.[117] Im Jahr 1906 und im Jahr 1913 wo sie von Oktober bis Dezember im Haus der Familie Wittmann wohnte.

[116] *Übersetzung I. Hauptfleisch* [117] *Vgl. Hanke in Thiemann-Stoedtner (1989) S. 348*

Carl Torsten Holmström und seine schwedische Heimat

Der schwedische Maler C. T. Holmström

Diese Portraitfotographie hat der aus Breslau stammende Maler Siegfried Laboschin aufgenommen, wie Holmströms rückseitige Notiz belegt.[118] Laboschin war 1910 für kurze Zeit in Dachau.

Carl Torsten Holmström wurde am 1884 in Akarp/Schonen als Sohn eines Volkshochschuldirektors geboren. Er war der Bruder der Künstlerin Thora Vega Holmström. Nach dem Abitur in Lund begann er dort ein naturwissenschaftliches Studium. Im Jahr 1905 trotze er den elterlichen Wünschen, begab sich nach Dachau und besuchte dort die Malschule Adolf Hölzels.
In den Jahren 1906/07 studierte er bei Carl Wilhelmson in Göteborg.
Nach einem kurzen Studienaufenthalt in Paris 1908 folgten 1909 und 1910 weitere Kunststudien in Dachau und an der Stuttgarter Akademie, an der mittlerweile Hölzel lehrte.
Während seiner Pariser Zeit begegnete er Rainer Maria Rilke, der darüber an Holmströms Schwester Tora schreibt:

*„ Liebes Fräulein Holmström,
fast gleichzeitig mit Ihrer Nachricht neulich kam Ihr Bruder zu mir und seither hab ich ihn noch zweimal wieder gesehen und ihn nun etwas mehr und von Herzen kennengelernt. Sie wissen, wie ich die Begegnung mit nordischen Menschen liebe; und Torsten macht es einem auch sonst leicht, sich an ihm zu freuen....“* [119]

Holmström kehrte 1910 wieder nach Schweden zurück, wo er Chefredakteur der Malmöer Handelszeitung wurde. In den folgenden Jahren veröffentlichte er mehrere Bücher, unter anderem verfasste er zwei Sammlungen „Von Ländern und Stränden“ (1913/19), über die sein Freund Anders Österling schreibt:

„Sie haben sich frischer als das Meiste gehalten. Das Genre ist eher dänisch, süddeutsch und amerikanisch, als schwedisch: man denkt an Boganis Jagdbriefe, an Geschichten von Ludwig Thoma und Fabeln von Mark Twain…“.[120]

In den 30er Jahren besuchte Holmström nochmals Dachau und bereiste Ungarn und Österreich. Außerdem war er 1943 Mitherausgeber des Prachtbandes „Bohuslän. Die Landschaft am Westmeer“, sowie eines vierbändigen Werkes über „Nordische Vögel“. Über lange Jahre war er Mitglied des Göteborger Stadtrates im Ausschuß für Natur und Kultur. Carl Torsten Holmström starb im Januar 1946 nach langer Krankheit. Seine Werke sind in vielen wichtigen Museen Schwedens vertreten.[121]

---

[118] *Künstlerliste von Hanke in Thiemann-Stoedtner (1989) S. 323 - dort auch die entsprechenden Querverweise auf Reitmeier und Thieme-Becker*

[119] *zit. n. Rausing /Aström (1989) S. 67; vgl. auch Rilkes Charakterstudie C.T. H's anläßlich eines Besuchs in Borgeby, im Sommer 1904. In: Holmström (1947) S. 14*

[120] *zit. n. Rausing /Aström (1989) S. 15*

[121] *Biographie zusammengestellt unter Verwendung einer Übersetzung von Gerhard Wittmann, Schweden*

Der Künstler hat hier eine Szene aus dem Dachauer Alltagsleben ins Bild gesetzt. Als die Radierung entstand, waren fast alle Straßen im Alten Markt gepflastert.

Pflasterer, Radierung von C. T. Holmström aus dem Jahr 1910

Quelle: Prof. Wittmann, Bonn

Tora Vega Holmström in Dachau

Die Aufnahme zeigt Holmströms Schwester während ihrer Zeit als Hölzelschülerin in Dachau. Zusammen mit ihrem Bruder wohnte sie bei Maria Wittmann.

Tora Vega Holmström wurde am 2 März 1880 in Tottarp / Schweden geboren, sie verstarb im Jahr 1967.[122] In den Jahren 1900 bis 1902 erhielt sie ihre erste künstlerische Ausbildung unter Carl Wilhelmson in Valands Malschule in Göteborg. Im Jahr 1903 war sie Schülerin von Adolf Hölzel in Dachau. 1907 studierte sie bei Colorossi in Paris. 1910 war sie wie ihr Bruder Torsten wieder Schüler bei Hölzel, der nun in Stuttgart lehrte.

Mit Rainer Maria Rilke führte Tora Holmström einen lebenslangen Briefwechsel,[123] obwohl sie sich nur zweimal begegneten. Zum ersten Mal im Jahr 1904 bei Hanah Larsson und Ernst Norlind auf Borgeby in Schweden und in Paris 1907.

Auf Schloss Borgeby hatte Rilke auch Toras Bruder Torsten getroffen, der auf ihn einen besonders starken Eindruck gemacht hatte.

---

[122] *Wenige Jahre vor ihrem Tod begegnete der aus Freising stammende Maler Karl Huber auf einer Schwedenreise Tora Holmström. In Erinnerung an ihre Dachauer Erlebnisse ermunterte sie Huber seine künstlerische Tätigkeit in Dachau fortzusetzen (Mündliche Mitteilung von Karl Huber an Cornelius Wittmann - Gaststätte "Kochwirt" im Sommer 2004.) Karl Huber gehört heute zu den bekanntesten zeitgenössischen Dachauer Künstlern*

[123] *kommentierte Veröffentlichung der Briefe in: Rausing / Aström (1989)*

„Mit seinem gesunden, beigeisterndem Lebensgefühl schien dieser junge Mann irgendwie mit der Natur selbst im Bunde zu sein, und für den romantischen Rilke wurde er zum Prototyp des ‚Nordischen Menschen'. Sicher haben die Geschwister Holmström mit ihrer künstlerischen Sensibilität und stilistischen Begabung in nicht unbedeutendem Grad zu Rilkes schwärmerischer Sehnsucht nach dem Norden beigetragen." .[124]

Im Jahr 1904 war Rilke zu Gast auf Borgeby. Er schreibt im August an Tora Vega Holmström:

„Nun sind es zwei Briefe, für die ich Ihnen, Fräulein Holmström, zu danken habe. Und es ist noch mehr. Wäre ich damals nicht krank und traurig gewesen, als Ihr erster Brief kam, so hätte ich Ihnen gleich gesagt, dass er mir wohlgetan hat.
Nun aber bitte ich Sie nur, Sie möchten ein Vorhaben, das Sie darin aussprachen nicht vergessen; denn in mir ist es inzwischen zu einem Wunsche geworden, zu dem Wunsche (den ich Jahrelang geduldig mitzutragen vermag), - einmal eine Zeichnung von Ihnen zu besitzen, Fräulein Tora Holmström…."[125]

Über ihr Treffen mit Rilke in Paris berichtet Tora Holmström an ihren Bruder:

„Es war ein schöner Abend. Rilke ist jung und bartlos geworden, aber man erkannte ihn dennoch wieder. Er ist zauberhaft lieb und fein zu mir. Wir gingen zu Lilas um Kaffee zu trinken. Es liegt in einer lauschigen, stillen Ecke…. Dort sitzen die Skandinavier treu bei ihrem Aperitiv, und schicke französische Schriftsteller und viele Stundenten aus dem Quartier Latin …. Gott weiss, wann die alle ihre unsterblichen Werke schaffen. Mir war ganz wirr im Kopf von allem, was Rilke von Paris gesagt und phantasiert hatte…" [126]
In einem späteren Brief von Adelheid von Schmiterlöw[127] *schreibt sie über das gleiche Treffen: „Rilke hat heute Abend Dinge über Paris gesagt, die so wahr waren, dass sie wie Pfähle auf dem Wege eingeschlagen stehen".*

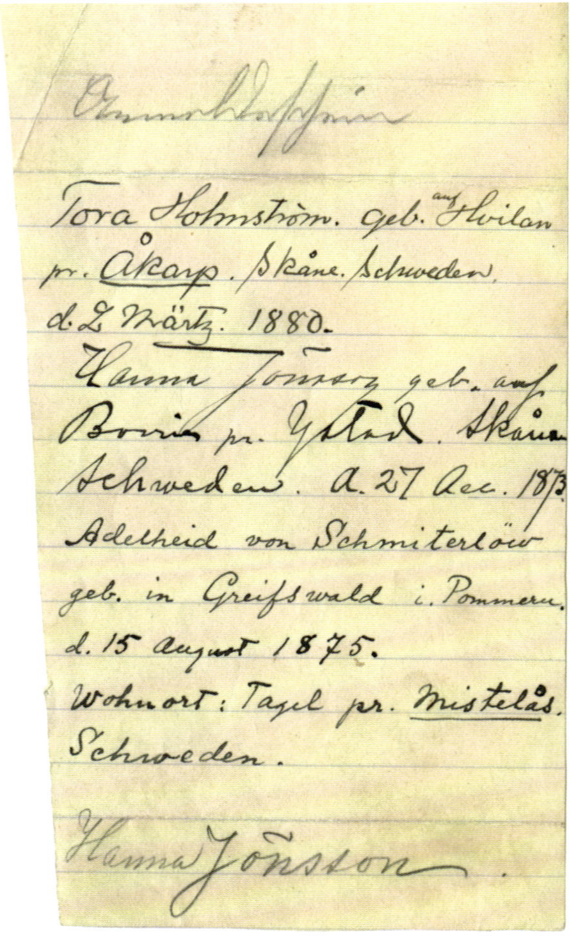
Tora Holmström. geb. auf Hoilan
pr. Åkarp. Skåne. Schweden.
d. 2 März. 1880.
Hanna Jönsson geb. auf
Borrie pr. Ystad. Skåne
Schweden. d. 27 Dec. 1873.
Adelheid von Schmiterlöw
geb. in Greifswald i. Pommern.
d. 15 August 1875.
Wohnort: Tagel pr. Mistelås.
Schweden.
Hanna Jönsson.

Anmeldeschein von Tora Holmström in Dachau, 1903

Besucher, die nach Dachau kamen, mußten sich beim Magistrat anmelden. Zu diesem Zweck erstellten sie selbst oder die Vermieter Zettel mit den notwendigen Angaben. Hier hat sich Tora Holmström wie folgt angemeldet: „Tora Holmström, geboren auf Hoilan pr. Åkarp, Skåne, Schweden, den 2 März. 1880." Zusammen mit ihr kamen Thoma und Hanna Jonnston, sowie Adelheid von Schmiterlöw an, alle kamen aus Schweden.[128]
Der gute Ruf von Hölzels Malschule hatte sie nach Dachau gelockt. Tora Holmström und Adelheid von Schmiterlöw nahmen Quartier bei Maria Wittmann. Auch in den folgenden Jahren wohnten schwedische Künstler im selben Haus.
Die Schilderungen ihrer schwedischen Heimat, deren Natur und Menschen begeisterten auch die Geschwister Paula und Cornelius. Besonders mit C. T. Holmström und C. O. Petersen verband sie bald eine enge Freundschaft, die bis in die 30er Jahre gepflegt wurde.
Auf Einladung ihres Freundes Holmström reisten sie mehrmals nach Schweden.

[124] *Rausing / Aström (1989) S. 14*
[125] *zit. n. Rausing/Aström (1989) S. 60*
[126] *zit. n. Rausing / Aström (1989) S. 24*
[127] *geb. 18.08.1875; in Dachau im Jahr 1903, wohnte bei Maria Wittmann*
[128] *Quelle: Stadtarchiv Dachau*

Paula Wittmann in Schweden

In den Jahren 1911, 1913 und 1914 war Paula Wittmann zu Gast bei der Familie Holmström in Schweden.
Zusammen mit Holmströms bereiste sie Teile des Landes, war Hausmädchen und hielt regen Kontakt nach Dachau.
Auf einigen Postkarten wendet sich auch Holmström an seinen Freund, wie etwa am 3.10.1911 auf einer Postkarte aus „Tagels Gard, Smalands-Rydaholm".

„Lieber Freund Cornel. Heute Abend fahre ich zurück nach Gothenburg. Ich schreibe Dir von dort einen Brief und erzähle Dir Verschiedenes aus der letzten Zeit.
Kannst Du Dich (!) denken, heute war ich im Walde hier und da habe ich einen mordsprügel- grossen Auerhahn erlegt. Sein Kopf ist so gross wie Paula ihr Köpfi. Ich sende dir die herzlichsten Grüsse Dein Bruder C.T.H.
O, lieber Cornell es ist hier barbarisch schön! Viele liebe Grüße, Deine Schwester Paula"

Am 8.10.1911 schreibt Paula an ihren Bruder aus Kopenhagen:

„Viele herzliche Grüße aus dieser schönen Stadt. Grüße auch Mama recht herzlich! Wir waren gestern Abend hier im Konzert. Tora (d.i. Holmström), Fr. Nalin (?), Lugers (?) und ich. Wundervoll! Leb wohl! Paula"

Am 25.5.1913 versendet sie eine Postkarte aus „Villaparti vid Hvilan":

„Lieber Cornell ! … Du weißt, dass ich mich sehr wohl fühle. Ein harmonisches, ruhiges, beschauliches Leben. Ich arbeite viel u. werde dabei froh und glücklich. Du solltest diesen Sommer wieder nach Schweden kommen. Besinn dich nicht lange. Entschließe Dich. Es wäre so nett. Einstweilen liebe herzliche Grüße. Deine Paula"

Und am 9.11.1913 schreibt sie aus „Grötö Hufvud":

„Lieber Cornel! Jetzt sind wir hier einig und schön versammelt- Du und Calle (d.i. Petersen) fehlen bloss...!"

Im Juni des Jahres 1914 schickt sie eine Postkarte „Utsikt fran Malens Terass":

„Mein lieber Cornel.... Habe den ganzen Haushalt hier alleine zu führen; gibt's ganz viel zu tun. Bastad ist sehr ähnlich einer deutschen Kleinstadt. Es erinnert mich an Kaufbeuren. Hügelland bewaldet auf der einen Seite. Das Meer auf der anderen. Wir wohnen nur ein paar Minuten vom Strande…"

Im selben Monat folgt eine Postkarte „Utsikt fran Solbacken"

„Lieber Bruder Cornel!... Du solltest die herrlichen heißen Sommernächte sehen. Das Meer still, durchsichtig wie Kristall…"[129]

[129] *In der Sammlung befinden sich etliche weitere Briefe und Postkarten Paula Wittmanns aus Schweden*

Einladung Holmströms zu einem Besuch in Schweden

„Göteborg 30.05.1912

Lieber Cornel!

Abrakadabrahasenschwanzel! Freilich sollst du nach Schweden kommen. Ich habe Deinen langen Brief dechiffriert und finde erstens dass Du nach Schweden reisen sollst, zweitens, dass Du beim Briefschreiben ein recht Fauler bist! Deine verschiedenen Urlaubsvorschläge habe ich mit größtem Ernste revidiert, und nach sorgfältiger Prüfung bin ich soweit gekommen dass ich sagen muss: Du sollst im August kommen. Die eigentlichen Sommermonate sind zwar auch sehr schön hier; doch, es ist im Spätsommer und im Herbst mehr los, die Jagd geht an, man kann immer noch baden und fischen…könntest Du nicht wenigstens extra eine Woche Urlaub kriegen ?? Die Sache ist nämlich so: schon lange möchte ich nach Nordschweden um eine Schwester zu besuchen und die wundervolle Landschaft sehen auf die Jagd gehen … es wäre dann wirklich großartig wenn Du mir Gesellschaft leistetest… Wir könnten dann erst ein oder zwei Wochen auf Grötö verweilen und vielleicht … Gelegenheit finden, einige Birkhähne zu erlegen… dann reisen wir weiter nach Norden, und wenn es ein gutes Vogeljahr ist, können wir dort Wundervolles erleben… ich will mein Bestes tun um Dir Deinen Aufenthalt angenehm zu machen… Diese Reise auch Nordschweden kann meinetwegen auch verschoben werden und wir können die ganze Zeit hier und in Skåne verbringen. Wie es Dir am liebsten ist…! Mit vielen herzlichen Grüßen an Mutter und Paula und Alle, Dein Freund Torsten. Meine Frau Anna Paulina heißt Dich willkommen.“

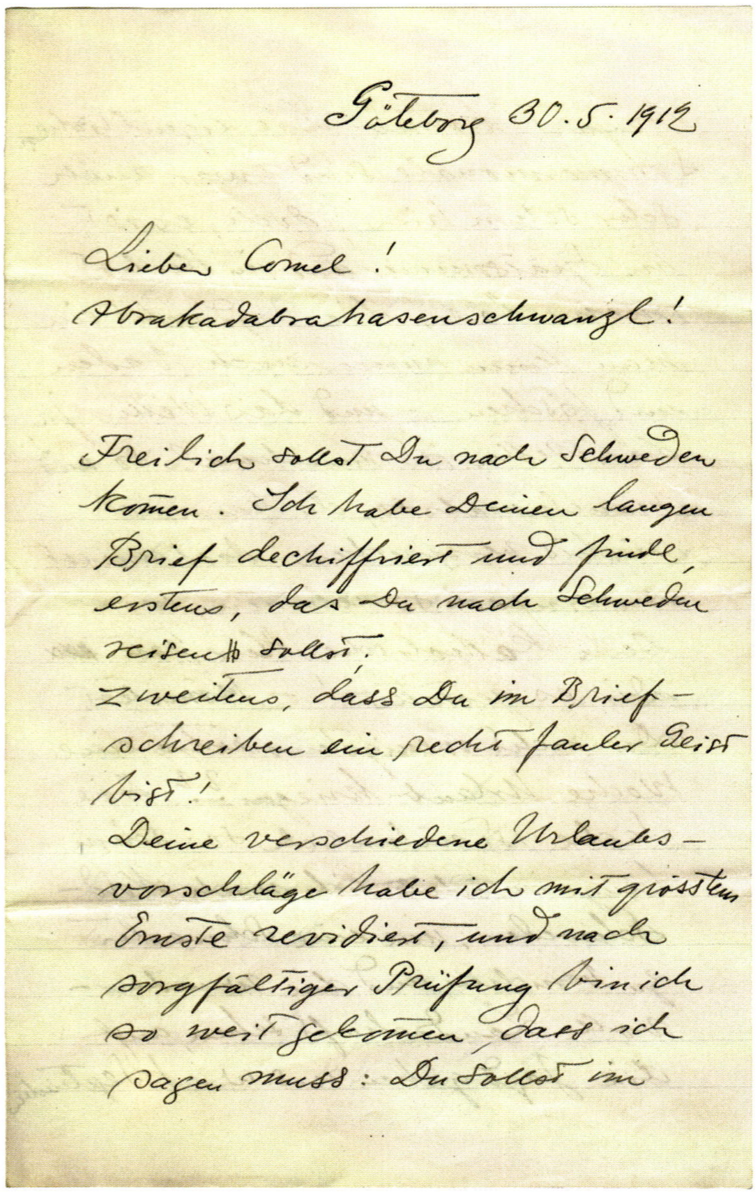
Göteborg 30.5.1912

Lieber Cornel!

Abrakadabrahasenschwanzl!

Freilich sollst Du nach Schweden komen. Ich habe Deinen langen Brief dechiffriert und finde, erstens, das Du nach Schweden reisen sollst.
zweitens, dass Du im Briefschreiben ein recht fauler Geist bist!
Deine verschiedene Urlaubsvorschläge habe ich mit grösstem Ernste revidiert, und nach sorgfältiger Prüfung bin ich so weit gekomen, dass ich sagen muss: Du sollst im

In einem anderen Brief schreibt Holmström:

„Mein lieber alter Freund Cornel !

Du hast mir damals so riesig nett geschrieben - und immer wollte ich doch in meiner Weise auch recht nett antworten! Aber ich bin, gerade wie Du selbst, was Briefschreiben anbelangt, ein fauler Satan und es dauert regelmäßig säumliche Zeit bis ich mich entschließe, eine solche neue Beschäftigung anzufangen. Heute scheint mir der richtige Augenblick gekommen, und zwar deshalb, weil ich frei und ganz angenehm zu Mute bin und eine leise Hoffnung hege, daß ich etwas von meinem Seelenzustande meinem Briefe überführen könnte! Vor ein paar Stunden kam ich nach Hause; fuhr doch gestern, wie meistens samstags, nach den Inseln draußen, diesmal als Gast eines gothenburgischen Jägers; wir wollten den ganzen Sonntag benutzen, um draußen auf dem Meere herumzugucken und vielleicht einen Seehund umzubringen. Aber es kam anders. Überhaupt habe ich bis jetzt ein Pech mit den Sauviechern gehabt. Das schöne Wetter ging zum Teufi, erst hat es recht damisch geregnet, und über Nacht wurde es sehr windig, und es war keine Rede von einer Seehundjagd. Ja, das heißt, geredet wurde es schon! Da, wo ich diesmal war, haben sich drei unverbesserliche Jäger - Junggesellen seit Jahrzehnten- eingemietet auf einer sehr netten Insel! Dort wohnen sie wundernett beisammen in ein Paar Stuben, sind mit Booten, Waffen, Gesundheit, Nahrung, Geld, Gemüt und Bier und Punsch und Whisky reichlich versehen, und wir saßen die halbe Nacht und mehr, beim Essen und Trinken zusammen und plauderten los - bester Ersatz für wirkliche Jagd; denn so was von Jägerlatein wird in Bayerns Wirtshäusern nicht reichlicher einge-

schenkt! Herrgottsacra, muß ich jetzt laut ausrufen! - der älteste Herr hat elf Jahre oder mehr als Sportjäger in Amerika zugebracht und ist manchmals nicht ungeneigt, etwas aus seinen seltsamen Erfahrungen mitzuteilen, und man behauptet, das Meiste soll auch wahr sein. Na also: wir haben uns „sehr nett unterhalten", wie man in Deutschland sagt, und taumelten in der Morgendämmerung, leidig nüchtern, in unsere resp. Schlafkisten; für Seehunde völlig ungefährlich und harmlos, ließen wir diesen gewandten Seeviechern ihr ungestörtes Dasein in dem wütenden Meere und fielen ziemlich bewußtlos zu Bett. In der Früh, das heißt gegen 11 Uhr, erwachten wir etwas graugestimmt und sandten jeder einen gesalzen Hering in den Magen hinein; nachher wollten wir doch ein wenig Luft haben und segelten bei sehr frischem Winde hinaus, waren aber zu faul um etwas weiteres anzufangen; und ich nahm später den Dampfer in die Stadt zurück.

Jetzt sitze ich also hier, friedlich mit meiner Frau zusammen; draußen ist jetzt ein fliegender Sturm entstanden, und ich meine, die drei Gesellen auf der Insel sitzen schon wieder recht hübsch zusammen in der Stube und verbessern immer mehr ihre schon vortrefflichen Jagdresultate. Es heult der Wind ganz wütend meinem Fenster vorbei; da wird man wahrscheinlich morgen früh in den Morgenblättern was zu lesen bekommen, es ist schon blühende Segelsaison und gefährlich wird es diese Nacht draußen. Hoffentlich geht mein eigenes Bootlein, das auf Grötö stationiert ist, nicht zum Teufel!
Im Januar und Februar haben wir ziemlich gute Seevogeljagd gehabt, schade, daß Du das nicht mitmachen konntest! Es liegt ein besonderer Reiz in dieser Jagd, da gibt es ja so viele verschiedene Vogelarten zu sehen und erlegen, und schön sind sie alle - es sollte Dich wahrscheinlich sehr interessieren, so eines Wintermorgens bei den Lockenten zu sitzen und sehen, wie sie ganz vertraulich einfallen: der große und der kleine Säger, die Schellente, die Bergente, die Trauerente, die Eiderente, die große Kormoranscharbe u. a. - es ist so bunt und mannigfaltig manchmals, wenn die Verhältnisse sonst günstig sind, daß man wirklich eine große Freude daran haben kann. Aber, es ist keine Spielerei, und öfters muß man fest arbeiten, um die richtigen Plätze zu erreichen - und kalt ist es - mein Lieber! Macht nix, hinaus geht's doch, wenn es überhaupt möglich ist, und die Mühe ist bald vergessen. - Na, es wird wohl einmal so kommen, daß Du Dich dabei beteiligen kannst. Ich habe doch geglaubt, Du solltest jetzt im Frühling eine kleine Schwedentour machen, Cornel? Es wäre mir und meiner „Anna Paulina"[130] sehr lieb, wenn Du kommen tätest, und ich wollte alles tun, um Dir unsre schöne Landschaft hier oben zu zeigen, so weit es meine Arbeitszeiten ermöglichen. Jedenfalls würde ich dafür sorgen, daß Du beschäftigt würdest. Vom ersten Juni ab wohnen wir auf Grötö, und es gibt genug Platz für Dich auch; es wäre doch ratsam, daß Du schnell möglichst kämest, es ist jetzt die richtige Zeit um das Vogelleben hier oben zu sehen zu bekommen, und wir besitzen Boote genug, um zeitlich weit recognozieren zu können. Vogelberge im arktischen Sinne gibt es ja bei uns nicht, aber doch ganz nette Plätze, Brutplätze für allerlei Meeresvögel, die einem bayerischen Herrn vielleicht etwas bieten können.

Jagd gibt's ja zu dieser Zeit keine, aber man kann sich ja auch so unterhalten. - Du könntest mir eigentlich ein Paar Worte schreiben - ob Du jetzt Gelegenheit hat zu fahren; oder erst später, im Herbst - es ist nämlich verflucht notwendig, daß Du einmal von Dachau wegkommst; und mir wäre es sehr lieb, daß Du Deinen Aufenthalt bei uns wählst. Ich meine, wir könnten doch hier in Schweden auch einen solchen Feisthirsch wie Dich eine Zeitlang ernähren! Deutsches Bier gibts in Göteborg auch. Also schreibe bald, Freund!

In Deinem Briefe hast Du Dich in liebenswürdigster Weise gequält, um mir meine ehemännlichen, biologischen und physiologische Pflichten fest und ernst einzuprägen - ja in ganz niedlicher und für mich schmeichelhafter Weise! Ich habe mir also die Sache mit Ernst angefangen und hätte Dir schon lange mitteilen können, daß es begründete Hoffnung gibt, daß ich im November mit Stolz und Würde auf meine wahrscheinlich erste Brut herunterblicken kann. Vater zu werden scheint also nicht besonders schwer zu sein. Dein lebhaftes Interesse ist mir aber sehr angenehm und ich sehe schon in die Zukunft meinen Freund Cornel Wittmann, als fleißiger Mit-Erzieher für Betreffenden! Herzlichen Dank!

Auf meinem Tische stehen herrliche Enzian, in der Nähe von Rollbühlers, von lautesten Weissbier-Rülpsen widerhallenden Wirtshause gepflückt. Wie wundervoll vom Calle,[131] mir die Blumen zu senden. Ich habe eine große Freude daran. Diese tiefe, treuherzige Farbe, aus dem schwarzen Moorboden hervorkristallisierend - Wie geht's dem Neger?[132] Bitte grüße ihn herzlich von mir. Grüße in selber Weise den Sepp und seine und die Kinder.[133] Und alle nette Leute die ich kenne. Aber von Allen mußt Du die Mutter Marie und meine liebe Paula[134] grüßen; und Dich selbst überlasse ich feierlich in Gottes allmächtigen Hand, in der Hoffnung, daß Deine Verdauung fortwährend das Allerbeste leistet und daß es Dir überhaupt sehr gut geht! Schreibe mir jetzt, Du Depp! Sonst holt Dich der Teufi."[135]

[130] *Holmströms Frau Anna Paulina, geborene Jönsson*
[131] *d. i. Carl Olof Petersen*
[132] *d. i. Tierarzt Adolph v. Neger*
[133] *d. s. Josef und Martha Wittmann*
[134] *d. i. Martha Wittmann und Tochter Paula*
[135] *Brief in der Sammlung Wittmann. Es sind dort mehrere zum Teil illustrierte Postkarten und Briefe Holmströms an die Familie Wittmann erhalten*

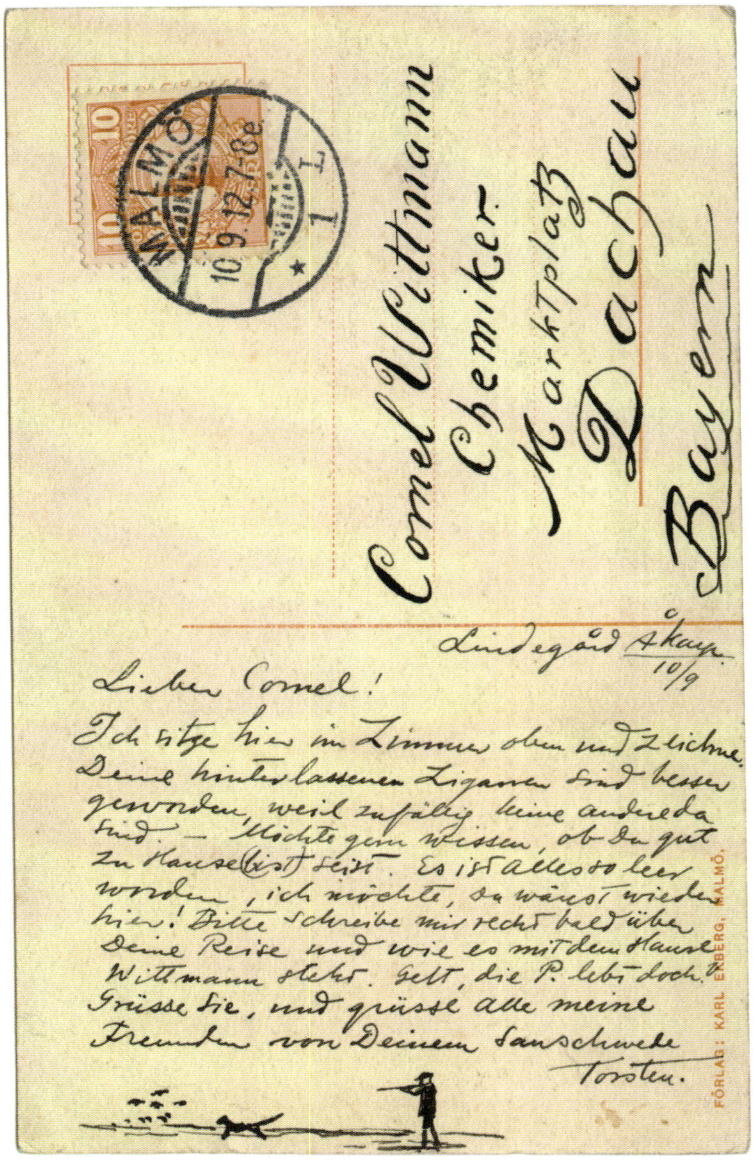
Cornel Wittmann
Chemiker
Marktplatz
Dachau
Bayern

Lindegård Akarp 10/9

Lieber Cornel!
Ich sitze hier im Zimmer oben und zeichne. Deine hinterlassenen Zigarren sind besser geworden, weil zufällig keine andere da sind. – Möchte gern wissen, ob du gut zu Hause (bist) seist. Es ist alles so leer worden, ich möchte, du wärst wieder hier! Bitte schreibe mir recht bald über Deine Reise und wie es mit dem Hause Wittmann steht. Gelt, die P. lebt doch. Grüsse sie, und grüsse alle meine Freunden von Deinem Sauschwede
Torsten.

FÖRLAG: KARL ENBERG, MALMÖ.

Postkarte von Torsten Holmström mit einer Ansicht von Ernst Norlinds Schloß Borgeby

Lindegård Akarp 10/9 (1912)

„Lieber Cornel ! Ich sitze hier im Zimmer oben und zeichne. Deine hinterlassenen Zigarren sind besser geworden, weil zufällig keine anderen da sind – möchte gern wissen, ob du gut zuhause (bist) seist. Es ist alles leer worden, ich möchte, Du wärst wieder hier! Bitte schreibe mir recht bald über deine Reise und wie es mit dem Hause Wittmann steht. Geld, die P. lebt doch? Grüße sie, und grüße alle meine Freunde von deinem Sauschwede Torsten.“

Besuch in Schweden

Cornelius Wittmann besuchte seinen Freund im Sommer 1912.
Von der Insel Rügen aus setzte er nach Schweden über und reiste nach Malmö, wo Holmström als Zeitungsredakteur arbeitete. Sein Ferienhaus auf der Insel Grötö war Ausgangspunkt für die Segelausflüge und Seehundjagden der Freunde.

Holmström vor seinem Ferienhaus auf Grötö um 1912

Albert Eklundh erinnert sich:

„Wenn Torsten Holmström es auch verstand, sein Heim im Getriebe der Stadt so zu gestalten, dass er für Seele und Körper Raum fand, so wurde es für ihn doch bald zur Notwendigkeit, ab und zu näher an richtig unberührte Natur zu kommen, so dass er direkten Kontakt zu Klippen, Wasser, Blumen und Vögeln hatte. Diese Möglichkeit bot sich ihm auf Grötö. Eine kurze bequeme Dampferreise nach Norden, in die Schärengärten, führte dorthin. Hier draußen auf den Klippen entstand das Ferienhaus. Es war wie aus dem Fels selbst entsprungen, und so nahe am Wasser, dass man das starke Gefühl hatte, auf einem Boot zu sein. Man blickte wie aus einem Kajütenfenster und begegnete dem Spiel der Wellen bei Sonne oder Unwetter. Das Fernglas lag immer bereit, so dass man im richtigen Augenblick einen Vogel beobachten konnte, der vorbeistrich oder auf dem Wasser lag... Das A und O aber war das Boot. Es lag unterhalb und nur nach wenigen Schritten konnte er es besteigen, die Taue lösen und abstoßen. Dann war er frei und warf allen Kummer und alle Zwänge über Bord. Er summte still vor sich hin, ordnete die Fischgeräte, hatte das Fernglas in Reichweite und die ganz Welt, soweit sie sich hier in Miniatur zeigte, gehörte ihm...“[136]

Holmström mit seiner Frau Anna Paulina

Holmström schreibt an seine Verlobte Anna Paulina während seiner Dachauer Zeit:

„...an einem Frühlingsmorgen im März stand ich einsam an einem Steilufer der Amper. Unter mir der Fluß, klar und rastlos wie nur die Amper sein kann. Auf der anderen Seite grüne Wiesen mit Schneeresten - dort ästen zwei Rehe mit beige- braunem Fell, wie das Vorjahresgras.
Ich habe eine so schöne Erinnerung an diesen Augenblick am Fluss und ich denke gerne daran: etwas in mir erwachte und schwebte davon und um die Welt, um von der anderen Seite wieder zurückzukommen. So fühlte es sich an. Oh diese grünen Auen an der Amper. Im Frühjahr von klarstem kalten Wasser überflutet und im Sommer übersäht mit Orchideen und Enzian, Kraut und hohen, schwankenden Gräsern. Das musst du eines Tages sehen, mein Liebling. Der Winter hatte eine dicke Schneedecke über alles gelegt, und Eisschollen kamen den Fluß herunter getrieben ... .“[137]

Grüße aus Schweden von Signe Holmström

„27.8.1913, Dr. Wittmann! Vielen Dank für Ihre freundliche Karte mit allen guten Wünschen. Jetzt bin ich wieder auf Grötö. Hier ist alles sich ähnlich, nur vermissen wir sie, Cornel...Ich bade und fische und verlebe herrliche Tage. Leider sind sie bald zu Ende.- Ich freue mich, Paulas Bekanntschaft gemacht zu haben. Sie ist ein so gutes und kluges Mädchen und ist diesen Sommer so glücklich gewesen. Herzliche Grüße an Sie und Ihre Frau Mutter. Ihre Signe Holmström. Lieber Freund! Ich habe schon lange die Absicht Dir was Gscheites zu schreiben- es wird auch kommen. Viele herzliche Grüsse von mir und Anna derwei! Torsten“

Auf der Vorderseite grüßt Anna Paulina Holmström.

[136] *Holmström S. 51; Übersetzung Gerhard Wittmann – Bromma, Schweden*
[137] *Holmström, Richard (1947) S. 56 f. -Übersetzung: Gerhard Wittmann*

Künstlerpostkarte von CTH

„Dir und den Deinigen ein gutes neues Jahr! ‚Holm' u. Frau"
Rechts unten mit der typischen Signatur *„CTH"* und dem Zusatz *„Lieblingsstein der Seeschwalben"*.
Kurz nach Beginn des Ersten Weltkrieges kommt eine Karte aus Göteborg:
„30-8-14, Grand Hotel. Lieber, alter Freund! Meine Gedanken gehen stündlich, noch öfter als sonst, an Euch hinüber - aber wenig weiß ich. Versuche doch einen Brief zu senden - ich muss doch wissen, wie es Dir ist, wie es allen lieben Freunden geht da unten. Herzl. Umarmung für sämtl. Wittmänner. Wir lesen mit Bewunderung von den deutschen Leistungen - Liebe Grüße an Mutter und Paula und Marta. Torsten."

Postkarte aus Schweden von „C.O.P" und „Holm"

Die beiden Künstler senden Grüße an ihren Freund in Dachau.

Illustrierter Brief C.O. Petersens aus Schweden

„Lieber Cornel! Dies ist ein ganz lächerlicher Versuch um das Vogelleben jetzt an einem schönen Märztage wiederzugeben. Es ist an der Strecke zwischen Malmö und Arlöf, und nach einer Nacht mit N.W. Sturm. Das Weisse (grosse) sind Wildschwäne, die kleinen Weissen sind Möwen. Das Braune sind Enten und Wildgänse und in der (!) Vordergrund sind einige Nebelkrähen. Es ist bereits jeden zweiten Tag so gewesen im Anfang dieses Monats. Nächste Woche gehe ich nach Gotenburg. Viele Grüße an Mamma und Paula, dein Carl O. Petersen."

Frühe Fotografie in Dachau

Eingang zum Atelier Hiebel, um 1910

Das Fotoatelier Hiebel

Eduard W. Hiebel betrieb zunächst ein „Atelier für Lichtbildkunst und Malerei" in Bruck bei München. Um das Jahr 1906 expandierte die Firma nach Dachau und war zunächst im Gasthof „Münchner Kindl" untergebracht. Eduard Hiebels Bruder bestempelte in der Dachauer Anfangszeit die Fotorückseiten mit: „Gustav W. Hiebel, Photograph und Portraitmaler, Dachau, Bahnhofstr. 9, Münchner Kindl". Aus späterer Zeit sind verschiedene Werbeaufdrucke und Blindstempel wie etwa „Gebrüder Hiebel Bruck & Dachau" auf Fotografien dieses Ateliers bekannt.
Um 1910 wurde das Atelier in das Haus Maria Wittmanns verlegt.

Malermodelle

Dem Bedürfnis der Maler nach Modellen in alter Dachauer Frauentracht nachkommend, boten die „Gebrüder Hiebel, Bruck & Dachau" eine kleine Postkartenmappe mit 12 Motiven posierender „Dachauerinnen" an. Mancher Künstler sparte sich den Weg in die Münchner Akademie, wo Modelle in Tracht darauf warteten, auf die Leinwand gebannt zu werden.

So wurden etliche dieser Vorlagen immer wieder in Öl oder anderen Techniken von den Künstlern umgesetzt.

Andererseits gab es in Dachau „lebende Modelle", die sich nicht nur in Tracht den Künstlern für ein entsprechendes Entgelt zur Verfügung stellten.

Alte Dachauerinnen vor der St. Jakobskirche

Der schwedische Maler Ernst Norlind erzählt, wie sein Freund Törneman sich in Dachau um Modelle bemüht. Er beschreibt die Szenerie in dessen Atelier:

„...Törneman stand vor einer Kirche mehrere Tage lang und betrachtete die alten Frauen, die dort hinein gingen und wieder heraus kamen. So traf er eine alte Frau, die ihm gern Modell stehen wollte...
Sie kam auch wie versprochen zu ihm und die Sitzung begann. Es war ziemlich warm um diese Zeit. Zuerst wollte ihr Gesicht studieren. Er ließ sie auf einem Stuhl sitzen, während er die Studie anfertigte. Nach einer halben, Stunde, kam er zu mir hinein und bat mich, ihm bei der Sitzung zu helfen. Auf meine Frage, wie dies vor sich gehen sollte, erklärte er mir, dass sich die Alte wegen der großen Hitze im Zimmer nicht wach halten konnte; sie schlief immer wieder ein und fiel vom Stuhl. Sie trug Röcke aus schwerem Stoff, und das machte wohl die Wärme noch unerträglicher. Er traute sich nicht, die alte Frau zu zeichnen, ohne dass ich neben ihr stand, um sie beim Einschlafen aufzufangen. So kam ich also als Modellassistent in sein Atelier. Wie alt konnte wohl die Alte sein? Über siebzig, denke ich. Sie hatte ein Gesicht – braun wie Baumrinde - mit rot geränderten Augen. Ihr müder Blick erhielt so einen passenden Rahmen. Sie vermittelte überhaupt den Eindruck, dem Tode nahe zu sein - ein Bild von Armut und Elend. Törneman hatte Jahre lang eine gewisse Schwäche für solche Modelle.
Ich fragte mich, ob die alte Frau wirklich immer wieder einschlief, musste aber bald einsehen, dass er Recht hatte. Nach fünfsechs Minuten Sitzung fielen der Frau die Augen zu und sie sank vornüber. Ohne mich wäre sie auf den harten Fußboden aufgeschlagen. Deshalb saß ich ständig neben ihr und hatte auf alle ihre Bewegungen ein stets waches Auge.
Ein weiteres Modell war zu finden, und so wandten wir uns an einen Pfarrer mit der Frage, ob er eine entsprechende Person wüsste. Er lächelte verschmitzt und sagte, dass er wohl eine Frau kenne, die ... ja, da wäre allerdings etwas besonders mit dieser Frau, nun, wir würden schon selbst sehen ... Er gab uns ihre Adresse, wir gingen hin, aber sie war nicht zu Hause. Wir nannten einer Nachbarin den Grund unseres Besuches.
Eines Tages kam eine schmale, ja magere Frau von ca. sechzig Jahren in das Atelier und fragte, ob sie hier Modell stehen sollte, wie der Pfarrer ihr gesagt habe.
‚Glauben Sie, dass Sie eine halbe Stunde lang unbeweglich aufrecht stehen können?'
‚Was soll ich dabei machen?'

‚Gar nichts, nur da stehen und nichts anderes.'
‚Das wird wohl nicht so schwer sein.'
‚Seien Sie nicht so sicher. Es ist ermüdend so zu stehen.'
‚Ich werde es versuchen.'
Sie fand ihre Position, und da ich davon überzeugt war, dass sie gewiss auch ohne fremde Hilfe ein wenig stehen könnte, verschwand ich aus dem Atelier und ging zu mir zurück.
Nach einer knappen Viertelstunde klopfte Törneman an meiner Tür. ‚Komm mal herüber', flüsterte er, ‚ich zeige dir etwas Komisches. Tu so, als ob du zeichnest und bleibe ungefähr eine Viertelstunde.'
Ich nahm also einen Zeichenblock mit und fing an zu zeichnen. Plötzlich drehte sich Törneman zu mir um und warf mir einen Blick zu, der erkennen ließ, dass mit dem Modell etwas Ungewöhnliches geschah.
Ich starrte die Frau an. Ihr Gesicht verzog sich auf merkwürdige Art, es ähnelte plötzlich einer etruskischen Maske. Es bekam ein stereotypisches Lächeln, das immer belustigter wirkte. Ein Grund für die gute Laune ließ sich indessen nicht erkennen.
Plötzlich sagte das Modell mit der Stimme einer Schlafwandlerin
‚Ja, das geht in Ordnung. Warum denn nicht?'
Wir bewegten uns nicht und starrten sie nur an…
Sie befand sich offensichtlich in einer Art von Trance; sie verriet ein kleines Geheimnis, um das alle ihre Gedanken kreisten. Wir konnten einen erotischen Zusammenhang nur dunkel ahnen, Gewissheit erhielten wir erst nach einem Gespräch mit dem Pfarrer. Dieser erzählte uns, dass sie in einen Abtreibungsfall verwickelt worden war, danach geisteskrank wurde und seitdem immer wieder Selbstgespräche führt. Es war aber unmöglich, sie zu einer vernünftigen Äußerung zu bewegen. Deshalb konnte sie auch keiner geregelten Beschäftigung nachgehen. Die Gemeinde unterstützte sie…."[138]

Modell in Dachauer Brauttracht

Für diese Aufnahme hat sich Dora Ziegler, die Frau des Dachauer Brauereibesitzers Kurt Ziegler als Braut verkleidet. Die pathetische Geste und der Gesichtsausdruck stehen ganz in der Tradition der Genremalerei um die Jahrhundertwende, die auch in der Kunstfotografie aufgenommen wurde. Dora Ziegler trägt eine Brautkrone, die als einziges Requisit der Dachauer Brauttracht entspricht. Spenzer und Schürze müssten in dunklen Farbtönen gehalten sein, die Strümpfe der Braut waren weiß.
Der Dachauer Fotograf Leopold Gabler hat die Aufnahme der in den späten 1890er Jahren durch Heirat nach Dachau gekommenen Nürnberger Patrizierstochter gemacht.
Unklar ist, ob diese Aufnahme in Öl oder einer anderen Technik umgesetzt wurde.

[138] *Norlind (1946), Übersetzung Hauptfleisch*

Fotografie und Freilichtmalerei

Bereits um 1850 gab es im französischen Barbizon so genannte Malerfotografen, die etwa im Wald von Fontainebleau nach bildwürdigen „points de vue" in der Natur suchten.

Baudelaire definierte in seiner berühmten Kritik des Pariser Salons von 1859 die Aufgabe der Fotografie als die einer „Dienerin der Wissenschaften und Künste", ohne ihr irgendeinen künstlerischen Eigenwert zuzusprechen. Seine Ablehnung realistischer Kunst bezog sich jedoch nicht allein auf die Fotografie, die er als „Zuflucht aller verkrachten Maler" bezeichnete, sondern auch auf die Naturmalerei einiger Barbizon-Künstler.[139]

Um 1860 war der Streit um die Kunstfotografie auch in Deutschland in vollem Gange.

Im Münchner Kunstverein verdrängten Fotografien die Kupferstiche, Lithografien, Radierungen und Plastiken und rückten zahlenmäßig bezüglich der ausgestellten Objekte an den zweiten Platz hinter den Ölgemälden.

Man war auf der Suche nach Ateliers die für Fotografen geeignet waren.

Die Erfindung der Trockenplatte war die Vorraussetzung dafür, daß die Fotografie nun auch von technisch Unkundigen ausgeübt werden konnte.

Das Aufnahmematerial konnte zum Gebrauch fertig vorbereitet gekauft werden.

Ein Großteil der Motive, die dem Ateliersfotografen vorbehalten waren, wurden nun selbst aufgenommen.

Die Entwicklung führte soweit, dass im Jahr 1912 in München kurzzeitig eine „Zwangsinnung für das Fotografengewerbe" bestand.

Natürlich machte die neue Technik auch vor den Künstlern nicht halt.

Die erste große „Ausstellung künstlerischer Fotografie" veranstaltete der Verein Bildender Künstler „Secession" im November 1898 in München.

In der Ausstellungsleitung saß kein einziger Berufsfotograf. Dafür unter anderem die Maler Franz Stuck, Fritz von Uhde und Heinrich von Zügel.

Im Vorwort zur Ausstellung wurden die Maler angeregt, sich der Fotografie zu bedienen. Außerdem plädierte man für die Sammlung und Ausstellung von künstlerischen Fotos in Galerien und Museen. Aus dieser Entwicklung ergibt sich ein klarer Zusammenhang von Malerei und Fotografie. Im Nachlass Lehnbachs fanden sich ca. 6500 Glasnegative. Bei Stuck geschah die Verwendung der Fotografie durch einfaches Durchpausen.

Die Fotografie wurde zum Hilfsmittel der Malerei, sei es als Gedächtnisstütze oder als genaue Vorlage.[140]

Die Fotografen der im Folgenden abgebildeten Naturstudien sind zumeist unbekannt.

Die Motivwahl beruht auf der Beschäftigung mit der Natur zu verschiedenen Tages- und Nachtzeiten und verschiedenen Witterungsverhältnissen, wie etwa Gewitterstimmungen.

Die Vorliebe gilt verschatteten Zonen und dem Wechselspiel zwischen Hell und Dunkel, Spiegelungen auf Wasserflächen oder flüchtigen Wolkenbildern am Himmel, der als zusammenhängende Fläche fotografiert wird.

Die Kopfweide ist ein typisches Motiv, das sich in den Bildern Adolf Hölzels und vor allem Ludwig Dills wiederfindet. In der Sammlung Wittmann befinden sich etwa 50 dieser Naturstudien auf unterschiedlichen Fotopapieren. Alle stammen aus der Zeit um 1900.

Einige Bilder sind Vorlagen für Postkarten des Wittmannverlages. In diesem Falle dürften die Fotos von C. Wittmann aufgenommen worden sein.

Vom schwedischen Maler Holmström sind außerdem ca. 30 detaillierte und genau bezeichnete Pflanzen und Tierfotografien vorhanden, nach denen er auch gezeichnet hat. Bilder dieser Art wurden von ihm auch in dem 1943 erschienen Bildband „Bohuslän" veröffentlicht. Nachgewiesen werden konnten auch Vorlagen für Zeichnungen Carl Olof Petersens - zumeist Jagdfotos, die entweder er, oder seine Freunde C.T. Holmström und C. Wittmann aufgenommen haben.

Welcher Kontakt und Austausch zwischen den Malern und Berufsfotografen in Dachau herrschte ist bisher weitgehend unbekannt.

Lediglich die Fotopostkarten-Mappe mit Tracht tragenden Dachauer Bäuerinnen des Ateliers Hiebel, zielte eindeutig darauf ab, den Malern Vorlagen zu liefern, wie jetzt nachgewiesen werden konnte.

Die Fotografie hatte um 1900 bereits weite Verbreitung gefunden. Daher liegt es nahe, dass die Künstler und andere Amateurfotografen ihre für Studien ausgewählten Motive selbst abgelichtet haben und mit der Fotografie als Medium experimentierten.

[139] *Vgl. Pohlmann in: Heilmann (1996) S. 406 ff.*

[140] *Gebhardt (1978) S. 91, 265 f., 293 ff.*

Fotoexperimente

Cornelius Wittmann im Atelier von Ernst Norlind und Axel Törnemann im Jahr 1901.
Der Fotograf hat versucht, den flüchtigen Zigarettenrauch im Bild festzuhalten. Das Bild ist Teil einer Fotoserie desselben Inhalts.

Kopfweiden

Torfstich mit Torfhütten

In der Ferne leuchtet die helle Fassade des Dachauer Schoßes.

Torfstich mit Entwässerungskanal

Wasserspiegelungen

Rückseitig von C. Wittmann bezeichnet: "Erdweg an der Glonn. Blick auf Eisenhofen." Die Wellen auf dem Wasser sind künstlich erzeugt, um die Spiegelungen zu verzerren.

Ein typisches Motiv der Dachauer Freilichtmalerei, festgehalten auf einer frühen Fotografie

Weidende Kühe und Pferde bei Gröbenried mit Blick auf das Dachauer Schloß um 1900.

Abendstimmung an der Amper

Das Foto ist auf einen Karton aufgezogen. Oben befinden sich die Löcher von Reißnägeln. Möglicherweise war das Bild als Vorlage an einer Staffelei befestigt.

JAGD IM DACHAUER LAND

Mit dem Rad zur Jagd

Torsten Holmström, Carl Olof Petersen und Josef Mayerbacher radeln gemeinsam hinaus ins Dachauer Hinterland. Das Rad war vor der Eröffnung der Lokalbahn „Dachau-Altomünster" im Jahr 1913 das übliche Fortbewegungsmittel der Jäger im damaligen Bezirksamt.
Allenfalls der Brauereibesitzer Ziegler fuhr motorisiert, da er eines der ersten Automobile im Markt Dachau besaß.

Federzeichnung von C. T. Holmström: Jäger und Treiber auf einem Stoppelfeld

Einladung von Zimmermeister Mayerbacher und Brauereibesitzer Ziegler:

„Herrn Cornel Wittmann, Chemiker, Hier. Einladung zur Jagd. Zu der am Samstag, 14er zu Pellheim stattfindenden Jagd ladet hiermit ergebenst ein, Mayerbacher u. Ziegler, Sammelplatz: am Kai, 1/2 - 9 Uhr.“

Einladung von Karl Grötzner, Direktor der Dachauer Malzfabrik:

„Einladung zur Jagd. Für Herrn Cornelius Wittmann zur Jagd auf Hasen am 30ten Dez. 1905 Revier Feldgeding Zusammenkunft Gündinger Amperbrücke 9 Uhr. Stuttgart den 23 Dezb. 1905 U.A.w.g. Waidmannsheil ! Grötzner“

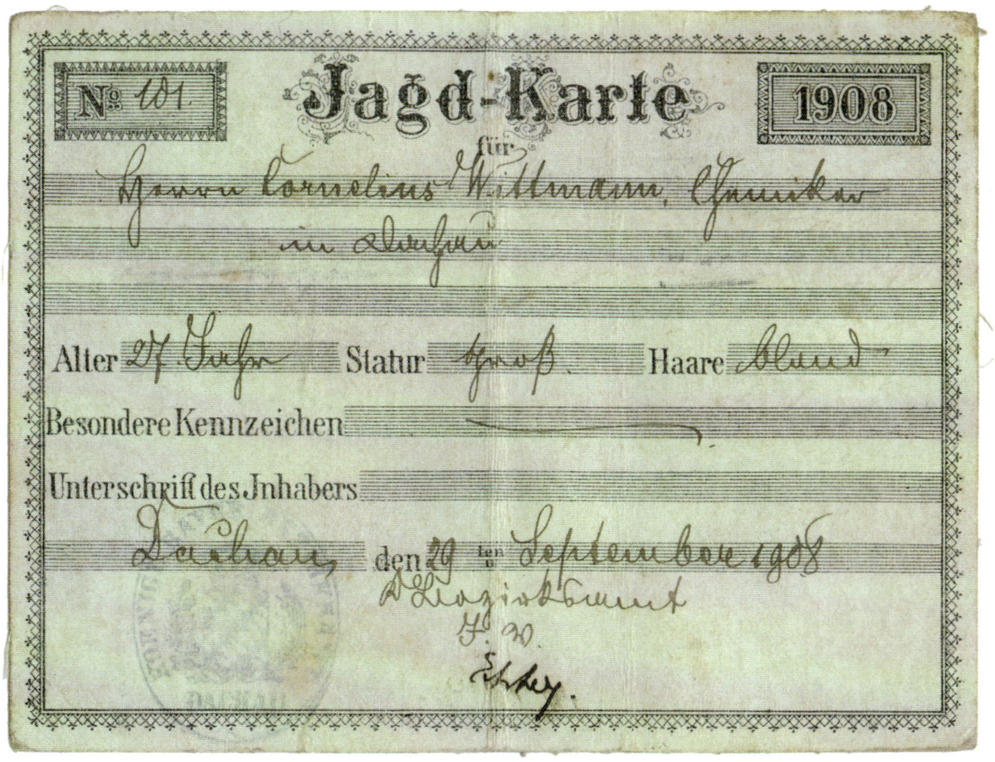
№ 101. **Jagd-Karte** 1908

für

Herrn Cornelius Wittmann, Chemiker in Dachau

Alter 27 Jahr Statur groß Haare blond

Besondere Kennzeichen —

Unterschrift des Inhabers

Dachau, den 29 ten September 1908

Jagdkarte

„Jagdkarte Nummer 101 / 1908 für Herrn Cornelius Wittmann, Chemiker in Dachau, Alter 27 Jahr, Statur groß, Haare blond".
Links unten der Stempel : „Koenigl. Bayer. Bezirksamt Dachau"
Auf der Rückseite das Verzeichnis der Wildarten, ihre Hegezeit sowie Bemerkungen zur Jagdausübung. Unter dem jagdbaren Wild finden sich Auer- und Birkhähne, Hasel-, Schnee- und Steinhühner, sowie Waldschnepfen und Bekassinen, Arten die damals im Dachauer Moos noch heimisch waren. Rehgeißen durften „nur mit distriktspolizeilicher Bewilligung" geschossen werden.
Eine Jagdprüfung musste im Königreich Bayern damals nicht abgelegt werden. Die Jagdkarte wurde von Jahr zu Jahr beim Bezirksamt gelöst.

Jagdgesellschaft vor der „Gastwirtschaft von Markus Göttler"

Die Schützen haben sich vor dem Aufbruch zur Jagd mit Maßkrügen vor der Wirtschaft versammelt. Der schemenhaft am rechten Rand erscheinende Hund hat sich während der langen Belichtungszeit aus dem Bild entfernt.

Teile einer Jagdausrüstung

Links ein Pulverhorn für Vorderladergewehre und ein Fernglas mit 3-facher Vergrößerung.
In der Mitte die Jagdtasche für Patronen. An ihr hing ein sogenannter „Galgen" für das geschossene Flugwild. Auf dem Deckel ein kleines Brotzeitmesser mit Beingriffen und ein schwedisches Jagdmesser, das aufgeklappt durch den hölzernen Griff gesteckt wurde. Rechts ein Paar lederne Gamaschen.

Gerd Thumser schreibt in seiner Thoma-Biographie über Thomas Brüder:

„Max und Peter, die älteren Brüder hatten die Heimat in Richtung Australien verlassen. Max bekam nach den üblichen Anfangsschwierigkeiten eine auskömmliche Stellung... Peter dagegen kam nicht recht voran. Erst werkelte er in der Gärtnerei des Bruders mit, muss sich aber dann als Kaufmann, Fischer, Matrose uns Pelzjäger durchschlagen. Es mag ihm wie eine Erlösung vorgekommen sein, als die Mutter im heimatlichen Bayern nach 10 Jahren drängt, wieder zurückzukommen. ... Der Bub kommt zurück, doch wenig später stirbt die Mutter. Bruder Ludwig muss ihr auf dem Totenbett versprechen, für Peter zu sorgen.... in der Sommergeschichte „Altaich“ ist Peter unschwer in der Gestalt des ‚Miche'l zu erkennen, der aus dem Australischen Busch in die Mühle des Bruders zurückkehrt und dort liebevoll aufgenommen wird.“ [141]

Ludwig Thoma und Peter Thoma rasten am Waldrand, Kleinberghofen 1912.

Vor Ludwig Thoma liegt ein ausgeklappter Sitzstock, der dem Schützen eine angenehme Hilfe bei der Erwartung des Wildes war. Daneben stehen Maßkrüge der Zieglerschen Brauerei in Dachau.

Die Jäger sitzen in geselliger Runde am Waldrand beisammen. Auf dem einfachen Holztisch stehen Teller und Maßkrüge mit blitzenden Zinndeckeln.
Rechts sitzt Ludwig Thoma. Ihm gegenüber, mit der Zigarre in der Hand, Cornelius Wittmann.
Dahinter ein Jäger der sich eine lange Fasanenfeder an der Hut gesteckt hat.
Thoma ist an seinem Kneifer und dem Schmiss aus Studententagen deutlich zu erkennen.

[141] *Thumser (1966) S.52 . sowie Thoma: 1931, S. 94 f.*

[142] *Von etlichen Jagdbildern Holmströms / Wittmanns existieren zwei identische Serien (eine auf Karton aufgezogen und aus dem Besitz der Familie Ziegler stammend), die sich Archiv Wittmann befinden*

Über Thomas Zeit als Verbindungsstudent ist in seinen zahlreichen Biografien fast nichts zu lesen. Nur einem kleinen Kreis war bisher Wolfgang Gottwalds Artikel in der Zeitschrift für „Corpsstudentische Geschichtsforschung" bekannt,[143] dem die folgenden Ausführungen zugrunde liegen:
Thomas Vater immatrikulierte sich 1842 an der Universität München. Bis zum Studienabschluss war er Mitglied des Corps Suevia und als guter Fechter bekannt.

Ludwig Thoma ging aus Familientradition nach Aschaffenburg, um an der Forstakademie Forstwissenschaften zu studieren. Hier wurde er 1887 beim ältesten Corps, der 1844 gegründeten Hubertia, aktiv. Thoma musste gegen Schluß des Semesters einige schwere Partien fechten. Dabei „focht er mit großem Schneid und schlug auch ganz gehörig zu." Aber er bezog auch manchmal Prügel und den Durchzieher auf der linken Wange hat Thoma einem Aschaffenburger Corpsstudenten zu verdanken.

In diesem Semester schlug bei Thoma die Unzufriedenheit mit dem „verfehlten Beruf" durch.

„Ja, es ist herausgesagt", berichtet er, *„ein verfehlter Beruf war es; ich hatte immer große Freude am Walde, an der Natur, aber ein Untersuchen, ein Studium desselben ging mir nie zusammen... So entschied ich mich Jus zu studieren... Der Abschied von Aschaffenburg, von meinem lieben Corps..., das alles hat mir das Herz schwergemacht..."*

Entgegen anderen Meinungen muss hier festgestellt werden, daß Thoma sein Hubertenband nicht wegen undisziplinierten Fechtens verloren hat. Die Ursache war eine andere.

Die Chronik der Hubertia schreibt dazu:

„Thoma gewöhnte sich rasch an das Studentenleben ausnahmlich des Collegienbesuchs; für die Fechtkunst zeigte er keine Begabung, nicht als ob ihm die Freude daran oder der persönliche Mut gemangelt hätte, wohl aber die Geschmeidigkeit der Bewegungen, so daß sein Fechten an Holzhauerarbeit erinnerte. Darum gelang es ihm auch erst nach vier Partien, das Corpsband sich zu erwerben. Dem forstlichen Studium konnte Thoma keinen Geschmack abgewinnen, er unterzog sich der Zwischenprüfung nach zwei Semestern, sondern teilte mir (einem Corpsbruder) Ende der Herbstferien 1887 seinen Entschluß mit, wegen Wechsel des Studiums die Universität München zu beziehen; er nahm von Aschaffenburg und dem Bund Abschied. Das Corps sah sich aus erzieherischen Gründen und solchen der Selbsterhaltung gezwungen, die nach zwei Semestern ohne Examen ausscheidenden Corpsburschen ohne Band zu entlassen. Auch bei dem allgemein beliebten Thoma konnte keine Ausnahme eintreten."

Wie gesagt kam er im WS 1887/88 nach München, um Jus zu studieren. Im Cafe Neumayr, dem damaligen Domizil des Corps Suevia (gegr. 1803), meldete er sich aktiv. Ein Corpsbruder erinnert sich:

„Er kam zu aller Entsetzen mit struppigen Haaren daher und auch sonst durchaus salopp in seiner äußeren Erscheinung. Das kennzeichnete gleich den Försterbub aus dem Vorderriß. Sein starkknochiges Gesicht mit der robusten Stupsnase, das er an Festtagen durch einen Popopscheitel noch ulkiger zu gestalten wußte, fiel um so mehr auf,, als er die schönsten Anzüge in wenigen Stunden rettungslos windschief zu tragen verstand. Unvergesslich ist es den Gleichzeitigen, wie er vor dem Kaffeehaus oder dem Fechtboden auf die Nachkommenden wartete: breitspurig, beide Hände tief in den Manteltaschen vergraben, in der einen den kerzengrad in die Luft ragenden Stock, ein komisch sitzender Zwicker, gegen den von unten ein Virginia-Stummel Anlehnung suchte. Das trug ihm bei der damaligen Sucht nach patentem Auftreten manchen Rüffel ein, den er still im innern auf gut berlichingisch beantwortet haben wird."

Thoma geriet in München in fechterisch unerfreuliche Verhältnisse, da hier andere Regeln als in Aschaffenburg galten.

Er wurde auch tatsächlich im Januar 1888 „wegen ungenügender Mensur" bzw. „auf Entscheidung des Schiedsgericht" auf unbestimmte Zeit dimitiert. Diese Dimision konnte erst nach einer erfolgreichen weiteren Mensur wieder aufgehoben werden. Thoma hatte kein Glück. Er musste das Corps verlassen. Im selben Jahr verloren neun weitere Mitglieder aus demselben Grund ihr Band.

Ein Freund erinnert sich:

„Sein Missgeschick ging mir nahe, ich empfahl ihm, für die nächste Zeit sich zurückzuziehen, sodann eine andere Universität zu beziehen und durch Lieferung einiger Partien den Nachweis zu erbringen, daß er die blanken Waffen nicht scheue. In Befolgung meines Rates ging Thoma im nächsten Semester nach Erlangen, focht dort mehrmals mit Erfolg und brachte sein juristisches Studium rechtzeitig zum Abschluß."

[143] *Gottwald, Wolfgang: Der Corpsstudent Ludwig Thoma, in: Einst und Jetzt 28 (1983) 143-158, Zeitschrift des Vereins für Corpsstudentische Geschichtsforschung. Herr Wbr. Dr. Gottwald hat mich freundlicherweise auf diese Thematik aufmerksam gemacht.*

Danach folgte die Beschäftigung als Jurist beim Bezirksamt. Daß er nicht zum Richter, noch zum Verwaltungsbeamten taugte, wußte er schon vor seinem Staatskonkurs.
Er schreibt:

„Ich floh, wenn ich irgend konnte, die Gesellschaft der Juristen. Jede Unterhaltung mit Bürgern, Handwerksgesellen oder Bauern war unvergleichlich anregender."

1893 unterzog er sich dem gefürchteten Staatskonkurs. Er beendete ihn nicht gerade mit einem „Brucheinser", aber doch wesentlich besser als seine Andeutungen in den „Erinnerungen" vermuten lassen.
Thomas weiterer Lebensweg ist bekannt, so dass er hier nicht weitere Erwähnung finden muss.

Thoma erhielt 1919 das Band des Corps Suevia zurück. Ein Teilnehmer erinnert sich, in welch gelöster, herzlicher Stimmung Thoma damals war, als ihm das Schwabenband umgehängt wurde. Sein Sekundant des Jahres 1888, Graf Richard Du Moulin, nun Geschichtsprofessor an der TU München, eilte auf ihn zu, um ihm den Bruderkuss zu geben. Dazu die authentische Äußerung am Abend beim Stammtisch im „Bratwurstglöckl" zu seinem Freund Geheeb, (Mitglied im Corps Franconia Tübingen), beim Anknöpfen des Wintermantels: *„Gell, Geheeb, da schaugst, was sagst jetzt? Jetzt hab i mei Bandl wieder!"* Und am 7. Dezember 1919 schreibt Thoma an Frau von Liebermann freudestrahlend:

„... von den Schwaben erhielt ich Gruß und Glückwunsch. Ich wurde einstimmig aufgenommen. Wie lang ist's her, daß ich hinter meinen Namen malte – Thoma Sueviae -. Die damals mit mir pokulierten, sind Minister, Professoren, Museumsdirektoren geworden. Ich fange erst richtig an mit Arbeiten und Lieben! (Und Lieben heißt Leben) Oh, du damische Welt!"

Von nun an schloss Thoma sich besonders den jungen Studenten an. Regelmäßig verkehrte er beim Freitagsfrühschoppen beim Franziskaner, bis ihn die Redaktionssitzung beim „Simplicissimus" rief, oder er aß mit den Aktiven im Corpshaus.

Ein ehemaliger Student erinnert sich:

„Die schönsten Stunden waren wohl die, die wir in seinem Haus (d.i. die „Tuften" bei Tegernsee) *verleben durften, wo er uns stolz seinen Garten zeigte, während seine Hunde kläffend an ihm hochsprangen; er hatte auch seine Freude daran, wenn ihn Corpsbrüder besuchten und man fühlte sich gleich heimisch bei ihm, wenn er einem in seiner einfachen, herzlichen Art auf die Schulter schlug und „Mei Liaber" sagte. So hatten wir ihn alle lieb gewonnen wie einen Freund; aber was wir alles an ihm hatten, was er uns war, fühlten wir erst als er tot war. Da erst merkte mancher, wie nahe er ihm gestanden, wie erzieherisch er auf uns Aktive gewirkt hatte, ohne es bewusst zu wollen, allein durch seine Persönlichkeit, an der alles echt war durch und durch."*

Nach altem Brauch gab Thomas Corpsbruder, Graf Du Moulin, ihm sein Band mit ins Grab.

Wie eng das Verhältnis des Hauses Thoma zu seinem Corps sich gestaltet hatte, geht auch daraus hervor, dass Maidi von Liebermann noch nach dem 2. Weltkriege bei Suevia auf dem Corpshaus verkehrte und sie dem Corps zum 150. Stiftungsfest 1953 Thomas alten Mensurschläger schenkte.

Angefügt sei hier noch, dass auch der Dachauer Oberamtsrichter Schub Corpsstudent war.[144]
Er wurde 1847 im Münchner Corps Palatia (gegründet 1913 an der Universität Landshut) aufgenommen.
Schub erlebte den „Vormärz" und die bürgerliche Revolution 1848 gegen die herrschende Staatsmacht. Seine ihm attestierte liberale Amtsführung als Dachauer Oberamtsrichter geht sicher auf seine Prägung aus dieser Zeit zurück.
Studentische Corporationen waren Vorreiter zur Erreichung demokratischer Grundrechte, wie Meinungs-, Presse- und Versammlungsfreiheit. Nach der gescheiterten Revolution 1848 mussten viele Corporationsstudenten Deutschland verlassen. Häufig wurden sie z. B. in Amerika oder der Schweiz angesehene Bürger.
Im Gegensatz zu dieser Epoche der ersten Demokratisierung waren Parvenü und Protzentum im Deutschland der Gründerzeit und der Jahrhundertwende oft an der Tagesordnung. Kaiser Wilhelm II. der dieser Ära immerhin seinen Namen gab, hat sicher auch nicht immer das beste Beispiel abgegeben. Thoma hielt den Kaiser seit Bismarcks Entlassung unentwegt für die Quelle allen Deutschen Übels, der nach dem Urteil seines Onkels, des englischen Königs Edward dem VII., „der glänzendste Fehlschlag des Jahrhunderts" war.
In der satirischen Zeitschrift Simplicissimus zog Thoma, der ab 1900 Chefredakteur war, gegen den „Wilhelminismus" zu Felde. Aber auch politisierender Klerus, Spießer und Opportunisten aus allen Kreisen des Volkes waren die Zielscheibe. Bei den Studentenverbindungen geißelte er nicht die Einrichtung als solche, oder die Idee, sondern die Auswüchse und Übertreibungen.

[144] *Band und Mütze in der Sammlung Wittmann*

Einige Jäger warten auf den Anstich des Bierfasses. Rechts Peter Thoma, ein Unbekannter, und der Dachauer Tierarzt Adolph von Neger, „Thomajagd 1910".

Ein Jagdgehilfe mit einem Schubkarren voll erlegter Hasen und Fasane. Hinter ihm ein Fuhrwerk mit Proviantkörben, Krügen mit Zinndeckeln und einem Bierfass. Auch am Waldrand liegt ein Fünfzig Liter Fass für die Jagdgesellschaft bereit.
Auf der Rückseite Holmströms handschriftliche Bezeichnung „Thomajagd 19. – 20. Okt. 1910 CTH, Foto".[142]
Auf vielen der im Folgenden abgebildeten Fotos finden sich diese Beschriftungen Holmströms, aus denen hervorgeht, daß entweder er oder sein Freund C. Wittmann die Aufnahmen gemacht haben.

Der Maler Carl Olof Petersen auf dem Weg zum Tisch des Jagdherrn Ludwig Thoma.

Die Maler C. O. Petersen und Hans von Hayek, mit seinem Jagdhund „Caspar". „Lauterbach 1910".

C. O. Petersen , J. Mayerbacher und C. Wittmann auf einer Jagd in Bachern im September 1910.

Der erfolgreiche Jäger Petersen hält drei erlegte Rebhühner in der Hand. An Wittmanns Seite baumelt eine der damals üblichen ledernen Hundepeitschen.

Petersen hat sich neben seiner Malerei auch literarisch betätigt. Von ihm stammt eine ganze Reihe von Natur- und Jagdschilderungen, die in verschiedenen Zeitschriften veröffentlicht wurden.

Über die Rebhuhnjagd schreibt Petersen:

„Spätsommer- oder schon Herbst! Wie wir gern das Alter, - so schieben wir auch gern den Herbst möglichst weit ins Jahr hinaus. Wenn aber hoch beladene Erntewagen den Feldrain entlang rollen und die Buntheit der Astern und Dahlien hinter den Gartenzäunen aufleuchten, ist es nicht leicht, sich dem Einbruch des Herbstes zu erwehren... Die Luft ist schwer und satt vom goldenen Flimmer. Das erste Summen einer Dreschmaschine klingt wehmütig über das noch sommerliche Land. Dicker Staub liegt auf der Strasse, in dem sich die dritte Brut Spatzen badet, in den reifenden Holunderbeeren schwirren und lärmen die Stare. Der Überfluss der großen bauchigen Erntefuhren hängt in langen gelben Strähnen am Geäst der staubigen Bäume und Sträucher den Fahrweg entlang... am Bachrand spiegeln... Obstbäume ihre voll behangenen Äste... ich biege vom Weg ab und schlendere mit dem Hund auf die Felder hinaus... zwischen den Stoppeln wachsen allerlei Kräuter. Klee- und Sternmiere, Blauäuglein und das kleine Gauchheil mit den freundlichen lackroten Blüten, und die Raine mit ihren Wildmöhren, Wegwarte und Kamillen prangen wie lange Rabatten... ein schönes Bild, von dem ich mich aber gleich trennen muss, denn der Hund zieht an. Losgekoppelt gleitet er wie ein Aal in ein Rübenfeld hinein, von hier in die Kartoffeln. Die Rebhühner müssen bereits rege gewesen sein, denn sie laufen, was sie nur können... Br... br ... br... die Kette geht hoch.[145] Ein Schuss fällt ohne dass ich weiß, wie er zustande kommt... Draußen neben dem Rain zittert ein kurzes weiß leuchtendes Flügelschlagen und der Hund apportiert. Wie ich dann das erste Huhn des Jahres in der Hand halte, noch warm, mit dem schönen braunen Brustschild in gelblichem Weiß gebettet, wie der reife Samen in einer aufgeplatzten Kapsel, dünkt mich das Huhn wie der Tribut der dampfenden Erde. Salute der Frucht, Salute der Inkarnation: Der fleischgewordenen Frucht der reifenden Felder!"[146]

Otto Seidel mit lederner Jagdtasche für die Patronen und umgehängter doppelläufiger Hahnflinte

„Logische Folgerung. ‚Sie müssen wohl viel Unannehmlichkeiten haben wegen der roten Nase, Herr Förster?'-‚Na, weiter net; nur dass a Jeder von mir an Pfropfenzieher zu leihen haben möcht.'"

In der Brusttasche steckt die obligatorische Haselnusspfeife.

Die Aufnahme spiegelt in ihrer Komposition mit einem eindeutigen Fluchtpunkt am Horizont die künstlerische Absicht des Fotografen wieder. Aus diesem Zusammenhang herausgenommen, diente die Figur in der Kombination mit anderen Fotos Petersen als Vorlage für eine Karikatur, die 1916 in der Münchner Zeitschrift „Jugend" erschien.

[145] *Man spricht bei einer Ansammlung von Rebhühnern von "Kette" (Anm. d. Verf.)*

[146] *Zweiseitiges maschinenschriftliches Manuskript, undatiert*

Der Brauereibesitzer Eduard Ziegler begegnet dem Maler C. T. Holmström, der seine Hahnflinte geschultert hat. „Bachern, 3. September 1910"

Der Maler und Bildhauer Ignatius Taschner (im hellen Jagdanzug), im Gespräch mit Jagdkameraden. Bachern, 1910

Ein unbekannter Maler folgt mit seinem Skizzenblock den Jägern. „Lauterbach, Oktober 1910, CTH Foto"

Ignatius Taschner: Entwurfszeichnung zu Ludwig Thomas Buch „Der Heilige Hies"

Bei der dargestellten Gaststube handelt es sich um den gleichen Raum, den Taschner für seine Illustration in Thomas Buch verwendet hat. Allerdings ist der Blick dort etwas mehr nach links, auf die Tisch- und Bankreihe gerichtet. Rechts unten die ineinander verschlungenen Initialen Taschners.

„Taschners Werk ist vielgestaltig, auch hierin mit Thomas Schaffen vergleichbar und verwandt. Seine Graphik beginnt märchenhaft – dekorativ, steigert sich aber mit den Illustrationen für Thomas „Heiligen Hies" zu hintergründiger Kritik an Gestalten und Zuständen. Diese Bilder stehen gleichwertig neben der Satire des Freundes. Thoma hat diese Zeichnungen immer hochgeschätzt. Die Originale hingen viele Jahre in seinem Arbeitszimmer. Als der Freund starb, schenkte er sie dessen Witwe."[147]

[147] *Thumser (1966) S. 116*

Förster Girster (rechts) und Simon Kronschnabl fotografiert von C.T. Holmström im Oktober 1910 in Puschlagen

Holmström schenkte Girster später einen kleinen Band mit Bildern des schwedischen Jagdmalers Bruno Liljefors mit der Widmung: „Herrn Förster Girster: Einen schwedischen Jägergruß von Torsten Holmström. Ich erinnere mich oft und in dankbarster Weise an die angenehme Treibjagd am 11.Okt. 1910 in Lauterbach! C. T. H."

Simon Kronschnabl war der Bürgermeister von Unterbachern, ein „Bauernbündler" der sich gegen die allmächtige, vom Klerus beeinflusste „Zentrumspartei" auflehnte.

Als es wegen Thomas literarischer Bauerngestalt, Josef Filser, einem Zentrumsabgeordneten, zu heftigen öffentlichen Diskussionen über die Rufschädigung des Bauernstandes kam, schrieb Kronschnabl an Thoma:

„Unterbachern, den 6. Februar 1912. Hochgeehrter Herr Doktor! ... Herr Doktor mögen des ‚Filser' wegen ohne jede Sorge sein. Wir Bündler haben Ihre Absicht erkannt u. den Zentrumsdeputierten ‚Filser' niemals auf uns gemünzt betrachtet. Wir verachten diese Art von Bauern und zählen uns mit Stolz zu dem fortschrittlichen zentrumsfreien Bauernstande.... Wir schätzen Sie hochverehrter Herr Doktor als warmen Freund der Bauern, soweit diese offen und ehrlich sind; wer die Bauern verhöhnen u. in den Kot ziehen will, der verkehrt nicht in der ungezwungenen Weise mit Ihnen, wie der Herr Doktor schon sooft uns gegenüber bewiesen haben.... In diesem Sinne werde ich soweit es notwendig ist, auf Grund eigener Wahrnehmungen stets für Sie, Herr Doktor eintreten.... Der Bauernbund ist nicht gestorben, wie kürzlich ein Pfarrer unserer Nachbarschaft geschrieben; er lebt aufs Neue auf und wird sich ... kräftig weiter entwickeln zum Wohle der Einzelnen u. des gesamten bayerischen Bauernstandes überhaupt. Seien Sie herzlich gegrüßt von Ihren Dachauer Bauern, die Sie jederzeit hoch in Ehren halten. Ergebenster Kronschnabl Simon."[148]

„Der Loachbauer", Puschlagen 1910.

Personen, wie dieser, von Holmström fotografierte Jagdgehilfe, haben Ludwig Thoma zu seinen literarischen Bauerngestalten inspiriert.

Ein Jäger mit einer überlangen doppelläufigen Hahnflinte auf einer winterlichen Treibjagd im Dachauer Land.

[148] *Lemp (1979) S. 225 f.*

Treiber mit erlegten Hasen

Der Treiber im Vordergrund macht mit seinem Stock im Unterholz und an den Baumstämmen Lärm. Aufgabe der Treiber ist es auch, das erlegte Wild einzusammeln. Puschlagen 1910

Förster Girster, Puschlagen, Oktober 1910

C. O. Petersen: Federzeichnung für den „Simplicissimus" oder die „Jugend"

Für diese im Jahr 1913 entstandene Karikatur verwendete Petersen die beiden oben abgebildeten Fotografien. Es liegt nahe, dass sich der Künstler eine Sammlung von Jagdmotiven angelegt hatte, aus der er nach Bedarf seine Vorlagen auswählte. Die Fotos machte er entweder selbst oder er erhielt sie von seinen Freunden C. T. Holmström und C. Wittmann. Quelle: Robert Gasteiger

Vorlage für Petersens Holzschnitt „Jäger mit Hund"

Carl Olof Petersen und Cornelius Wittmann haben sich hier gegenseitig fotografiert. Eine der in leichter Untersicht gemachten Aufnahmen diente Petersen als Vorlage für seinen Holzschnitt „Jäger mit Hund". Petersen hat die Vorlage, die ihn selbst in Jagdmontur zeigt, direkt auf den Holzstock übertragen, so dass sie im Druck seitenverkehrt erscheint.[149]

C.O. Petersens kolorierter Holzschnitt „Jäger mit Hund"

[149] *Von C. O. Petersen hat sich in der Sammlung Wittmann ein Büchlein mit "Fotonotizen" erhalten. Petersen macht sich Aufzeichnungen über "Brennweiten für Platten, Stativaufstellung, Aufnahmen gegen die Sonne, Portraitaufnahmen, Innenaufnahmen..."*

Eine Treibjagd in Thomas Jagdrevier

Jagdgesellschaft vor dem Gasthaus Rottenfußer

Unter den Jagdgästen befinden sich die Dachauer Künstler Hans von Hayek und Ignatius Taschner.
Hans von Hayek besuchte von 1886 bis 1890 die Kunstgewerbeschule in Wien, bevor er 1891 an die Kunstakademie in München wechselte. Dort studierte er bis 1898 bei Gabriel von Hackl, Wilhelm von Lindenschmit und Carl von Marr. Am stärksten beeinflusst wurde er jedoch von Heinrich von Zügel, dessen Meisterschüler er wurde und der ihn an die Freilichtmalerei heranführte. Nach abgeschlossenem Studium eröffnete Hans von Hayek in Olching an der Amper und 1900 in Dachau eine private Malschule für Landschafts- und Tiermalerei, die bis 1915 bestand. Als Mitbegründer des Museumsvereins Dachau war er maßgeblich am Aufbau der Dachauer Gemäldegalerie beteiligt.[150]

Taschner ging seit 1885 in Schweinfurt bei dem Maler- und Bildhauergeschäft von Wilhelm Kämpf in die Lehre. Ab 1889 studierte Taschner an der Münchner Kunstakademie bei Syrius Eberle und Jakob Bradl Bildhauerei. 1903 lernte er Ludwig Thoma kennen; mit ihm verband ihn bald eine lebenslange Freundschaft. Im April desselben Jahres wurde er nach Breslau an die Kunstakademie berufen und war dann seit 1905 in Berlin tätig. 1908 kam Taschner nach Dachau, wo er sich in Mitterndorf ein bemerkenswertes Haus nach eigenen Plänen baute. Bis zuletzt pendelte er zwischen Berlin und Mitterndorf hin und her. Taschner betätigte sich in vielerlei Kunstrichtungen, als Maler, als Kunsthandwerker, in erster Linie als Bildhauer. Auf diesem letztgenannten Gebiet hat er mit den unterschiedlichsten Materialien Großp astiken, Plaketten, Medaillen und Schaupfennige oder Scherzanhänger gearbeitet. Taschners Kreativität bewies sich auch auf kunsthandwerklichen Gebieten. Zahlreiche Entwürfe für Möbel, Tapeten, Ofenkacheln, Uhren, alltägliche Gebrauchsgegenstände zeugen hiervon.[151]

[150] *Ursula Katharina Nauderer in: Zweckverband (1993), S. 47*
[151] *Elisabeth Abreß in: Zweckverband (1993) , S. 117*

„Ludwig Thoma schloss im Laufe seines Lebens viele Freundschaften. Keine war so innig und so tief wie die zu Taschner. Ihn liebte er, in dessen künstlerischer Welt fühlte er sich wohl und zuhause. Es war seine Eigene. Denn wie Taschner wurzelte Thoma in bayerischem Boden..."[152]

Josef Halmbacher erinnert sich in seinem Buch „Ludwig Thoma und sein Jäger Bacherl" an eine Treibjagd in Ludwig Thomas Revier Kleinberghofen und Unterweikertshofen vor dem Ersten Weltkrieg.[153]

„Ende Oktober fuhr Dr. Thoma zur Treibjagd auf seine Niederjagd bei Dachau. Es war ein großes Revier, eine der besten Niederjagden, die es gab, mit einem vorzüglichen Rehstand, Fasanen, gute Hasenlage, auch Hühner gut. Der besondere Reiz war, dass immer mehrere Füchse und Dachse im Treiben vorkamen und geschossen wurden.
‚Sie fahr'n mit naus, Bacherl!' sagte er. ‚Da könna S' amoi wos seg'n. Die vuin Reh' und Has'n. Fasanen und Rebhenna grad gnua. Bal S' Weidmannsheil hab'n, dann schiaß'n S' an Fuchs oder an Dachs, aba dees braucht hinhalt'n, die kemma wia da Teifi.'
Von Tegernsee waren Kiem-Pauli und Edi eingeladen und der Tuften-Sepp, Gastwirt und Thomas Nachbar, ein ganz besonderes Original:
‚Da fahrst d' mit'n ersten Zug nach Dachau!' schärfte der Doktor ihm ein.' Z'Dachau gehst d' zum Ziaglabräu hi' und sagst eahm an schöna Gruß vo mir. Der fahrt so wie so auf d' Treibjagd aussi, und der nimmt die nacha scho' mit. Da kimmst scho richti' hi'.
Die Treibjagd dauerte zwei Tage. Außer dem Jagdherrn und seinem Bruder Peter fuhren die beiden Kiems und ich schon am Tage vorher hin. Unterwegs in Schaftlach stieg noch der Bahnvorsteher Buchberger ein, der sich mit seiner lauten Stimme gleich sehr bemerkbar machte.
Der Tuften-Sepp fuhr am nächsten Tag mit dem ersten Zug nach Dachau und suchte gleich den Zieglerbräu auf. Es war noch früh am Morgen, und im Gasthof herrschte tiefste Ruhe. Niemand war auf im ganzen Hause. Der Tuften-Sepp läutet mehrmals, aber es rührt sich nichts. Er wartet mit Ungeduld und versucht es noch einmal mit Läuten. Wieder nichts. Jetzt wurde Seppl grimmig. Er riß an der Glocke mit aller Gewalt und schrie durch die stille Straße: ‚He! Wos is denn dös? Werd bold wos?! Geh aussi...'
Der Ziegler hatte inzwischen den Spektakel vernommen und schreit aus dem Fenster herunter: ‚No, was gibt's denn do scho heit'! Wos für a Hammi is denn do drunt'?!'
‚I! Da Tuften-Sepp!'
‚Wos? I kenn di ja gor net!' erwidert der Ziegler.
‚Da Tuften-Sepp vo Tegernsee bin i. Ja, Herrgott, so mach holt amoi, du muaßt mi auf Kloaberghof'n aussifahr'n hot da Thoma g'sagt!' Und als der Ziegler sich in seinem Nachtgewand weiter aus dem Fenster vorbeugte und erstaunt heruntersah, wurde der Sepp ganz wild: ‚Ja, Himmi Herrgott Sakra, wos wär nach dös?! Jetz' is der no gar net herg'richt', und um neuni geht scho die Treibjagd o'! Teifi, Teifi, da legst di nieda, so wos!'
Der Ziegler blieb ganz ruhig und erwiderte lächelnd: ‚So, so, der Thoma hot's g'sagt, Ja da woas i ja gor nix davo', und heut hätt' i aa gor net Zeit, i fahr erst morgen aussi.'
‚Ja, Blutsakara! Dös werd ja imma schöna!' fluchte der Sepp weiter. ‚Wos tua i denn nacha?'
‚Richti Brotzeit macha', riet ihm der Ziegler, ‚und mit'n Abendzug aussifahr'n. Weil nur zwoa Züg' genga, in der Frua und abends oana, so muaß holt da Sepp bis am Abend warten.'

Fluchend fügte sich der Tuften-Sepp in sein Schicksal und brachte es bei der stark verlängerten Brotzeit zu einer beträchtlichen Anzahl von Maßerln und Halben..."

[152] *Thumser (1966) S. 119*

[153] *Die weiteren Zitate aus Halmbacher (1935) . Hinter dem Pseudonym "Bacherl" versteckt sich Josef Halmbacher, der lange Thomas Jagdgefährte war. Bis in die späten 30er Jahre war er Wirt der Hubertushütte in der Nähe des Tegernsees*

Ansichtskarte des Zieglerbräu in Dachau um 1900

Rechts die breite Fassade des Zieglerschen Brauereigasthofs daneben das alte Rathaus.
Links eine Ansicht von Süden mit der Großen „Zieglerterrasse" und der „Zieglerveranda".
Diese Aussichtspunkte wurden bereits im frühen 19. Jahrhundert von Reiseschriftstellern beschrieben. Sie waren beliebte Ausflugsziele der Münchner, die über die Münchner Schotterebene und das Moos hinweg einen weiten Blick auf die Alpen zwischen Wendelstein und Zugspitze genossen.

„Inzwischen hatte in Kleinberghofen die Treibjagd längst begonnen. Sammelplatz war beim Wirt im Dorf und als Jagdgäste waren unter anderem eingetroffen: Thomas bester Freund, Prof. Ignatius Taschner, der Maler Prof. Gröber, Prof. Scharrvogl, Direktor Konrad Dreher, Dr. Walther Ziersch, zwei Schullehrer, Carl Olof Petersen und noch einige andere Mitarbeiter vom Simplizissimus sowie eine ganze Anzahl Bauern von den umliegenden Dörfern. Im Ganzen waren es fast 30 Gäste. Punkt neun Uhr war Abmarsch.
Der Jagdleiter, Förster Schmid, der über Thomas Niederjagden die Oberaufsicht hatte, hielt in strengem Ton den Jagdappell. Mit lauter Stimme schärfte er den Schützen die Vorsichtsmaßregeln ein: Gewehr abspannen und entladen in den Haufen und beim Bogen-Umstellen, nach dem Abblasen nicht mehr in den Bogen schießen, nur gute Böcke und keine Fasanenhennen schießen und vor allem keine Geißen selbstverständlich! Er schloß mit kräftiger Baßstimme: ‚Und im übrigen hot a jeda 's Maul z' holten! Weidmannsheil!'"
„'Weidmannsdank' schrien die Schützen zurück und setzten sich in Bewegung. Der Förster und Peter Thoma stellten die Schützen nach beiden Seiten um den Bogen an. Und wo sie sich vereinten und den Bogen schlossen ließen sie das Hornsignal dreimal schallen. Das Treiben begann, lärmend gingen die Treiber hinein in den Bogen und quer durch, mit ‚Hussassa', Pfeifen, Klappern und Geschrei. Die Hunde wurden in den Trieb gelassen und kläfften dazwischen. Die ersten Schüsse krachten und wurden immer mehr, bis der Bogen durchgetrieben war und das Sammelsignal gegeben wurde.
Jeder Schütze mußte sich nunmehr mit seiner Beute am Sammelplatz einfinden. Die Treiber brachten einen kapitalen Bock, der noch aufhatte und den ein Schulrat geschossen hatte. Das Wild, das erbeutet worden war, wurde in eine Reihe nebeneinander gelegt…
Der Jagdwagen fuhr stets mit zum neuen Bogen, und der Kutscher hatte den Befehl, nach jedem Bogen das geschossene Wild an die Wagenstangen zu hängen und aufzubrechen. Mittags war der Knödelbogen, das ist der letzte Jagdbogen vor dem Mittagessen. Der Wirt von Kleinberghofen kam mit dem Bierwagen angefahren und setzte ein großes Feuer in Brand für seine Feldküche. Heiße Würstl mit Kraut, Gulasch gab es. Ein großer Kessel Suppe mit Leberknödel war da, und jeder konnte sich nach Belieben sein Mittagessen holen. Das Faß war angeschlagen.

Die Schützen lagerten sich im Kreise und stillten ihren Hunger und Durst, die nach den Anstrengungen des Jagens doppelt und dreifach gewachsen waren. Geschichten wurden erzählt, und dem einen oder anderen wurde ein Streich gespielt oder ein Schabernack angetan. Es war so lustig, daß man aus dem Lachen nicht herauskam. Das muß man mitgemacht haben, erzählen läßt sich das nicht. Ich erinnere mich an den Bürgermeister von Bachern[154] und seine lustigen Späße, und auch der Jagdleiter Schmid brachte die Gäste mit seiner Derbheit zum Lachen…'
Einen Bauernschützen erinnerte er daran, daß er nacheinander drei Hasen gefehlt hätte im letzten Bogen: ‚Is dir dei Oide erschienen, daß d' vor lauter Angst 's Korn nimmer gesegn hast?!' Peter Thoma hänselte er auch wegen einiger Fehlschüsse: ‚Dees is net so bei uns wie in deinem Australien, mei Liaba, wo 's die großen Viecher geb'n hot, die ma net fehl'n ko!

[154] *d. i. Simon Kronschnabel*

Förster Rupert Schmid

Auf der Rückseite des Fotos die handschriftliche Notiz Cornelius Wittmanns:
„Bitte S' Maul halten meine Herren! Laengermoos 1911."
Rupert Schmid war auch Förster des Schloß - und Gutsbesitzers Alfons Graf Hundt zu Lauterbach. Er war es, der Ludwig Thoma wenige Tage vor seinem Tod gebratene Rebhühner aus seinem Revier nach München ins Krankenhaus brachte.
Seine Tochter berichtet darüber: *„Nach kurzer Unterhaltung sagte Thoma noch zu meinem Vater: ‚In 14 Tagen hält der Herzog Ludwig in Kreuth ein Schiessen, da machen wir beide mit, da kommen Sie zu mir und da sind Sie länger mein Gast; Sie brauchen kein Gewehr und keine Munition mitbringen'. Nun verabschiedete sich mein Vater und versprach, ihn baldigst wieder zu besuchen. Als mein Vater sich der Türe näherte, sagte Thoma: ‚Herr Förster, bitte schauen Sie mich noch an, ich möchte Sie noch einmal sehen'. Das tat mein Vater; es war der letzte Blick, den die so engverbundenen Männer, die sich so recht verstanden, wechselten..."* [155]

Förster Schmid blies in sein Horn: ‚Erstes Zeichen!' Beim zweiten Signal geht's wieder los: ‚Treiba, dorthin, Schützen daher!' Schmid ermahnte die Herren Schützen, beim Durchgehen zum nächsten Bogen sehr ruhig zu sein, da Füchse und Dächse darinstecken könnten.
Einige Herren hatten die Mahnung gleich wieder vergessen, und schon hörte man den Förster schreien: ‚Sakrament, Sakrament, d' Fotz'n holten dahin't!'
Der Bogen war umstellt, und die Treiber gingen vor. Die Schüsse krachten, es war viel Wild im Treiben und bald entwickelte sich Schnellfeuer. Das war ein lustiges Jagen; wenn jeder Schuss ein Treffer gewesen wäre, hätte man das Wild nicht fortschaffen können. Ich machte meine erste Treibjagd mit und war hoch entzückt. Gebirgsjagd ist schön. Es gibt wohl nichts Herrlicheres als eine Pirsch auf Rehböcke oder Gams-Böcke in den Bergen, in der majestätischen Natur des Hochgebirges, eine Auerhahnbalz im Frühling... aber ein Treiben in der Niederjagd, das hat auch seine ganz besonderen Reize. Man kommt oft zu Schuß, und es ist lustig, wie die Treiber, die Hunde und der Knall der Flinte, alles durcheinander lärmt in frischem, fröhlichem Jagen. Ich habe an dem einen Tag mehr Schüsse abgegeben als während meines ganzen übrigen Lebens vor- und nachher. Besonders aber in diesem Bogen. Und am Sammelplatz war eine große Strecke gelegt: Vier Füchse, ein Dachs, ein Sechserbock, ein Kümmererbock, 26 Hasen, 18 Fasanengockel, darunter ein ganz weißer, eine Fasanenhenne, eine Schnepfe und eine Krähe.
Der Tuften-Sepp, der inzwischen angekommen war, kam der Jagdgesellschaft entgegen und suchte Dr. Thoma. Endlich hat er ihn gefunden:
‚Du host mi ja schö' ausg'schmiert, Thoma!' sagt er ganz

Der Dachauer Tierarzt Adolph von Neger

[155] *zit. n. Lemp (1986) S. 57 f.*

wichtig. ‚Da Ziaglabräu is ja gar net aussag'fahrn, jetzt bin i den ganzen Tag über in Dachau umananda g'hockt und hab' Brotzeit g'macht, bis amoi mei Zug ganga is.'
Ludwig Thoma lachte herzlich: ‚Dees is aber ganz saudumm ganga, Sepp, dees hab i a net g'moant, aber mir ham ja morgen no an ganzen Tog'
Einige Spaßvögel hörten aufmerksam zu, und es gab gleich neuen Stoff zur Unterhaltung, als wir im Wirtshaus beim Abendessen beisammensaßen. Der Jagdherr hatte für die Jäger und die Treiber freies Essen bestellt, und die Schützen aßen meist jeder ein Enten-Viertel oder einen Gansbraten von mächtigem Ausmaß oder Kalbshaxen, wie man sie nur noch in diesen gesegneten Gegenden des Bauernlandes kannte.
Als alle gesättigt waren, griffen die Gebrüder Kiem zu ihren Instrumenten und spielten einen lustigen Landler. Dann sang Pauli seine Schnaderlhüpfeln und dichtete auf den Tuften-Sepp und einige andere Schützen spöttelnde Verse. Und jeder Vers saß und fand großen Beifall.
Mit dem Abendzug war noch eine Jagdgesellschaft angekommen, der sich allen Schützen, also auch der Tuften-Sepp vorstellte: ‚Sie gestatten: von Neger!'"
„'Von Tegernsee' entgegnete bieder der Sepp.'"
In einer Ecke war der Tarock zusammengegangen: Ludwig Thoma, Konrad Dreher, Peter Thoma und Walther Ziersch.
Dreher lachte auf und zog kräftig die Luft ein durch sein mächtiges Riechorgan: ‚Dees sagst du guat, Ludwigl! Wann i mitspui, da braucht sich neam'd zu fürcht'n von wegen Verliern. Da hoaßts am Schluß alleweil: Konradl, zoin! I verlier oiwei. Wie andere Leut sich a Jagd halt'n, so halt i mir an Tarock. Dees kost' mi dees gleiche Göld. Ganze G'sellschaften san mir scho nachg'reist, wann i Gastspiele g'habt hob, nur um mit mir Tarock z' spuin. Dees hot sich bei dene rentiert wia 's beste G'schäft.'
Während der Tarock mit kräftigen Sprüchen seinen Verlauf nahm, hatten sich Kiem-Pauli und Edi an einem Tisch niedergelassen und machten Musik. Pauli gab seine urwüchsigen Schnadahüpfl wieder zum Besten. Manche waren so saftig, daß sie nur für Jägerohren geeignet waren. Die Bauern lachten, daß die Lederhosen krachten und schlugen auf den Tisch. Der ganze Abend nahm nach Jägerbrauch ein lustiges Ende.
Kiem-Edi und Pauli, sowie einige Schützen schliefen zusammen in dem großen Tanzsaal des Gasthofes. Konrad Dreher schlief allein in einem Zimmer, dessen Türe auf den Tanzsaal hinausging. In dem großen dunklen Raum hatte der Wirt das bessere Roßgeschirr, auch die Decken und das Reservewerkeuzg aufgehängt. Am Boden lagen Äpfel, Kartoffeln und ein Haufen Krautköpfe.
Auch Konrad Dreher hatte sich tüchtig an das gute Bier gehalten und vielleicht eine Maß über den Durst getrunken. Während er sich auszog und sein Lager bestieg, hatte sich vor seiner Tür eine geheimnisvolle Tätigkeit entfaltet. Ein Verhau von Tischen, Stühlen, Roßgeschirren, Decken und Werkzeug war aufgestapelt. Kaum im Bett, wurde es Dreher übel und er hatte den Drang hinaus. Man sah das Kerzenlicht durch den Verhau blitzen: ‚Sappramament, Sappramament, dö Malefitzbazi!' Im Hemd und mit der Kerze in der Hand versuchte er sich ganz verzweifelt durchzukämpfen zum Saal hinaus. Als ihm das mit vieler Mühe gelungen, war, fand er an der Saaltüre denselben Verhau: ‚Sappramament, Sappramament-, weiter kam er nicht. Ein Guß übers Kerzenlicht, und er befand sich im Dunkeln.
Brummelnd zog er sich zurück und suchte sein Lager auf. Wie er die Nacht verbracht hat, ist nie an die Öffentlichkeit gedrungen..."

Am nächsten Tag wurde weitergejagt und nach allerlei Späßen fuhren die Jäger wieder zurück nach Dachau, München und Tegernsee.

Postkarte mit dem Streckenverlauf der Lokalbahn Dachau - Altomünster

Im Jahr 1910 wurde mit dem Bau der Bahn begonnen. 1913 wurde die Strecke eröffnet.
Links oben der Ort Kleinberghofen, in der Nähe der Endstation Altomünster. Über Indersdorf schlängeln sich die Gleise durch das Hügelland nach Dachau. Links unten eine kleine Ansicht mit dem Zieglerschen Brauereigasthof auf dem Dachauer Berg.

Künstlerfeste in München

Diesen feucht-fröhlichen Künstlerkollegen mit breitkrempigem Strohhut und einer untergeklemmten Weinflasche hat der ab 1896 in Dachau tätige Ludwig Mayer gezeichnet.[156]

[156] *Reithmeier IV S. 263 - Mayer, Ludwig geb. 7.7.1834 in Kanion, gest. 19.2.1917 in Wien*

Postkarten für die „ Schwabinger Bauernkirta 1907" von Rudolf Schiestl

Als Erinnerung an die Bauernkirta 1907 wurden die beiden Karten, die mit den Namen einiger Dachauer Freunde versehen sind, eingerahmt und in der Wittmannschen Wohnung aufgehängt.
Der „Verein Deutscher Kunststudierender München" veranstaltete seit 1895 jedes Jahr zur Faschingszeit seine „Schwabinger Bauernkirta". Zu jeder Veranstaltung entwarfen namhafte Münchner Künstler Plakate und Postkarten. Unter ihnen finden sich Namen wie Paul Junghanns, Karl Kopp, Hans Lesker, Maximilian Liebenwein, Rudolf Sick, Albert Weißgerber und Ignatius Taschner. Taschner entwarf auch einige Medaillen die auf den Festen verkauft wurden. Die auch außerhalb Münchens sehr bekannten Feste fanden in der Gaststätte „Schwabingerbräu" statt.

„... so um 1895 herum hatte Schwabings Aufstieg in die Sphären des Intellektualismus schon begonnen, es war schon die Hochburg des Genies und der Bohème geworden, und alles was malte, meißelte, dichtete, Kunstgewerbe trieb oder sich ausleben wollte – letzteres zumal, wenn man feminini generis war – hatte in Schwabing seinen Wohnsitz. Indessen die Extreme berühren sich, und so fanden die zunächst ganz auf das Motto ‚Gscheert' gestellten Kirchweihen nirgends so großen Anklang als im Dorado der ‚Moderne'... münchnerisch- echt musste alles sein aber auch absolut künstlerisch. Ein leicht satirischer Ton sollte über allem liegen..."[157]

[157] *Wolf (1925) S.188 ff.*

Natürlich zogen die vielen Münchner Feste auch Dachauer Gäste an.

Carl Olof Petersen schreibt in seinen Erinnerungen:

„Meine ersten Faschingerlebnisse hatten mir Blut auf den Zahn gegeben; das Münchner Leben mit deinem damaligen Reiz - seiner Ausgelassenheit und charmanten Unbekümmertheit - zog mich mit aller Gewalt an sich. Frohe, glückliche Tage, um nicht von Nächten zu sprechen, die allemal irgendwo in einem Atelier in Schwabing endeten, gingen rasch dahin und mit ihnen ebenso rasch mein Monatswechsel."[158]

Postkarte von Ignatius Taschner für die „Schwabinger Bauernkirchweih" des „Vereins Deutscher Kunststudierender München"

Wilhelm Schlaegel mit seiner späteren Frau im Münchner Fasching 1905

Der Dachauer Bürger Wilhelm Schlaegel war damals junger Medizinstudent und Angehöriger der Studentenverbindung „Apollo". Im Fasching 1905 wurde er von Marielle Eyerich, der Tochter des Hofkonditors Eyerich in München begleitet, die später seine Frau wurde. Beide tragen für den Münchner Fasching typische Kostüme. Schlaegel hat sich als Dachauer Bauer verkleidet, eine Maske, die auf diesen Bällen besonders beliebt war. Zu ihrer Popularität haben wesentlich die Bauernkarikaturen in den Münchner Zeitschriften Simplicissimus und Jugend beigetragen. Auch die sogenannten „Dachauer Bauernkapellen", die sich vorwiegend aus Münchner Musikern zusammensetzten und Ludwig Thomas „Filser" hatten daran entscheidenden Anteil.[159]

Quelle: Junker, Würzburg

[158] *Petersen (1934) S. 54*

[159] *Vgl. hierzu: Wittmann (1990) S. 74 ff.*

Postkarte von Otto Josef Olbertz für den „Verein Münchner Kunstakademiker" 1907

Auf der Rückseite ein handschriftliches Gedicht:

„Die Seele.
Es ist schon lange her. Die Wunde heilt - ich liebe Dich nicht mehr. Kaum dass ich noch nach einem lauten Tag, in stiller Stunde deiner denken mag. Nur neulich, als ein junges blondes Ding lustig und lachend mir am Halse hing, und sich mein Herz in ferne Träume stahl, Da nannt ich deinen Namen auf einmal, ganz willenlos entfuhr der Name mir. Die Seele nur, die Seele rief."

Otto Josef Olbertz war in späteren Jahren in Dachau ansässig.[160]

Umschlag einer Tanzkarte für einen Ball des „Künstler-Sänger-Vereins in München" um 1900

Postkarte aus dem Weinrestaurant „Zur finstern Stube", München 1901

Die im reinsten Jugendstil gehaltene Postkarte trägt auf der Rückseite den Aufdruck „Zur finstern Stube. Sehr finster und unheimlich München, Hofstadt 4." Sie ist adressiert an: „An Herrn Bräumeister Engert, Zieglerbräu, Dachau. Ein Busserl von Deiner Mizzi."

[160] *Von Olbertz befinden sich ein ganze Anzahl von Postkarten und Originalzeichnungen in der Sammlung Wittmann. Olbertz war ein Verehrer von Cornelius Wittmanns späterer Frau Lilly Rüttger. Vgl. Cornelius Wittmann: Der Zeichner Otto Josef Olbertz: in Amperland*

Bürgerliche Geselligkeit in Dachau

Die Brauerfamilie Ziegler

Neujahrgrüße der Familie Ziegler zum Jahr 1900

Der kolorierte Druck zeigt Eduard Ziegler mit seiner Gattin in einer Kutsche vor der Dachauer Stadtsilhouette.

Die Familie Ziegler gehörte seit dem Ende des 18. Jahrhunderts zu den renommiertesten Dachauer Familien. Sie übernahmen den riesigen, gleich neben dem Rathaus gelegenen Gebäudekomplex im Jahr 1791. 1792 kaufte Johann Evangelist Ziegler aus Aichach das alte Richterhaus an der Schloßstrasse und ließ einen Märzenkeller errichten, denn die Brauer durften zwischen April und September nicht brauen. Das Bier wurde dort mit natürlichem Eis gekühlt und über den Sommer gelagert.
Der 1827 in Dachau geborene Johann Ziegler trat seit 1859 in den „Dienst von Postexpedition und Poststall". 1861 starb er unverheiratet. Johann Zieglers Bruder, Eduard Ziegler wurde Erbe und Inhaber der Brauerei und Gaststätte. Er betrieb die Dachauer Post in seiner Braugaststätte neben dem Rathaus bis 1875. Im Jahr 1876 kaufte er das ehemalige, am Schloßberg gelegene, Kurfürstliche Pfleghaus. Dort entstand in den Jahren 1895 und 1910 die bis vor kurzem in Dachau existierende „Schloßberg Brauerei".[161]
Die Familie Ziegler ist durch die gehobene gesellschaftliche Position eng mit der Dachauer Marktgeschichte verbunden. Eine Reihe von Dachauer Künstlern gehörten zum Verwandtenkreis der Familie.

---

[161] *Forster (2004) S. 32 sowie Thiemann (1966) S. 30*

Kutschenfahrt ins Moos

Zieglers Auto

Der Dachauer Maler Carl Thiemann erinnert sich:

„Frau Josefine Ziegler, von den Verwandten und Freunden ‚Tante Peppi' genannt, war eine liebenswürdige, gebildete Dame. Stets freundlich und hilfsbereit, erfreute sie sich allgemeiner Verehrung. Zahlreiche Maler und Schriftsteller, deren Weg nach Dachau führte, kamen auch ins behagliche Zieglerhaus. Frau Josefines Erinnerungen an die Blütezeit des Künstlerorts Dachau gingen weit zurück bis in die 80er Jahre des vorigen Jahrhunderts. Wilhelm Leibl, der damals (1873-74) in Grasslfing sein berühmt gewordenes Bild ‚Die Dachauerinnen' malte, war oft bei ihr zu Gast gewesen, ebenso Ignatius Taschner und dessen Freund Ludwig Thoma.

Bei schönem Wetter machte Frau Josefine gerne in einem ‚Chaiserl', das von einem alten, frommen Gaul gezogen wurde, kleine Spazierfahrten in die nähere Umgebung Dachaus, am liebsten ins Moos. Da ließ sie dann, im Chaiserl sitzend, den Gaul nach Herzenslust grasen, während sie sich an den Schönheiten dieser friedlichen Landschaft erfreute. An den Festtagen Josefi, Ostern, Pfingsten und Fronleichnam trafen sich Verwandte und Freunde in der gemütlichen Wohnstube des Zieglerhauses, wo sie von der alten Dame mit frischen Weißwürsten, Laugenbretzen und dem köstlichen Zieglerbräu bewirtet wurden. Kam man einmal auf den Gedanken, so ganz unverhofft ‚Tante Peppi' am Nachmittag einen Besuch zu machen, duftete es nach Kaffe und gutem Gebäck, denn immer waren einige liebe Menschen da, mit denen man ein Stündchen plaudern konnte. - Es waren eben Dachaus glückliche Jahre vor 1914!"[162]

„Zu dieser Zeit gab es in Dachau nur drei Automobilbesitzer: Eduard Ziegler, Dr. Felix Engert und Dr. Vogel. Zieglers Wagen, ein großes, wie damals üblich hochgebautes Cabriolet, weiß lackiert, wurde von einem Chauffeur gesteuert und erregte bei seinen Ausfahrten stets Aufsehen; Dr. Engerts Auto war ein kleines, französisches Modell, zweisitzig, jedoch von erstaunlicher Leistungsfähigkeit. Oft lud mich Felix Engert ein, ihn auf einer seiner Praxisfahrten zu begleiten, so daß ich auf diese Weise bald mit den Schönheiten des reichgesegneten Dachauer Hügellandes bekannt wurde. Auf einer solchen, prachtvollen Fahrt, die uns über Günding, Bergkirchen, Lauterbach, Kreuzholzhausen, Machtenstein, Sulzemoos, Unterweikertshofen, Indersdorf, Inzemoos nach Röhrmoos brachte, war der Treibstoff verbraucht, und wir mußten den Wagen den steilen Röhrmooser Berg hinaufschieben. An dessen Gipfel angelangt, stiegen wir ein und kamen ohne Benzin in einem Schwung bis nach Etzenhausen. Dort blieb das Auto stehen, wir gingen zu Fuß nach Hause und am nächsten Tag begab sich der Zieglerchauffeur nach Etzenhausen, tankte den Wagen frisch auf und brachte ihn in seine Garage."[163]

[162/163] *Thiemann (1966) S. 30*

Eisstockschiessen auf dem Zieglerschen Grundstück

Die Aufnahme wurde etwa von der Stelle aus gemacht, wo heute die Scheibnersche Wirtschaftsschule an der Ludwig-Dill-Strasse steht. Dieses große Gebäude wurde früher von der Familie Ziegler bewohnt, nachdem sie aus dem Haus gegenüber dem Brauereigasthof im Alten Markt ausgezogen war.
Neben Eduard Ziegler, mit weißem Pullover, steht seine aus Nürnberg stammende Frau Dora. Im Hintergrund ist im Dunst das Schloß zu erkennen.
Derselbe Platz wurde im Sommer zum Tennisspielen genutzt.

Auf dem Tennisplatz der Familie Ziegler

Tennis war um 1900 eine ebenso exklusive Sportart, wie das um diese Zeit gerade erst allgemein verbreitete Radfahren.

Der Radfahrverein „Stellwagen"

Radler auf einer Landstraße im Dachauer Hinterland

Drei Frauen machen zusammen mit ihrem Begleiter einen Radausflug entlang des Schleißheimer Kanals. Der Fotograf hat sein Rad an einen Baum gelehnt und lässt die Gruppe an sich vorbeipassieren. Auf der Straße liegt Pferdemist.

Um die Jahrhundertwende waren Rad fahrende Damen keine Seltenheit mehr.

Die Emanzipation hatte sich auch auf diesem Gebiet Bahn gebrochen, obwohl in langen Artikeln über „Die Hygiene des Damenradfahrens" und das Für und Wieder des Korsetttragens beim Radfahren räsoniert wurde.

Im Jahr 1890 schreibt eine Berliner Pionierin des Damenradfahrens über die noch fehlende Akzeptanz ihres Sports:

„Wir ließen und zunächst die Räder nach Auswärts bringen und radelten auf stillen Waldchausseen, von den vereinzelten Passanten teils mit tugendhaftem Entsetzen, teils mit Hohngelächter und Bemerkungen unzweideutiger Art begrüßt. Dann wagten wir es in frühester Morgendämmerung die Stadt zu durchfahren und endlich wurde auch eines schönen Nachmittags vom Blücherplatz aus gestartet. Sofort sammelten sich hunderte von Menschen, eine Herde von Strassenjungen schickte sich zum Mitrennen an, Bemerkungen liebenwürdigster Art fielen in Haufen, kurz, die Sache war das reinste Spiessrutenlaufen, so dass man sich immer wieder fragte, ob das Radfahren denn wirklich alle die Scheusslichkeiten aufwöge, denen man ausgesetzt war…"[164]

Ansichtskarte vom „18. Deutsches Radfahrer Bundesfest" in Dresden 1901

Der erste Radfahrerclub in Deutschland wurde 1869 gegründet. Eine große Anzahl weiterer Clubs folgte, bis sich schließlich im Jahr 1884 der Deutsche Radfahrerbund konstituierte.

Alsbald folgten die jährlichen Treffen in großen Deutschen Städten.

Ganze Industriezweige widmeten sich den Bedürfnissen der Radfahrer. Es entwickelten sich eigene Modetrends in der Bekleidung, Publizistik und Kartographie stellten sich auf die Bedürfnisse der Sport- und Tourenradfahrer ein. Eine Flut von Zeitschriften erschien, wie etwa „Der deutsche Radfahrer", „Das Stahlrad", „Radfahrhumor", „Velosport", „Die Radwelt", „Die Radlerin". Der in Stuttgart erscheinende „Arbeiterradfahrer" mit dem Begrüßungsruf „Frisch Auf" war das Organ der Arbeiter-Radfahrervereine.

Im Jahr 1906 wurde der Arbeiter-, Rad- und Kraftfahrerbund „Solidarität" in Dachau gegründet.

„Die sichtbare Leistung der eigenen Kraft hat ein wohltuendes Selbstbewusstsein zur Folge und lässt das Gefühl der Individualität wieder erwachen, welches bei jeder passiven Masse- oder Einzelbeförderung durch Wagen , Eisenbahnen, Omnibusse, Pferdebahn, elektrische Bahnen etc. verloren geht und nur noch beim Reiten und Selbstkutschieren in ähnlicher, wenn auch nicht so unmittelbarer Weise zu finden ist. Die zum Radfahren notwendige Anspannung der Aufmerksamkeit, die unausgesetzte Inanspruchnahme der Intelligenz und des Verstandes schließt die Möglichkeit, Träumereien nachzuhängen, gänzlich aus: des süßen Träumers harrt ein sofortiges, unsanftes Erwachen in dem stets bereitwilligst geöffneten Chausseegraben."[165]

[164] *Salvisberg (1897) S.111 ff.*

[165] *Salvisberg (1897) S. 163 f.*

Postkarte mit einem Tandemrad

Verschickt am 19. Januar 1898 aus Landstuhl an „Herrn Heinrich Traber".
Frieda Traber sendet ihrem Bruder Grüße in Gedichtform. Die Postkarte trägt den Aufdruck „All Heil!", dem damaligen Radfahrergruß.

Im Jahr 1897 schreibt Dr. Paul von Salvisberg in „Der Radsport in Bild und Wort":

„Das erste Erfordernis einer gesundheitsmässigen Ausübung des Radsports, seine unerlässliche Grundbedingung, ist die Einnahme und Bewahrung einer geraden aufrechten Haltung, wie wir sie auf dem Pferde bei dem schulmäßigen Reiten in der Reitbahn lernen, und welche ich daher kurz mit dem Namen des ‚Normalen Reitsitzes' bezeichnen möchte. Der Rumpf wird hierbei in senkrechter Richtung aufrecht getragen, ohne die geringste Beugung bzw. Abknickung nach vorne, oder ein Ueberlegen nach hinten zu zeigen. In letzterem Falle tritt nur ein indirekter Schaden für die Gesundheit des Fahrenden ein, indem ein Kraftverlust bei der Uebertragung der als Hebel wirkenden unteren Extremitäten auf die rotierenden Pedale und dadurch schnelle Ermüdung und Überanstrengung entsteht. Der erstgenannte Fehler, das katzenbuckelartige Krümmen der Wirbelsäule nach vorne, kann vom gesundheitlichen Standpunkte aus nicht scharf genug bekämpft werden, ganz abgesehen davon, dass diese Haltung einen unästhetischen und lächerlichen Eindruck macht. Ihr schädlicher Einfluß erstreckt sich auf sämmtliche Organe der Brust- und der Bauchhöhle, sowie auf das Knochengerüst der Wirbelsäule und des Brustkorbes…"[166]

Radler vor dem Dachauer Birgmannbräu

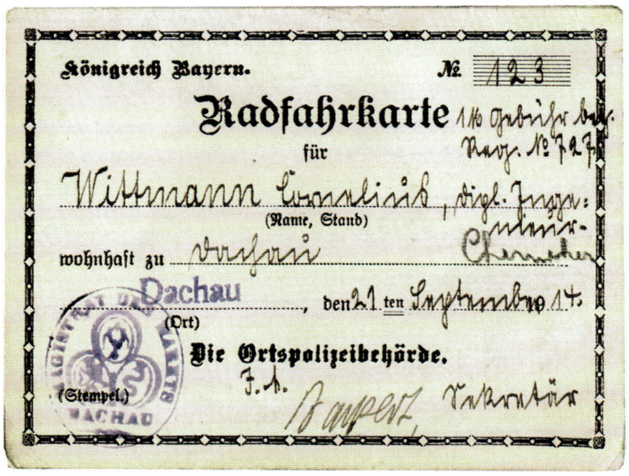

Königreich Bayern. № 123

Radfahrkarte

für

Wittmann Cornelius, dipl. Ingen.

(Name, Stand)

wohnhaft zu Dachau

Dachau, den 21. ten September 1914.

(Ort)

Die Ortspolizeibehörde.

(Stempel.)

Radfahrkarte

„Radfahrkarte Nummer 123 für Wittmann Cornelius, Diplom Ingenieur, Chemiker wohnhaft zu Dachau. Dachau, den 21. September 1914"
Links unten das Siegel: „Magistrat des Marktes Dachau". Rechts oben: 1 M (Mark) Gebühr bez.
Die Karte ist in ein kleines, hellblaues Büchlein eingeklebt. Es trägt den Aufdruck „Radfahr-Karte mit Oberpolizeilichen Vorschriften über den Radfahrverkehr vom 29. September 1907". Vorschrift war unter anderem:

„ .... Die Radfahrkarte gilt für den Umfang des Deutschen Reichs ... bei jedem Bergabfahren ist es verboten, beide Hände zugleich von der Lenkstange oder die Füße von den Pedalen zu nehmen... Das Abgeben von Glockenzeichen ist sofort einzustellen, wenn Tiere dadurch unruhig oder scheu werden. Zweckloses oder belästigendes Klingeln ist zu unterlassen. ... Das Umkreisen von Fuhrwerken, Menschen und Tieren und ähnliche Bewegungen, welche geeignet sind, Menschen und Eigentum zu gefährden, den Verkehr zu stören oder Tiere scheu zu machen sind verboten.... Gebühren werden nicht erhoben, von Personen, welche das Fahrrad ausschließlich im öffentlichen Dienste benutzen, wie Gendarmen, Schutzmänner, Feuerwehrmänner, Briefträger, Districtstechniker, Strassenwärter usw. ..."

[166] *Salvisberg (1897) S.157*

Ein „Stellwagen“ vor dem Dachauer Rathaus

Eine Postkutsche, die in der Sprache der Kutscher auch Stellwagen genannt wurde, fährt Richtung München ab. Auf den Kutschbock ein Postillion. Der Uniformrock war blau mit silberfarbigen Knöpfen auf die Posthörne- geprägt waren. Dazu trug man hellgelbe Lederhosen und schwarze Stulpenstiefel. Der Lackzylinder war mit der bayerischen Kokarde geziert.

Ansicht des Karlsberges mit einem Stellwagen

Postkarte nach einer farbigen Zeichnung von Karl Kunst,[167] datiert 1903. Die von München kommende Postkutsche quält sich den steilen Karlsberg hinauf zum Oberen Markt. Oben liegt das Altherr-Anwesen und das Rathaus im letzten Licht der Abendsonne.
Auf der Rückseite einer anderen Postkarte mit der selben Ansicht schreibt ein „Kanzleirat Kunst“ an seinen Verwandten „Hans Windisch, Magistratsbeamter in München“ am 9.3.1914:
„Diese Straße ... bin ich viele Jahre, 1877 bis 1890, jährlich dreimal gewandelt, von Fürstenfeld kommend zur Ausübung der militärischen Kontrolle. Als 19-jähriger Akademiker malte Karl im Jahre 1903 mir zuliebe dieses Bildchen für die „Jugendblätter“ ...“

[167] *Th-B XXII (1928) S. 109 Karl Kunst (1884 – 1912, München)*

Der Radfahrerverein „Stellwagen" im Zieglerbräu

Der Zieglersche Gasthof war seit jeher ein Mittelpunkt des geselligen Lebens in Dachau.
In ihm tagte auch der „Radfahrerverein Stellwagen". Das genaue Gründungsdatum und der Ursprung des Vereinsnamens sind unbekannt. Vielleicht geht er auf das „Stellwagenzimmer" zurück, von dem im Text einer Postkarte aus dem Jahr 1898 die Rede ist.
Die Aufnahme aus dem Jahr 1895 zeigt Mitglieder des Vereins: Links Ludwig Thoma, mit steifem Strohhut, einer so genannten „Kreissäge". Als dritter von links der Dachauer Oberamtsrichter Josef Schub. In der letzten Reihe halb verdeckt, der Maler Adolf Hölzel, der um diese Zeit nach Dachau zugezogen war.

Stellwagenmitglieder im Hofgarten des Dachauer Schlosses

27 Honoratioren haben sich um die Jahrhundertwende zu einer Gruppenaufnahme versammelt. Im Hintergrund die Schloßfassade mit den teilweise noch zugemauerten Rundbogenfenstern. Dahinter hatte der Museumsverein seine Sammlungen aufgebaut.

Ehrenurkunde des Radfahrervereins Stellwagen für Carl Medicus[168] 1895

Die Vorderseite der Urkunde ist von dem seit 1880 in Dachau tätigem Maler Paul Keller-Reutlingen gestaltet. Die gesamte Gestaltung gleicht in vielen Details dem Titelbild, das er für eine „Künstlerchronik der Malerkolonie Dachau" im Jahr 1880 gezeichnet hat.[169]
Bemerkenswert ist, dass sich im „Stellwagen" Ludwig Thoma und Adolf Hölzel begegnet sind. Adolf Hölzel illustrierte wenige Jahre später zusammen mit dem Simplicissimus- Zeichner Bruno Paul Thomas Erstlingswerk „Agricola".

*(**Traber, Wilhelm:** königlicher Amtsrichter, ab 15.09.1892 Gottesackerstr. 3 / **Schub, Josef:** Amtsrichter / **von Neger, Adolf:** * 1880 Diessen, Tierarzt, Freisinger Str. 41 (= Konrad-Adenauer-Str. 2), + 1938 (Selbstmord), oo Dora Dill * 1884, Tochter von Ludwig Dill / **Dr. Engert, Heinrich:** * 1831, ab 1859 prakt. Arzt in Dachau, 1881-1903 Bezirksarzt, 1903 Ehrenbürger, * 1915 / **Kittelberger, Gottfried:** Fabrikdirektor (Papierfabrik) aus Metzing bei Urach, Brunngartenstr. 5, Papierfabrik / **Ziegler, Eduard:** * 1840, Brauereibesitzer / **Keckhut, Ludwig:** Hofgärtner aus Wallerstein bei Nördlingen, Schloßstr. 7, Hofgärtnergebäude / **Schub / Vogl:** weitere Daten unbekannt / **Kraichgauer, Wilhelm:** * 1857 Reckenhausen, Amtsgerichtsrat, Wieninger Str. 17 / **Dr. Vogl,** Friedrich: * 1863 München, praktischer Arzt, Augsburger Str. 7 (= 13, Rauffer) / **Dr. Thoma, Ludwig:** Rechtsanwalt, ab 20.11.1894 Augsburger Str. 13 (Rauffer) / **Steger, Johannes:** Rechtsanwalt aus Arendorf, ab 25.11.1897 Gottesackerstr. 3 / **Krettner:** weitere Daten unbekannt / **Schlägel, Wilhelm:** * 1854 München, Kaufmann, oo 1880 Rosina Trinkgeld / **Prof. Hölzel, Adolf:** Maler aus Olmitz in Mähren, Augsburger Str. 42, später Ludwig-Dill-Str. 2 (alt), ab 17.08.1906 Konrad-Adenauer Str. 12 (Hörhammerbräu))* [170]

---

[168] Carl Medicus war der Sohn von Gustav Medicus, der 1860 die Paunsche Papiermühle in Dachau gekauft hat. Er legt damit den Grundstein für die spätere Dachauer Papierfabrik. Vgl. hierzu auch Hubrich (1997). Sein Sohn Gustav heiratete später Nellie Schub, deren Mutter Maria eine geborene Wittmann war.

[169] Vgl. Reithmeier I S. 144

[170] Liste erstellt vom Dachauer Stadtarchivar Andreas Bräunling mit Angabe der früheren Wohnorte wobei sich die Hausnummern auf die Konkordanzliste (Änderung der Hausnummern im Jahr 1901) von Hanke in Stoedtner (1989) S. 357 bezieht

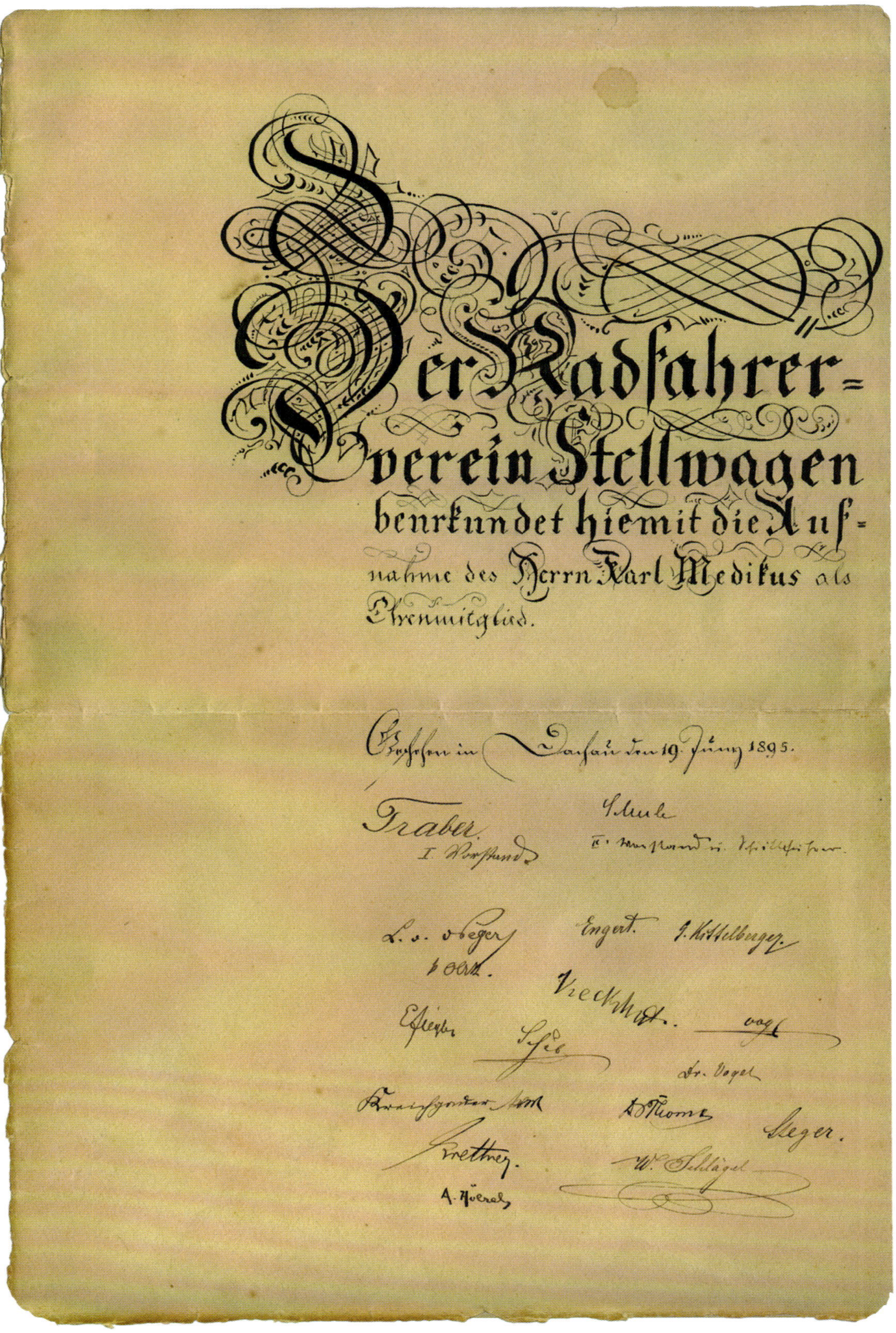
Der Radfahrer-verein Stellwagen beurkundet hiemit die Aufnahme des Herrn Karl Medikus als Ehrenmitglied.

Gegeben in Dachau den 19. Juny 1895.

Traber I. Vorstand

„Der Radfahrerverein Stellwagen beurkundet hiemit die Aufnahme des Herrn Carl Medicus als Ehrenmitglied. Gegeben in Dachau den 19 Juny 1895.
Traber I. Vorstand, Schub II. Vorstand und Schriftführer, Adolf v. Neger, Engert, G. Kittelberger, unleserlich., E. Ziegler, Keckhut, Schub, Vogl, Kraichgauer, Dr. Vogl, Dr. L. Thoma, Steger, Krettner, W. Schlägel, A. Hölzel“

Thoma schreibt in seinen Erinnerungen über Hölzel, den „Agricola“ und „den „Stellwagen“:

„Bei Hölzel verkehrte ich häufig. Er malte damals pointilistisch, trug die Farben mit der Spachtel auf und man musste etliche Schritte zurücktreten, um zu erkennen, was ein Bild darstellte. ... Bei Hölzel, ... der Kenntnisse und Interesse und ein lehrhaftes Wesen hatte, gab es immer anregende Unterhaltung, und ich verdanke Ihm manchen Hinweis auf gute Bücher.“[171]

„Im Kreise der Dachauer Freunde fanden sie (die Erzählungen, Anm. d. Verf.) beifällige Aufnahme, aber der Ton war nicht auf Enthusiasmus gestimmt, den sie am Ende auch nicht erregen mussten. Eher machte sich im „Stellwagen“ - so nannte sich unsere Gesellschaft, die sich allabendlich beim Zieglerbräu versammelte - sachliche Kritik geltend, denn jeder der Beamten kannte doch die Bauern oder wollte Sie kennen. Natürlich waren die Herren vom Bezirksamt geneigt, mich zurechtzuweisen, wenn ich ihren widerspenstigen Untertanen im lebhaften Wortwechsel zu viel Ehre erwies. .... Der Bezirksamtmann war Bürokrat, wie aus den „Fliegenden Blättern“ von 1850 herausgeschnitten, lieblos und ganz Herrscher. Der Assessor sehnte sich nach der Stadt und den Menschen. Was Ihn hierorts mit kleinlichen Anliegen plagte, war Untertan und konnte gerade noch für zwei Beine gelten. Die Sprache war schauderhaft, der Begriffsmangel erschreckend. .... Von ganz anderem Schlage war der prächtige Vorstand des Amtsgerichtes, in dem ich den letzten einer aussterbenden Rasse, der Urbayerischen Landrichter älterer Ordnung kennen und schätzen lernte. Er stand gut mit den Bauern. Seine Derbheit verletzte sie nicht, ja ich glaube, sie hatten Spass an seiner Art alle Dinge bei rechten Namen zu nennen, und an Schrannentagen hatte er viele Zuhörer.“[172]

[171] *Thoma (1931) S. 155*
[172] *Thoma (1931) S. 150 ff.*

„Gruß aus Tölz" an der Stellwagen

Gestempelt am 13. Mai 1894 in Tölz.
„So a Hetz war no nöt. Auf und auf voller Dreck; nass wie getaufte Mäuse aber trotzdem ‚All Heil' Traber Engert, Kraichgauer, Kittelberger, Schub ."
Auf der Isarbrücke fünf mit Bleistift gezeichnete Radler. Um den strömenden Regen darzustellen ist die ganze Karte mit Bleistift schraffiert.

Es hat sich eine ganze Anzahl von Ansichtskarten an den Radfahrerverein Stellwagen erhalten. Zumeist wurden sie in Orten des Bayerischen Oberlandes aufgegeben. Es existieren aber auch Karten aus der Schweiz, Österreich und Italien. Immer wiederkehrendes Thema ist die körperliche Verfassung der Tourenradler, die Straßenverhältnisse und das Wetter.

„Gruß aus Riva am Gardasee"

„An die Gesellschaft ‚Stellwagen' beim Zieglerbräu in Dachau bei München"
Lithographierte Postkarte, die am 23 April 1896 nachmittags in Riva abgestempelt wurde und am 29. April vormittags zwischen 11 und 12 Uhr in Dachau ankam.
Die Karte trägt auf der Adressfeldseite die handschriftliche Nummerierung „141".
Sie stammt aus der Postkartensammlung des Amtsrichters und Stellwagenmitglieds Wilhelm Traber, der einige dieser Karten mit dem Vermerk „zur Sammlung" versehen hat.[173]

[173] *Durch Tausch oder Schenkung kam sie bereits um 1910 in die Sammlung Wittmann*

Ansichtskarte von Ludwig Thoma an die „Gesellschaft ‚Stellwagen', Zieglerbräu Dachau bei München"

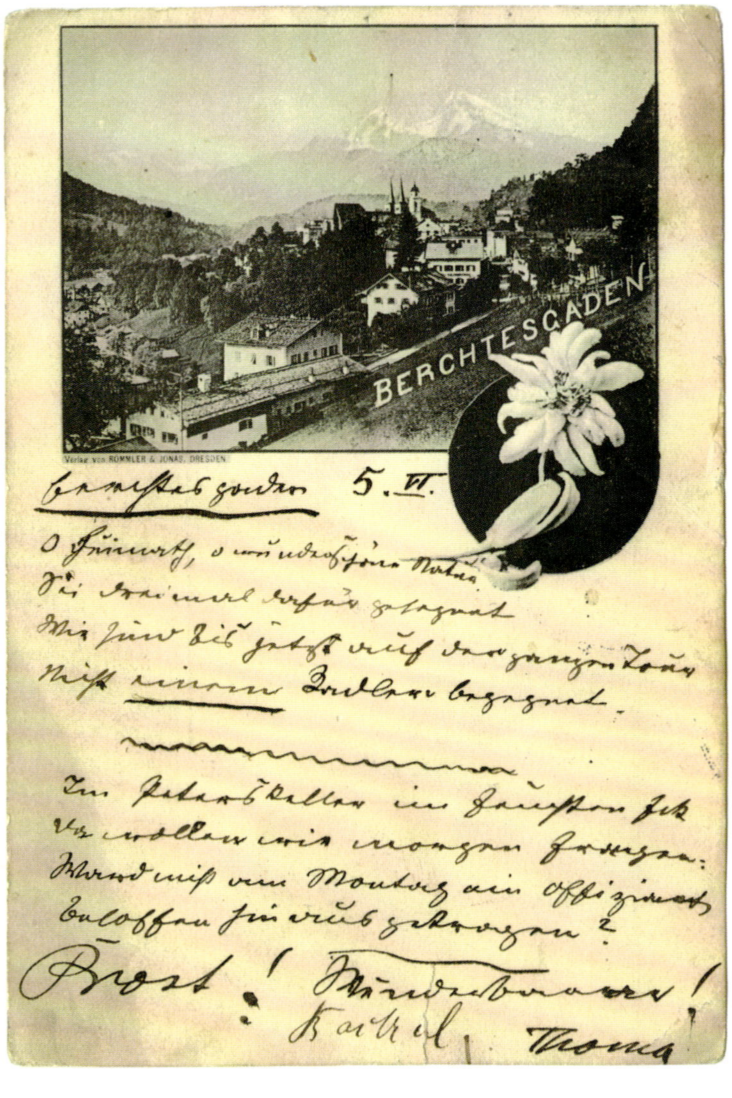

„Berchtesgaden 5.VI. (1895). Oh Heimath, oh wünderschöne Natur. Sei dreimal dafür gesegnet. Wir sind bis jetzt auf der ganzen Tour nicht einem Radler begegnet.
Im Peterskeller im feuchten Eck da wollen wir morgen fragen: Wart nicht am Montag ein Officiant besoffen hinausgetragen?
Prost! Wunderbaaar! Bacherl, Thoma"

Thoma war begeisterter „Niederrad"- Fahrer. Er unternahm ausgedehnte Radtouren, so im Frühjahr 1903 mit den Simplicissimus Künstlern Thomas Theodor Heine, Rudolf Wilke und Eduard Thöny. Diese seine erste Fahrt nach Italien war damals etwas Besonderes und kann auch heute noch als sportliche Leistung gelten: Mailand, Genua, Riviera, dann 6 Wochen Florenz. Thoma fuhr bis zum Krieg jeden Frühling nach Italien und karikierte später in einigen literarischen Beiträgen, wie etwa in „Käsebiers Italienreise" die Reise und die Bildungssnobs, die er überall antraf. Im Frühjahr 1904 ging es mit Wilke und Töny per Rad, Zug, und Schiff hinüber nach Algier und Tunis, zur Oase Biskra und über Sizilien und Neapel wieder heim.

Von Königl. Baier. Landgericht, und Oberzunf
bürgerl. Handwerks eines Schönfärbers in dem auch kön
wird hiemit beurkundet, daß gegenwärtiger Gesell, Namens Ludwig Thor
gebürtig, so 30 Jahr alt, und von kräftiger Statur, auch braunen Haaren,
chen in Arbeit gestanden, und solcher Zeit über treu, fleißig, still, friedsam und ehrlic
verhalten habe. Welches ihme mit Vordruckung des Amtssignets, und Unterschrift
bestermassen anrekommandirt wird. So geschehen zu Dachau, den 6.

Königl. Baierisches Landgericht und Oberzunft

Urkunde zum Abschied Ludwig Thomas aus Dachau 1897

Der Verein bediente sich für die Abschiedsurkunde eines bereits zu kurfürstlichen Zeiten (bis 1806) gebräuchlichen Kupferstichs in den die jeweiligen Daten eingetragen wurden. Von diesem Kupferstich existieren auch Exemplare mit dem Churfürstlichen Wappen im Zentrum und dem Text, der sich auf den „Churfürstlichen Markt Dachau" bezieht. 1806 wurde Bayern Königreich und die jeweiligen Stellen wurden auf der Kupferplatte poliert und neu gestochen.
Ganz unten befindet sich das Siegel des „Stellwagen Dachau" mit dem dreiteiligen Dachauer Wappen.
Die Urkunde zeigt eine seltene Ansicht der Dachauer Marktsilhouette. Oben im Zentrum das Auge Gottes und auf einem Spruchband „Königl. Baan Markt Dachau". Darunter in einer Kartusche das Bayerische Königswappen in seiner Ausführung ab1806. Darunter „gezeichnet und gestochen von J. N. Mack in München 1796".

Thoma wird als „Schönfärber" tituliert, eine scherzhafte Bezeichnung, die auf seine Tätigkeit als Rechtsanwalt abzielt.

„Von Königl. Baier. Landgericht und Oberzunft / Komissionswegen eines Bürgerl. Handwerks eines Schönfärbers in dem auch königl. Markt Dachau, Oberlands / Bayern, wird hiermit beurkundet, dass gegenwärtiger Gesell, namens Ludwig Thoma von Oberammergau gebürtig, so 30 Jahr alt, und von kräftiger Statur, auch braunen Haaren, ist bey bemerkten Handwerk 2 Jahr 25 Wochen in Arbeit gestanden, und solcher Zeit über treu, fleißig, still, friedsam und ehrlich, wie es einem jedem Handwerksbursch gebühret, verhalten habe. Welches Ihme mit Vordruckung des Amtssignets, und Unterschrift nicht nur attestirt, sondern auch jedem Handwerk bestermassen anrecommandirt wird. So geschehen zu Dachau den 6 Monatstag des Ostermonates 1897. Königl. Baierisches Landgericht und Oberzunft-Komission hie oben".

Es folgen die Unterschriften von links nach rechts:

„Unleserlich, Ziegler, C. Medicus, Bacherl, Rothballer, Traber, A. R. (= Amtsrichter), Neuberger , Dr. Vogel, Vogel, Schlägel, Kittelberger, Kroiß, Kraichgauer, G. Kittelberger, Keckhut, unleserlich , Schub, unleserlich

Ganz links der Zusatz: *„Spät kommt er doch er kommt! Ein verspäteter Gast: Medicus"* (hinter dem Namen das Zeichen einer Studentenverbindung)

Ludwig Thoma erinnert sich:

„Im Frühjahr 1897 kam der Abschied von Dachau; ich hatte doch das Gefühl aus sicheren, wenn auch kleinen Verhältnissen heraus ins Ungewisse zu gehen, und so fiel es mir nicht leicht; noch schwerer bedrückte es die alte Victor[174], die es nicht verstehen wollte, warum ich mit meinem sorglosen glücklichen Zustand nicht zufrieden war. Es lag nicht in Ihrer Art darüber viele Worte zu machen, aber von Ihren Spaziergängen im Hofgarten kehrte Sie immer traurig zurück, und manchmal sah ich an Ihren verweinten Augen, wie schwer Ihr das Ende dieses bescheidenen Glückes fiel."[175]

Etwas distanzierter schreibt Thoma

„Vorläufig ist Dachau eine nicht zu verachtende Ressource. Sie haben mich dort mit hohen, ich sage ohne Phrase allzu hohen Ehrenbezeugungen entlassen; 2 Reden, eine in der Bürgergesellschaft, eine in unserem intimeren Kreise. Sie bewegten sich in dem alten Geleise, nur rühmte in der einen mein Freund der Amtsrichter Traber, so viele Tugenden an mir, dass ich in berechtigtem Erstaunen hierüber einen miserablen Erwiderungsspruch hielt. Freund Hölzel dedizierte mir zum Abschied ein reizendes Aquarell kurz ich fand Liebenswürdigkeit in sehr reichem Maße."[176]

[174] *seine Haushälterin*
[175] *Thoma (1931) S. 151*
[176] *Lemp (1979) S. 174*

Der Kegelverein „Die Entgleisten"

Preiskegelscheiben im Zieglerkeller 1904

Gruppenaufnahme der Kegelvereinsmitglieder aufgenommen in der alten Kegelbahn des Zieglerkeller. Vorne links der „Kegelbua", der in einem kleinen Häuschen am Ende der Kegelbahn saß und die Kegel aufstellen musste.[177]

Carl Thiemann berichtet in seinen „Erinnerungen eines Dachauer Malers":

„Ein kleiner Kegelclub vereinte sich an jedem Samstag im Sommer zwanglos einem Kreis von Dachauer Bürgern in der Kegelbahn im Garten des Zieglerbräustüberls. Da ging es stets fröhlich zu. Ich wurde von Felix Engert, der selbst ein passionierter Kegler war, dort eingeführt. Die damals unzertrennlichen Freunde Tierarzt von Neger und der Chemiker Cornelius Wittmann, dessen Bruder, der Farbenhändler Josef Wittmann, sowie die beiden Brüder Karl und Fritz Medicus, die stets am Abend mit dem Motorrad von Deutenhofen angebraust kamen, waren der ‚Stamm'. Zum Abschluss der Saison fand ein Preiskegeln der Mitglieder statt, bei dem ich einmal das Glück hatte, ein schönes Zinnkrügerl zu gewinnen, das mir ein liebes Andenken an diese Zeit ist. Der Wirt im Bräustüberl war der beliebte Karl Wenning, der stets um das leibliche Wohl seiner geschätzten Kegelfreunde bemüht war. Ausser dem vorzüglichen Zieglerbier bekam man für 30 Pfennige ein grosses Stück ausgezeichneter Hartwurst, das in dieser heiteren Gesellschaft besonders mundete."[178]

[177] *Die Wände dieses Häuschens waren übersät von Zeichnungen und Notizen der Gäste. In ihm wurden bis 1979 auch mehrere Schützenscheiben und die Fahne eines Dachauer Künstlervereins aufbewahrt. Im selben Jahr wurde die Kegelbahn - wohl durch Brandstiftung - ein Raub der Flammen*

[178] *Thiemann (1966) S. 33*

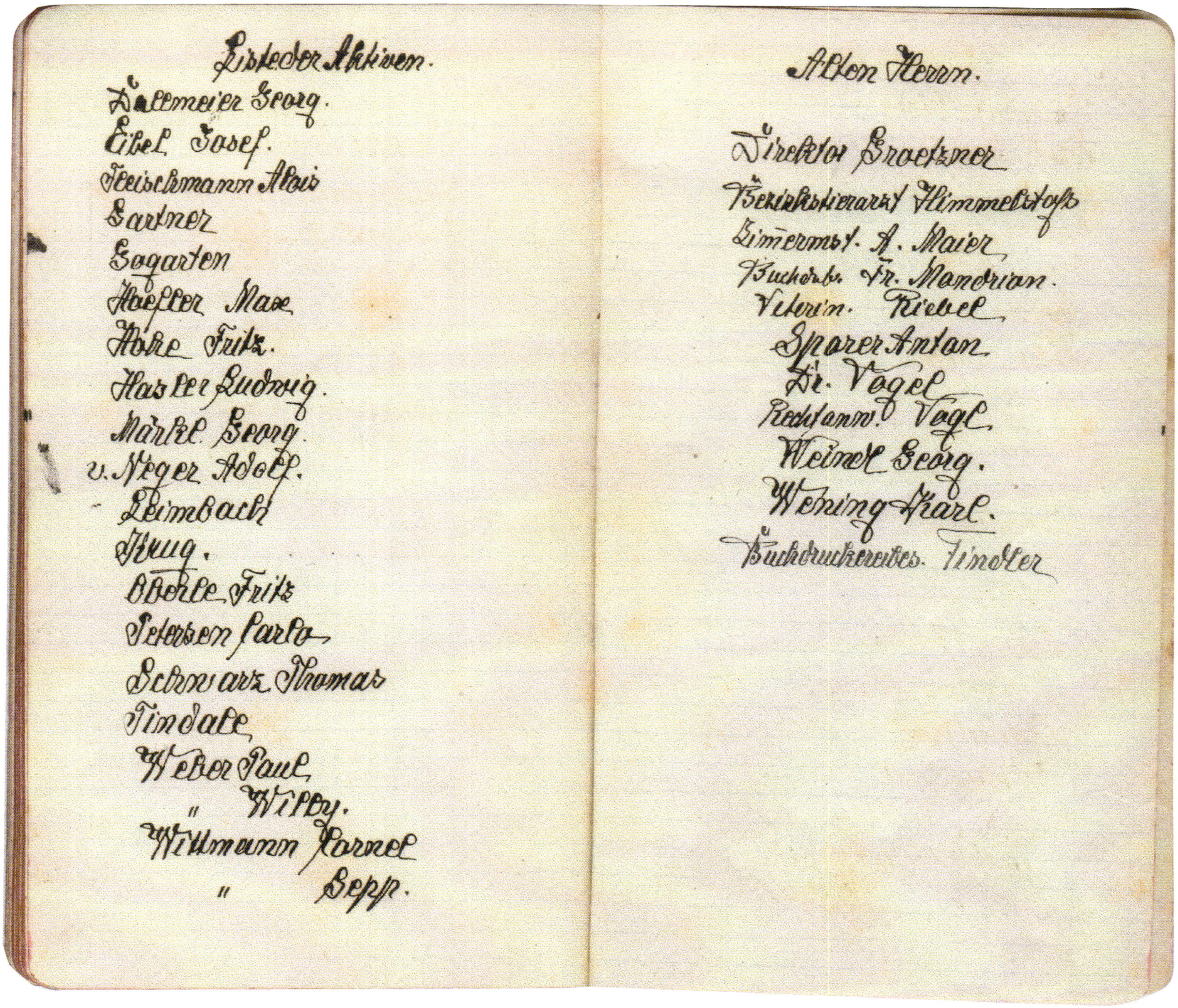
Liste der Aktiven.
Dallmeier Georg.
Eibl Josef.
Fleischmann Alois
Gartner
Gogarten
Haeffler Max
Hake Fritz.
Hasler Ludwig.
Märkl Georg.
v. Neger Adolf.
Leimbach
Krug.
Oberle Fritz
Petersen Carlo
Schwarz Thomas
Tindale
Weber Paul,
" Willy.
Wittmann Cornel
" Sepp.

Alten Herrn.
Direktor Graetzner
Bezirkstierarzt Himmelstoss
Zimmermst. A. Maier
Buchdr.bes. Fr. Mondrian.
Veterin. Riebel
Sparer Anton.
Dr. Vogel
Rechtsanw. Vogl.
Weinel Georg.
Wening Karl.
Buchdruckereibes. Findler

Mitgliederliste der „Entgleisten“

Dallmeier, Georg - keine Daten vorhanden; **Eibel, Josef** - Tierarzt in München; **Fleischmann, Alois:** * 1880 Dachau, Chorregent, 1906 als Kapellmeister nach Cork/Irland; **Gartner, Johann:** Geometer, ab 29.11.1902 Augsburger Str. 6 (= 11, Wittmann)[179]; **Gogarten:** * 1850 Linz, Kunstmaler, ab 1890 Bahnhofstr. 3 (= 4, Bahnhofsrestaurant), **Hoefler, Max:** * 1880 Dachau, Apothekenbesitzer, Sohn des Konstantin Höfler (1904 Ehrenbürger), Freisinger Str. 34 (= Konrad-Adenauer-Str. 16), + 1940 Dachau; **Hohe, Fritz** - keine Daten vorhanden; **Hasler, Ludwig:** * 1884 München, Gymnasiast, Sohn des Rentamtmanns, 1902-1914 in Dachau, Augsburger Str. 1; **Märkl, Georg:** * 1845 Prittlbach, Privatier, Augsburger Str. 15 (= 29), * 1916; **von Neger, Adolf:** * 1880 Diessen, Tierarzt, Freisinger Str. 41 (= Konrad-Adenauer-Str. 2), + 1938 (Selbstmord), oo Dora Dill * 1884, Tochter von Ludwig Dill; **Leimbach** - keine Daten vorhanden; **Krug, Josef:** * 1876 Wasserburg, 1903 Geometerpraktikant, 1917 Bezirksgeometer, ab 21.10.1903 Wieninger Str. 20, ab 1917 Johann-Ziegler-Str. 2; **Oberle, Fritz** - keine Daten vorhanden; **Petersen, Carlo:** * 1881 Malmö, Kunstmaler, ab 21.10.1903 Augsburger Str. 6 (= 11, Wittmann), ab 1913 Schleißheimer Str. 10 (Moosschwaige); **Schwarz, Thomas:** * 1852 Dachau, Gastwirt & Metzger, Freisinger Str. 32 (= Konrad-Adenauer-Str. 20, Schwarz-Veranda), + 1922 Dachau; **Tindale, Edward Henry:** * 1879 Hanson, Mass./USA, Kunstmaler, 1903 Frühlingstr. 5 (= 20), 1904 Münchner Str. 23 (= 55); **Weber, Paul:** * 1882 München, Pflanzer Sumatra, nur 1926 Augsburger Str. 6 (= 11, Wittmann), oo Paula Wittmann * 1892 Dachau; **Weber, Willy** - keine Daten vorhanden; **Wittmann, Cornel:** Chemiker, Augsburger Str. 6 (= 11, Wittmann); **Wittmann, Sepp:** 1927: Kaufmann, Schleißheimer Str. 33 (= 2).

Alte Herren:

Direktor Karl Grötzner: * 1867 Münnerstadt, Direktor Malzfabrik, Konrad-Adenauer-Str. 11, Augustenfelder Str. 1; **Himmelstoß, Ludwig:** * 1854 Cham, Bezirkstierarzt, 1901-1912 in Dachau, Augsburger Str. 42; **Maier, Andreas:** Zimmermann, Mittermayer Str. 24; **Fr. Mondrion:** Buchdruckereibesitzer, Freisinger Str. 8 (= Konrad-Adenauer-Str. 19, Bayerland); **Riebel:** Veterinär; **Sporer, Anton:** Schulverweser von Eggstätt, ab 24.04.1902 Augsburger Str. 6 (= 11, Wittmann), **Vogel, Dr, Friedrich:** * 1863 München, praktischer Arzt, Augsburger Str. 7 (= 13, Rauffer), **Vogl:** Rechtsanwalt; **Weindel, Georg:** keine Daten vorhanden, **Wening, Karl:** Geschäftsführer, Freisinger Str. 8 (= Konrad-Adenauer-Str. 19, Bayerland); **Findler:** Buchdruckereibesitzer.

Damen:

Frau Buchdruckereibesitzer **Findler**; Frl. Frieda **Hörhammer**; Frl. Emmy **Metzger**; Frl. Gusti **Wisneth**.

[179] *Die Liste wurde von Andreas Bräunling, Stadtarchivar, zusammengestellt. Die in Klammern angegebenen Straßennamen und Nummern entsprechen der heutigen Zählung*

Preiskegelscheiben im Zieglerkeller 1904

Gruppenaufnahme der Mitglieder in der mit Lampions und Blumen dekorierten Kegelbahn.
Vorne rechts ein Herr mit großer Schiefertafel auf der die Ergebnisse eingetragen wurden.
Im Kassenbuch des Vereins wurden die Ausgaben für das Fest genau aufgelistet: „Klaviertransport 1,50 Mark, Polizei 1,20 Mark, 12 Fahnenstangen 6 Mark, Platten und Blitzlicht 3,60 Mark, Kerzen, Eisendraht und Nägel 1 Mark, Kegelbuch 2 Mark, 4 Pakete Tabak 1,40 Mark."
Der Hauptpreis, ein „Zinnkrügl" kostete 10 Mark. Der Wirt, Herr Wenning, stellte für die Zeche 70,83 Mark in Rechnung.

Postkarte vom Preiskegelscheiben, 18. VI 1904

„Beste Grüße" vom Preiskegelscheiben sendet eine ganze Reihe „Entgleister" an „Mons. Cornel Wittmann, cand. chem., Genève Pension Vivienne,
Rue de Candolle 19".
Die Postkarte ist im Verlag M. Wittmann in Dachau erschienen. Der Adressat studierte im Sommersemester 1904 in Genf.

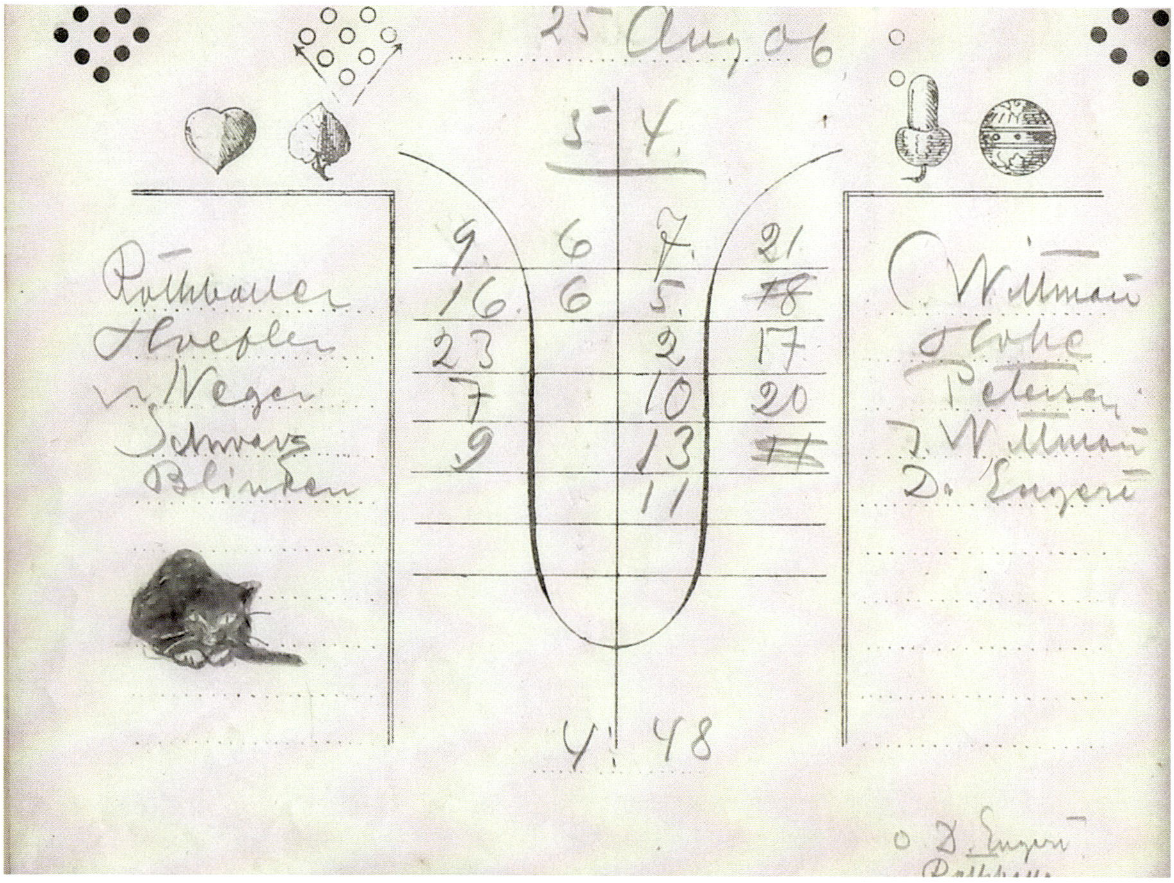

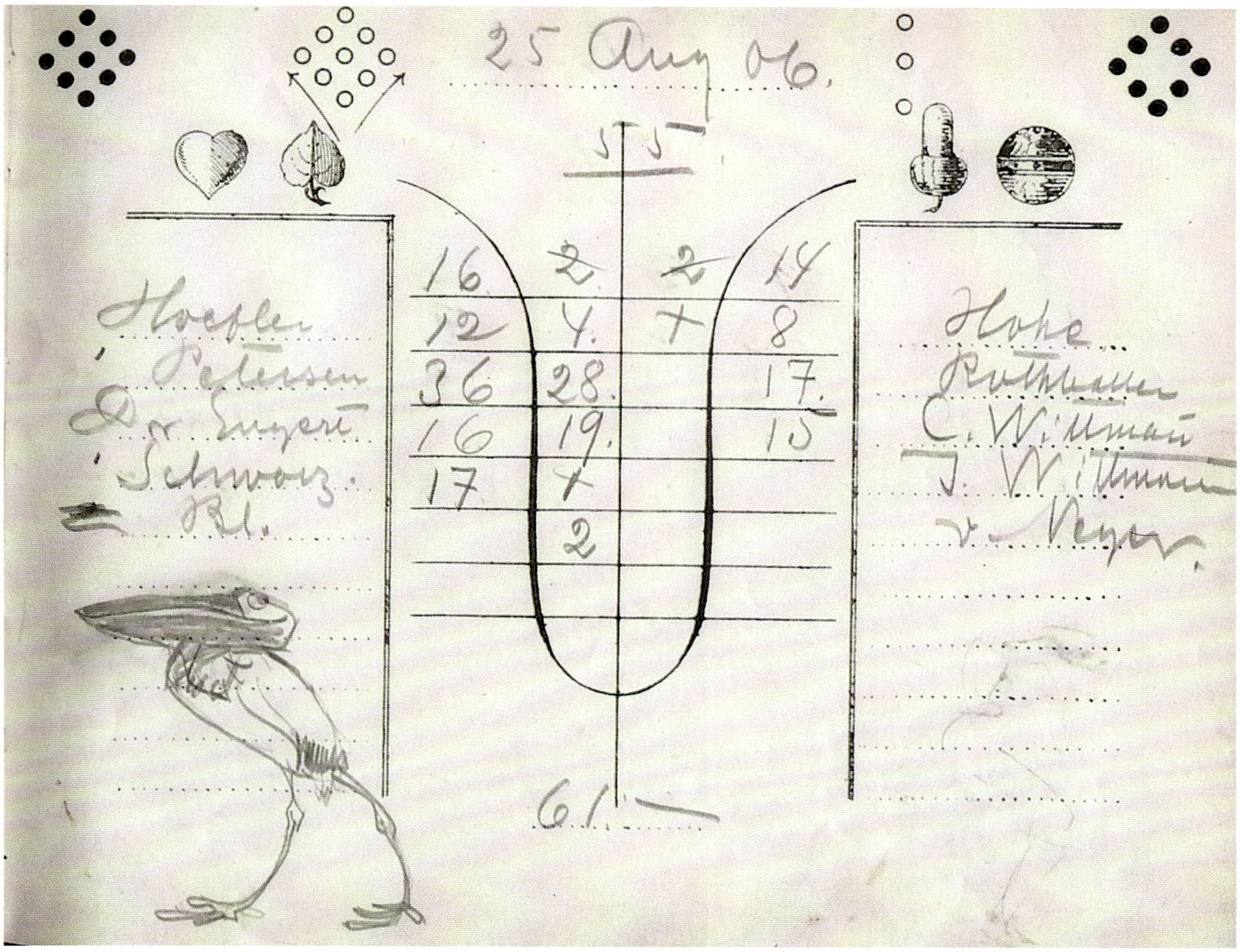

Zwei Seiten aus dem Kegelbuch, datiert 25. August 1906

Das Kegelbuch wurde von Cornelius Wittmann geführt. Einige Seiten hat der Maler Carl Olof Petersen mit kleinen Zeichnungen versehen. In diesem Falle die schwarze Katze für die Verlierer und den stolzen Marabu für die Gewinner.[180]

[180] *geführt von Mai 1906 bis August 1909*

Bergtouren

Adolf von Neger, Cornelius und Josef Wittmann sowie Max Höfler (in der Mitte) waren begeisterte Bergsteiger, deren Namen immer wieder auf Postkarten aus verschiedenen Regionen der Alpen erscheinen. Höfler übernahm 1909 die Apotheke seines Vaters, des Dachauer Ehrenbürgers Constantin Höfler. In späteren Jahren war Max Höfler zweiter Bürgermeister von Dachau.[181]
Von den manchmal ausgedehnten Touren existieren etliche Ansichtskarten mit Hochgebirgsansichten und Hüttenstempeln, sowie den entsprechenden Notizen:
„Montag früh elf Uhr hier angekommen; tadelloses Wetter; ein Uhr Aufstieg auf den Cevedale 3774 Meter. Abends Abstieg nach Sulden. Neger, C. Wittmann, Götsch (Bergführer)". Oder: „Sommer 1905, 6.VIII - 10.VIII Meran - Latsch - Hallesche Hütte - Monte Cevedale - Schaubachhütte - Sulden - Tabaretta Hütte - Payer Hütte - Ortler - Edelweiß Hütte - Trafoi Gomagoi - Schlanders - Meran. Mit Führer."
Und: „1 Sept. 1906 „Zugspitz gut überstanden. Herzlichen Gruß. Neger Cornel."

Ansichtskarte vom Rotwandhaus

[181] *Lernbecher (1995) S. 32*

Das 1100-jährige Jubiläum des Marktes Dachau

Spätestens seit August Küblers Veröffentlichung „Dachauer Geschichten", erschienen 1883 in München, wußte man in Dachau von der sogenannten Erchana-Urkunde vom 15. August 805, worin die fromme Erchana ihren Besitz bei „Dachauua" an die Domkirche Freising vermacht. Kübler weist darauf hin, daß Dachaus Ursprung auf Mutmaßungen beruht, aber daß mit dieser Nennung „Dachau's Name in das sichere Gebiet der Geschichte eintritt."[182]
Dessen war man sich wohl bewußt, als die Gemeindevertretung erstmals am 23. Februar 1904 das Thema des 1100jährigen Jubiläums aufgriff und eine Kommission zur Vorbereitung einer entsprechenden Feier einsetzte. Dieser Kommission gehörten zunächst der Bürgermeister, Apotheker Dr. Constantin Höfler, und sechs Räte an. Außerdem bat man die Kunstmaler Hermann Stockmann, Hans von Hayek und Adolf Hölzel dazu. Man plante, das Jubiläum mit einem Festzug und einem Volksfest sowie einem Landwirtschaftsfest und einer Gewerbeausstellung zu begehen. Dazu sollten verschiedene Rennen, Festschießen und Turnübungen abgehalten werden. Gleichzeitig wollte man die Gelegenheit nutzen, das renovierungsbedürftige Rathaus zu sanieren und das Bezirksmuseum zu eröffnen. Als Zeitraum war der 12. bis 16. August 1905 vorgesehen, der Ort sollte der gleiche wie beim letzten Volksfest (1901) sein, die so genannte Zieglerwiese, also das Areal auf dem sich später das Moorbad befand.
Da der Magistrat die Finanzierung der Jubiläumsfeier nicht allein bestreiten wollte, unternahm man eine Sammlung bei den hiesigen Einwohnern. Diese Sammlung erbrachte knapp 1000 Mark. Nachdem man auch die Gesamtinnung der Handwerker und die Wirte zur Mitwirkung gewonnen hatte, stellte sich im September 1904 heraus, daß dem Markt voraussichtlich die eigenen Mittel fehlen würden, eine entsprechende Feier abzuhalten. Am 16. September 1904 erklärte sich daher die Kommission für aufgelöst.
Brauereibesitzer Josef Schmid vom Unterbräu bot sich daraufhin an, auf eigene Kosten eine Feier zu veranstalten, wenn der Magistrat für „Gewerbeausstellung, Festzug etc."[183] sorgen würde. Auf diesen Vorschlag ging der Magistrat allerdings nicht mehr ein, da er die Sache per Beschluß bereits für erledigt erklärt hatte. Weitere Vorstöße von Ratsmitgliedern und auch von Seiten der Künstler wurden nicht mehr anerkannt, obwohl man anbot, die Feier so durchzuführen, daß der Gemeinde keine Kosten entstehen würden. Der Magistrat verwies darauf, daß für das Jahr 1907 eine Bezirkstierschau in Dachau vorgesehen sei, mit der man das Jubiläum verknüpfen könne. Das Datum 15. August 805 sei ohnehin nur ein zufälliges Datum, da es ja nicht die Gründung Dachaus bedeute, sondern nur eine Nennung des Ortsnamens. Eine Feier wäre also auch zu jedem anderen Zeitpunkt legitim.
Als die Handwerker der Gesamtinnung Dachau dennoch ihre Gewerbeausstellung zum vorgesehenen Datum durchführen wollten, verweigerte man ihnen schlicht die Ausstellungsräume, das Knabenschulhaus. Auch das Bestreben des Museumsvereins, das Museum wie geplant im August 1905 zu eröffnen, wurde vom Magistrat als „etwas überstürzt" bezeichnet.
Noch im März 1905 bildete sich ein Ausschuß aus Dachauer Bürgern, Wirten, Handwerkern und Künstlern, der die Durchführung des Festes übernehmen wollte, doch der Magistrat lehnte auch dies ab. „Der Beschluß des Magistrates ging dann dahin, höflich aber bestimmt unter Anerkennung der Absicht die Zuschrift in ablehnendem Sinne zu beantworten; er wurde einstimmig gefaßt."[184] Damit war die Frage einer Jubiläumsfeier im Jahr 1905 erledigt.
Die ursprünglich für 1907 vorgesehene Bezirkstierschau fand dann erst 1908 statt. Aber jetzt bemühte sich der Magistrat umso mehr, eine wirklich würdige Jubiläumsfeier abzuhalten. Es wurde ein Betrag von 3000 Mark genehmigt und man erwartete zudem staatliche Zuschüsse. Neben der Bezirkstierschau sollten ein Volksfest, Ausstellungen in den Bereichen Gewerbe, Maschinen und Kunst sowie Rad- und Pferderennen, Schießen und Turnen stattfinden, dazu tägliche Konzerte. Als Ort für die Ausstellungen durfte man das Schloß verwenden, das in dieser Zeit gerade renoviert wurde und bis zum festgesetzten Termin fertig gestellt sein sollte. Prinz Ludwig von Bayern, Sohn des Prinzregenten Luitpold und Thronfolger, übernahm die Schirmherrschaft über die Jubiläumsfeier. Dies rief in Dachau wahre Begeisterungsstürme hervor.
Als Zeitpunkt für die Jubiläumsfeier wurde der 5. bis 13. September 1908 festgelegt und nun widmete man sich fieberhaft den Vorbereitungen. Präses Joseph Pichler übernahm die Aufgabe, eine Festschrift zu verfassen, für die der Redakteur des Bayerland-Verlages Franz Mondrion die Quellen sammelte. Das Papier für die Festschrift stellte die Papierfabrik kostenlos zur Verfügung. Drei Verlage und Druckereien am Ort erhielten die Genehmigung, Festpostkarten zu verkaufen, Teufelhart, Trinkgeld und Wittmann.
Die Künstler bemühten sich derweil um Gemälde von Künstlern, die ebenfalls in Dachau tätig gewesen waren und mittlerweile nicht mehr hier lebten. Manche der Werke gelangten dadurch nicht nur als Leihgaben, sondern als Geschenke nach Dachau.

[182] *August Kübler: Dachauer Geschichten. München 1883. S. 4*
[183] *Stadtarchiv Dachau, Fach 96/13*
[184] *Stadtarchiv Dachau, Amper-Bote, 15. März 1905*

Das offizielle Programm der Eröffnung der Jubiläumsausstellung sah wie folgt aus:

„Zur Feier des Tages wird Vormittags 9 Uhr in der Pfarrkirche zu Dachau ein Festgottesdienst abgehalten. – Um 10 Uhr Vormittags versammeln sich die Festgäste, sowie die sonst an der Eröffnungsfeier Beteiligten vor dem kgl. Schlosse. – Um 10 Uhr werden der höchste Protektor der Ausstellung Se. Kgl. Hoheit Prinz Ludwig zur gnädigen Vornahme der Ausstellungseröffnung eintreffen. – Die Anfahrt Sr. Kgl. Hoheit erfolgt unter Fanfaren und Glockengeläute sowie Kanonenschlägen. – Am Eingange der Ausstellung werden Se. Kgl. Hoheit vom Ehrenpräsidenten und dem Komitee der Ausstellung empfangen und unter den Klängen eines Festmarsches zu dem für die Eröffnungsfeier ausersehenen Festraum geleitet. – Sobald Se. Kgl. Hoheit denselben betreten, richtet der Ehrenpräsident an Höchstdieselbe die Bitte, den Festakt beginnen zu dürfen. – Hierauf hält der I. Vorsitzende des Ausstellungskomitees eine Festansprache und unterbreitet dem höchsten Protektor die ehrfurchtsvollste Bitte, die Ausstellung für eröffnet erklären zu wollen. – Nachdem Se. Kgl. Hoheit dieser Bitte gnädigst zu willfahren geruht haben, gibt der Vorstand des Ausstellungskomitees den Gefühlen des ehrfurchtsvollsten Dankes Ausdruck und fordert die Festversammlung auf, Sr. Kgl. Hoheit, Prinzregent Luitpold von Bayern, eine Huldigung darzubieten. – Die Musikkapelle intoniert die Nationalhymne. – Sr. Kgl. Hoheit werden nunmehr durch den Ehrenpräsidenten die Mitglieder des Ausstellungskomitees vorgestellt. – Hernach werden Se. Kgl. Hoheit geruhen, den Rundgang durch die Ausstellung vorzunehmen. – Das Verlassen des Ausstellungsplatzes erfolgt unter Fanfaren und Kanonenschlägen. – Nach Besichtigung der Ausstellung werden Se. Kgl. Hoheit zur Entgegennahme eines Ehrentrunkes in das hist. Max Josef-Zimmer des Gasthofes Hörhammer geleitet."[185]

Am großen Tag verlief dann alles so, wie es das Programm vorgesehen hatte. Der Prinz war von der Ausstellung sehr angetan und „in leutseliger Weise gestattete Se. Kgl. Hoheit, daß Hr. Photograph Hiebel eine Aufnahme machte."[186] Diese Aufnahme wurde auf der Treppe im Schloß gemacht und zeigt in der Mitte den Prinzen, links von ihm Bürgermeister Christian Hergl, beide umgeben vom Gefolge des Prinzen, Dachauerinnen in Tracht und weiteren Ehrengästen.
Die gesamte Jubiläumsfeier mit ihren Ausstellungen und Veranstaltungen fand auch überregional großen Anklang und ihren Niederschlag in der Münchner Presse, wie z.B. in der Münchner Illustrierten Zeitung.[187] Offensichtlich nahm niemand mehr Anstoß daran, daß die Erstnennung Dachaus eigentlich schon drei Jahre früher hätte gefeiert werden sollen.

„Ansichten-Album und Fremden-Führer von Dachau und Umgebung." um 1905

Dieses Büchlein mit zahlreichen Bildern aus Dachau und Umgebung wurde vom Verlag Hans Teufelhart vermutlich im Hinblick auf die ursprünglich geplante 1100-Jahr-Feier im Jahr 1905 hergestellt. Auf Seite 9 findet sich nämlich der Hinweis, daß „nun der Markt Dachau im Jahre 1905 sein 1100jähriges Bestehen" feiert. Ansonsten ist die Broschüre undatiert. Zielgruppe waren sicherlich die zu erwartenden Besucher aus München und dem Umland.

[185] *Stadtarchiv Dachau, Amper-Bote, 08.08.1908*

[186] *Stadtarchiv Dachau, Amper-Bote, 29.08.1908*

[187] *Münchner Illustrierte Zeitung, 1. Jahrgang, Nr. 23, 06.09.1908 & Nr. 24, 13.09.1908. Freundlicher Hinweis von Frau Dr. Elisabeth Boser.*

„808 Dachau 1908. Festschrift zum elfhundertjährigen Jubiläum", 1908

Die Festschrift wurde von Präses Joseph Pichler verfaßt und vom Marktmagistrat Dachau herausgegeben. Das Quellenstudium hatte der Redakteur des Bayerland-Verlages Franz Mondrion übernommen und das Papier war von der Papierfabrik kostenlos zur Verfügung gestellt worden. Das Bild mit der Dachau-Ansicht wurde vom Dachauer Künstler Erich Otto Engel hergestellt und zierte auch zahlreiche weitere Schriften zur 1100-Jahr-Feier.

Werbeanzeige zur 1100-Jahr-Feier, 1908

In den Wochen vor der Jubiläumsfeier wurden diese Werbeanzeigen in den Münchner Zeitungen geschaltet.

Quelle: Stadtarchiv Dachau, Fach 68/2

Johanna Graßl in Dachauer Tracht, 1908

Johanna Graßl, Jahrgang 1889, in der Tracht der Dachauer Jungfrauen. Eine ganze Gruppe junger Mädchen nahm in dieser Tracht an der Jubiläumsfeier teil, ebenso wie weitere Dachauer Trachtenpaare. Johanna war die Tochter des Goldfischhändlers Wilhelm Graßl, der in der Münchner Straße seine Handlung betrieb. Sie selbst führte später einen Laden in der Burgfriedenstraße. Quelle: Helmut Hofner

„Prinz Ludwig von Bayern bei der Jubiläumsfeier in Dachau." 1908

Diese Aufnahme wurde nach der Ausstellungseröffnung im Schloß aufgenommen. Die Gesellschaft befindet sich im Treppenhaus des Schlosses. Umrahmt von Frauen und Mädchen in Dachauer Tracht und dem Gefolge des Prinzen stehen links Bürgermeister Christian Hergl mit der Bürgermeistermedaille um den Hals und der Prinzregent-Luitpold-Medaille am Revers. In der Mitte Prinz Ludwig selbst und rechts im Vordergrund Ministerpräsident Freiherr von Podewils. Das Foto des Dachauer Fotografen Hiebel wurde in zahlreichen Publikationen reproduziert, so stammt auch diese aus einer nicht genannten Zeitung.

Quelle: Stadtarchiv Dachau, SLG Fotos 187

Bierkrug „Gruß aus Dachau", um 1908[188]

Möglicherweise wurden solche Krüge für die Jubiläums-Feier hergestellt. Im Rechnungsbuch[189] des Glasermeisters Krebs finden sich nämlich Einträge über „Jubiläums-Krüge". Das Motiv zeigt ein Dachauer Trachtenpaar vor dem Altstadtberg.

Quelle: Robert Gasteiger

Festpostkarte zur 1100-Jahr-Feier 1908, Vorderseite

Die Vorderseite zeigt eine Darstellung von Karl Staudinger mit einem Dachauer Trachtenpaar, einem Handwerker und einem Künstler im Vordergrund; dahinter einen Maibaum mit geschmükktem dreiteiligen Dachauer Wappen und Symbolen für das Dachauer Land, den Pflug, das Pferd, das Rindvieh, die Torfhütte, das Mühlrad und der Schützenscheibe. Alles Attribute, die auch während der Jubiläumsfeier von Bedeutung waren.

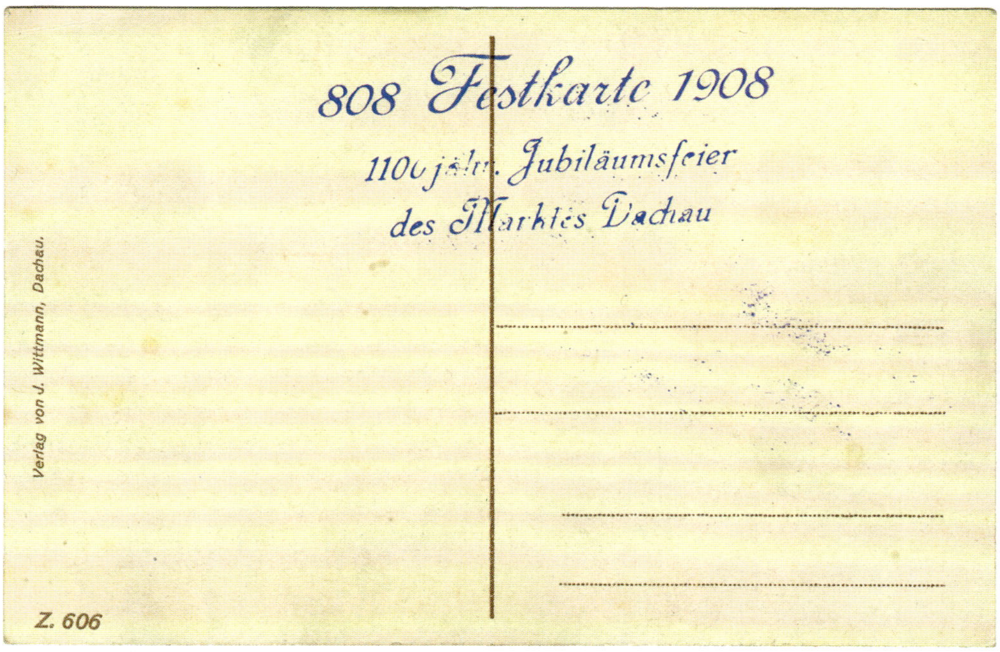

Festpostkarte zur 1100-Jahr-Feier 1908, Rückseite

Auf der Rückseite der Postkarte ist der Hersteller aufgedruckt, „Verlag von J. Wittmann, Dachau" zusätzlich trägt sie den offiziellen Stempel zur 1100-Jahr-Feier: „808 Festkarte 1908, 1100jähr. Jubiläumsfeier des Marktes Dachau".

---

[188] *Slg. Gasteiger, Dachau*

[189] *In der Sammlung Gasteiger, Dachau*

Festpostkarte von Anna Klein, 1908

Anna Klein war Hayek-Schülerin und hatte sich zwischen 1901 und 1906 mehrfach in Dachau aufgehalten. Danach besuchte sie die Münchner Kunstgewerbeschule, wo sie auch ihren Abschluß machte. Sie war hauptsächlich als Grafikerin tätig, wobei sie Volkskundliches und bäuerliche Motive bevorzugte. Dieses Bild stellt einen jungen Mann mit einer Fahne dar, die das Wappen der Künstlerschaft zeigt, und eine Frau in Dachauer Tracht mit Blumenstrauß. Im rechten Hintergrund ist die Altstadtsilhouette mit St. Jakob zu erkennen. Die beiden Wappen unter der Zeichnung sind rechts das bayerische Rautenwappen und links ein Teil des Dachauer Wappens, die „Visconti-Schlange". Die Postkarte wurde vom Wittmann-Verlag hergestellt.

Festpostkarte von Hans Müller-Dachau, 1908

Dieses Motiv stammt von dem Künstler Hans Müller-Dachau und zeigt im Blumenkranz einen Schmied als Repräsentanten für das Handwerk. Möglicherweise stand hier sogar der Schmied Hardwig Modell für das Bild. Die Lederschürze und die Werkzeuge in der linken Hand verweisen auf sein Handwerk. Im Hintergrund unten schematisch die Altstadt mit Schloß und St. Jakob. Gedruckt wurde diese Karte in München, sie trägt aber auf der Rückseite den Stempel: „Festkarte des Magistrates Dachau zur 1100jährigen Jubiläumsfeier 1908".

Festpostkarte von Albin Huber, 1908

Diese mehrteilige Postkarte zeigt links Dachauer Trachtenpaare mit Maibaum vor dem Schloß und rechts eine Marktansicht. Darüber den Schriftzug „11 Hundertjährig. Jubiläum des k. Marktes Dachau." Weiterhin sind das Dachauer Wappen, das Künstlerwappen mit den drei weißen Schilden und die Handwerkszeichen mit Hammer und Dreieck abgebildet. Diese Postkarte wurde bei Heinrich Trinkgeld in Dachau gedruckt.

Diplom für Schmied Hardwig zur Jubiläums-Ausstellung 1908

Offensichtlich erhielten die Handwerker, die sich an der Ausstellung zur 1100-Jahr-Feier beteiligt hatten, dieses Diplom verliehen. Neben allgemeinen handwerklichen Darstellungen befindet sich oben die Dachau-Ansicht von E.O. Engel, die auch als Postkarte vertrieben wurde. Der Text lautet: „Jubiläums-Ausstellung Dachau 1908. Diplom. Herrn Jakob Hardwig jun. Schmiedmeister in Dachau wurde für vorzügliche gewerbliche Leistungen in seinem Berufe bei der aus Anlass der 1100jährigen Jubelfeier des Bestehens des Marktes Dachau veranstalteten Jubiläums-Gewerbe-Ausstellung dieses Diplom zuerkannt. Dachau, 14. September 1908. Die Vorstandschaft. Hergl. Christoph." Demnach wurde das Diplom bereits einen Tag nach Beendigung der Jubiläumsfeier ausgestellt. Die Vorstandschaft bezieht sich auf den Vorsitz des Festausschusses. Vorsitzender war zunächst der Spenglermeister Otto Christoph, dieser teilte dann aber sein Amt mit Bürgermeister Hergl, nachdem bekannt geworden war, daß Prinz Ludwig die Schirmherrschaft übernehmen würde.

Stadtarchiv Dachau, SLG Sonstiges 97

Jubiläums-Ausstellung
DACHAU 1908.

Diplom.

Herrn Jakob Hardwig jun.
Schmiedmeister in Dachau
wurde für vorzügliche gewerbliche Leistungen in seinem Berufe bei der aus Anlass der 1100jährigen Jubelfeier des Bestehens des Marktes Dachau veranstalteten Jubiläums-Gewerbe-Ausstellung dieses Diplom zuerkannt.

Dachau, 14. September 1908.

Die Vorstandschaft.
Hergl Christoph

Blick auf den „Alten Markt Dachau" im Jahr 1913

Das Aquarell stammt aus der Hand des ungarischen Malers László Demjén. Der 1864 in Rumänien geborene Künstler war Schüler bei Ludwig von Herterich, Gabriel von Hackl und Alexander von Wagner in München. Dort leitete er später eine private Malschule.

Gruppenaufnahme Dachauer Bürger aus dem Jahr 1913

Ein Jahr vor Ausbruch des ersten Weltkrieges haben sich einige befreundete Dachauer Bürger für eine Gruppenaufnahme versammelt.
Das Foto zeigt von links nach rechts: Privatier Dr. Gans, Installateur Otto Seidel, Mehl und Getreidehändler Josef Mayerbacher, Brauereibesitzer Eduard Ziegler, Schlossermeister Bernhard Rollbühler, Tierarzt Dr. Adolph von Neger, Prof. Hans von Hayek, Dipl. Ing. Chemiker Cornelius Wittmann, ein Unbekannter, Forstmeister Lengmüller und Kunstmaler Carl Olof Petersen.
sitzend: Eduard Ziegler jun., Georg Gampenrieder, Hans Burgmaier und Kurt Ziegler .

Die Autoren:

Cornelius Wittmann M.A.

wurde 1957 in Dachau geboren. Er studierte in München und Tübingen Volkskunde und Geschichte. Danach war er an verschiedenen Museen tätig und absolvierte anschließend in Frankfurt eine Buchhändlerausbildung. 1992 übernahm er die elterliche Buchhandlung in der Dachauer Altstadt. 2000 eröffnete er als weiteres Geschäft einen Antiquitätenladen. Cornelius Wittmann ist verheiratet und hat zwei Söhne.
Der vorliegende Band ist seine zweite Veröffentlichung zur Dachauer Stadtgeschichte.

Andreas Robert Bräunling

Der gebürtige Bayreuther, Jahrgang 1967, kam im März 1997 nach Dachau, um das Stadtarchiv zu übernehmen und aufzubauen. Nach dem Schulbesuch in Bayreuth war Bräunling vier Jahre lang bei der Bundeswehr gewesen und hatte anschließend die dreijährige Ausbildung zum Diplomarchivar bei der staatlichen Archivverwaltung in München absolviert. Im Juli 2003 übernahm er neben dem Stadtarchiv Dachau auch das Ehrenamt des Kreisarchivars für den Landkreis Dachau. Da Geschichte nicht nur sein Beruf, sondern auch sein Hobby ist, verwundert es nicht, daß er aktiv experimentelle Archäologie, vornehmlich im Bereich der Vor- und Frühgeschichte, betreibt.

Prof. Dr. Wilhelm Liebhart M.A.,

geboren 1951 in Altomünster, ist seit 1989 Professor für Geschichte, Politik und Literatur an der Fachhochschule Augsburg. Er betreut ehrenamtlich als wissenschaftlicher Kustos das Birgitten- und Klostermuseum Altomünster und gibt die heimatkundliche Vierteljahresschrift „AMPERLAND" für die Landkreise Dachau, Freising und Fürstenfeldbruck heraus. Der Autor ist Verfasser und Herausgeber von 20 Büchern zu Themen aus der altbayerischen und schwäbischen Landesgeschichte.

Abbildungsnachweis:

Sämtliche Abbildungen stammen, soweit nicht anders angegeben aus der Sammlung Wittmann.

Der Schriftzug „Dachau" auf der Vorderseite stammt vom Adressfeld einer Postkarte aus dem Jahr 1900.
Darüber eine gesellige Runde in einem Dachauer Biergarten. Die drei Bilder darunter sind dem Abbildungsteil entnommen.

Auf der Rückseite ist eine bemalte Spanschachtel abgebildet. Solche Schachteln wurden im Geschäft von Maria Wittmann verkauft und gehören zu den frühesten Reiseandenken aus Dachau.
Links unten ein unbekannter Maler, rechts eine Badende am alten Dachauer Wehr.

Die Einbanddeckel zeigen innen
vorne: „Vermessungsplan des alten Marktes Dachau von 1864/66" (Ausschnitt). Dieser Plan zeigt die Ortsanlage, wie sie sich bis zur Mitte des 19. Jahrh. entwickelt hatte.
hinten: Kartenblatt Polizeibezirk Dachau, N.W.VI.5, 1881 (Ausschnitt). Diese Karte gibt die Lage des Marktes Dachau im Jahre 1881 wieder. Quelle: Stadtarchiv Dachau, Fach 37/15

Ungedruckte Quellen:

Kiening: Genealogie (im Internet).
Kegelbuch des Vereins „Die Entgleisten".
Notizbuch von Carl Olof Petersen.
Wilhelm Schlaegel: Erinnerungen eines alten Mannes (Maschinenschriftliches Manuskript).
Verena Begemaier: Handschriftliche und Maschinenschriftliche Notizen zu biographischen Erzählungen ihres Vaters Richard Wittmann.
Gerhard Wittmann: Schriftliche Notizen zur Familiengeschichte Wittmann.
Stadtarchiv Dachau Amtsbücher Register.
Dachauer Gästebuch / Fremdenkarten.
Richard Wittmann: Reisetagebuch.

Literaturverzeichnis:

Aigner, Ingo: Dachau. Wasser Strom und Verkehr. Dachau 1987.
Amperland. Heimatkundliche Vierteljahresschrift für die Kreise Dachau, Freising und Fürstenfeldbruck, Jahrgang 1 ff. Dachau 1965 ff.
Bauer, Helmut: Schwabing. Kunst und Leben um 1900. München 1998.
Bauer, Richard: Prinzregentenzeit. München 1988.
Birnmeyer, Erwin u.a.: Paul Kauzmann 1874 –1951. Kaufbeuren 2002.
Boulboullé, Guido u. Zeiss, Michael: Worpswede. Köln 1989.
Forster, Edgar: Der Kochwirt. München 1999.
Forster, Edgar: Luja und Prost. München 2004.
Freilichtmalerei: Der Künstlerort Dachau 1870 – 1914. Dachau 2004.
Gasser, Manuel (Hrsg.): München um 1900. Bern 1977.
Gebhardt, Heinz: Königlich Bayerische Fotografie. München 1978.
Gottwald, Wolfgang: Der Corpsstudent Ludwig Thoma, in: Einst und Jetzt 28 (1983) 143-158.
Göttler, Norbert: Die Sozialgeschichte des Bezirkes Dachau 1870 bis 1920. München 1988.
Göttler, Norbert: Leben und Arbeiten auf dem Bauernhof. Dachau 1989.
Götz, Norbert u. Schack-Simitzis, Clementine: Die Prinzregentenzeit. München 1988.
Grabein, Paul: Dachau. In: Velhagen & Klasings Monatshefte, 21 (1906/07), S. 145 ff.
Halmbacher, Hans: Ludwig Thoma und sein Jäger Bacherl. München 1935.
Hanke, Gerhard u.a.: Geschichte des Marktes und der Stadt Dachau. Dachau 2000
Hanke, Gerhard: Die bäuerlichen Vererbungsgewohnheiten im Amperland. In: Amperland 2 (1966), S. 71 ff.
Hanke, Gerhard: Die Entwicklung Dachaus vom Markt zur großen Kreisstadt. In: Amperland 9 (1973), S. 345 ff.
Hanke, Gerhard: Die Siedlungsanfänge von Dachau. In: Amperland 9 (1973), S. 407 ff.
Heilmann, Christoph (Hrsg): Corot, Courbet und die Maler von Barbizon. München 1996.
Heres, Horst: 75 Jahre Museumsverein Dachau. In: Amperland 14 (1978), S. 373 ff.
Holmström, Richard (Hrsg): Bokem on CTH. Stockholm 1947.
Hubrich, Eugen: München Dachauer Papierfabriken 1837-1937. Dachau 1997.
Kiermeier, Klaus: Wie's war im Dachauer Land. Dachau1979.
Kübler, August: Dachauer Geschichten. München 1883 (Reprint 1996).
Kübler, August: Straßen, Bürger und Häuser in Alt-Dachau. Münnerstadt 1934 (Reprint 1996).
Kübler, August: Dachau in verflossenen Jahrhunderten. Dachau 1928.
Lemp, Richard: Ludwig Thoma und Dachau. Dachau 1986.
Lemp, Richard: Ludwig Thoma - vom Advokaten zum Literaten. München 1979. Lemp, Richard. Ludwig Thoma. München 1984.
Ludwig, Horst: Bruckmanns Lexikon der Münchner Kunst. München 1981 – 83.
Maas, Ellie: Die Goldenen Jahre der Fotoalben. Köln 1977.
Maur, Karin von: Adolf Hölzel. Stuttgart 2003.
Möckl, Karl: Die Prinzregentenzeit. München 1972.
Mondt, Eugen: Künstler und Käuze. München 1979.
Müller, Theodor: Einst Moorbad – Heute Postschule. In: Amperland 7 (1971), S. 202 ff.
Museumsverein Dachau e.V. (Hrsg.): Kulturgeschichte des Dachauer Landes, Band 1 – 12, 1985 – 2000.
Nalewski, Horst (Hrsg): Rilke. Frankfurt/Main 1992.
Nauderer, Ursula Katharina: Literatur in Dachau. Dachau 2002.
Norlind, Ernst: Borgebyminnen. Lund 1947.
Norlind, Ernst: Ungar Konstnärsär, I Dachau Och Paris. Lund 1943.
o.V.: Axel Törnemann och kvinnan. Stockholm 1965.
o.V.: Freilichtmalerei. Der Künstlerort Dachau 1870 – 1914. Dachau 2001.
Peters, Ursula: Stilgeschichte der Photografie in Deutschland 1839 – 1900. Köln 1979.
Petersen, Carl u. Elly: Die Moosschwaige. München o. J.
Petersen, Carl: Mein Lebenslexikon. München 1934.
Pichler, Joseph: Dachau einst und jetzt. Festschrift zum 1100jährigen Jubiläum 1908. München 1908.
Rausing, Birgit u. Aström, Paul (Hrsg): Rainer Maria Rilke. Briefe an Tora Vega Holmström. Jonsered 1989.
Reiser, August: Dachauer Druckgrafik zur Jugendstilzeit. In: Amperland 8 (1972), S. 271 ff.
Reiser, Rudolf: Zwei Jahrtausende in Bayern in Stichworten. München 1988.
Reitmeier, Lorenz: Dachau. Ansichten aus zwölf Jahrhunderten. Band 1 – 4. Dachau 1976 – 1986.
Ribbe, Wolfgang u. Henning, Eckhart: Taschenbuch für Familiengeschichtsforschung. Neustadt an der Aisch 1980.
Richardi, Hans-Günter u.a.: Dachauer Zeitgeschichtsführer. Dachau 2001.
Richardi, Hans-Günter: Dachau. Passau 1979.
Richter, Gerd: Die gute alte Zeit im Bild. Gütersloh 1974.
Salvisberg, Paul von: Der Radfahrsport in Bild und Wort. München 1897.
Schmidt, Elmar u. Beil, Toni: Das Dachauer Schloß. Dachau 1981.
Schoenlang, Bruno: Zur Lage der arbeitenden Klasse in Bayern. Nürnberg 1887.
Schreiber, Georg: Die bayerischen Orden und Ehrenzeichen. München 1964.
Seemüller, Hans: Alt-Dachauer Geschichten. Dachau o.J.
Seemüller, Hans: Aus dem alten Dachau. Dachau 1989.
Stadt Dachau (Hg.): Dachau. Straßen und Plätze in der Altstadt. Dachau 1996.
Stadt Dachau: Adolf Hölzel. Sein Weg zur Abstraktion. Dachau 1972.
Stutzer, Dietmar: Geschichte des Bauernstandes in Bayern. München 1988.
Thiemann – Stoedtner, Ottilie: Ein Haus in Dachau aus der Zeit des Jugendstils, in Amperland 5 (1969), S.55 ff.
Thiemann, Carl: Erinnerungen eines Dachauer Malers. Dachau 1965.
Thiemann-Stoedtner, Ottilie: Dachauer Maler. Dachau 1989 (2. Auflage).
Thiemann-Stoedtner, Ottilie: Der Maler Karl Olof Petersen und seine Frau Ellie. In: Amperland 15 (1979), S. 417 ff.
Thiemann-Stoedtner, Ottilie: Der Maler Karl Schröder-Tapiau, in Amperland 12 (1976), 145 ff.
Thiemann-Stoedtner, Ottilie: Die Dachauer Malerin Maria Langer-Schoeller, in Amperland 12 (1976), 121 ff.
Thiemann-Stoedtner, Ottilie: Dora Brandenburg – Polster, in Amperland 9 (1973), 347 ff.
Thiemann-Stoedtner, Ottilie: Zum Gedenken an den Maler Hans-Müller – Dachau, in Amperland 8 (1972), 250 ff.
Thiemann-Stoedtner, Ottilie: Zum Sehen geboren. Zum Hundertsten Geburtstag des Malers Hans von Hayek, Amperland 5 (1969), 82 ff.
Thumser, Gerd: Ludwig Thoma. München 1966
Till, Wolfgang: Alte Postkarten. München 1983
Vrieslander, John Jack und Hans Zarth: Schwarz-weiß. 5 Folgen mit 49 blattgroßen schwarz-weißen Illustrationen nach Zeichnungen von Frieslander und Zarth, München 1902
Weltke-Wortmann, Sigrid: Die ersten Maler in Worpswede. Worpswede, 1979
Wilhelm, Hermann: Die Münchner Boheme. München 1993
Wittmann, Cornelius: Dachauer Bauern. Dachau 1990
Wolf, Georg Jacob: Münchner Künstlerfeste. München 1925
Zauner, Hans: Meine Erinnerungen. Dachau o. J.
Zweckverband Dachauer Galerien und Museen (Hg): Gemäldegalerie Dachau. Dachau 1993

Leiten
Hofgarten
Schlosshof
Burgrieden Strasse
Augsburger Strasse
Klostergasse
Mühlbach
Wehr
Holzgarten-Kanal

Kirchhofä ker
720
30
Pfarr-Gasse
Freisinger-Strasse
xen-Gasse
RKT PLATZ
Steinmühlä
ER
Schleissheime
Hackenänger